国家社科基金
GUOJIA SHEKE JIJIN HOUQI ZIZHU XIANGMU
后期资助项目

跨国公司全球研发网络投资的空间组织及嵌入研究

Research on the Spatial Organization and
Embeddedness of MNCs' Global R&D
Network Investment

张战仁 著

上海远东出版社

图书在版编目(CIP)数据

跨国公司全球研发网络投资的空间组织及嵌入研究 / 张战仁著.
——上海：上海远东出版社,2022
ISBN 978 - 7 - 5476 - 1839 - 4

Ⅰ.①跨… Ⅱ.①张… Ⅲ.①跨国公司—技术开发—投资—研究
Ⅳ.①F273.2

中国版本图书馆 CIP 数据核字(2022)第 152798 号

责任编辑 程云琦
封面设计 李 廉

跨国公司全球研发网络投资的空间组织及嵌入研究

张战仁 著

出　　版 **上海遠東出版社**
　　　　 (201101 上海市闵行区号景路 159 弄 C 座)
发　　行 上海人民出版社发行中心
印　　刷 浙江临安曙光印务有限公司
开　　本 710×1000 1/16
印　　张 15
字　　数 262,000
版　　次 2022 年 10 月第 1 版
印　　次 2022 年 10 月第 1 次印刷
ISBN 978 - 7 - 5476 - 1839 - 4 / F · 698
定　　价 78.00 元

序

当今世界正经历百年未有之大变局，新一轮科技革命和产业变革深入发展，全球科技力量对比发生深刻调整，国际科技交流与合作的需求更加紧迫。人类正步入新的科研范式变革周期，创新活动地域、组织与技术边界不断延伸、融合，研发活动日益朝着网络化、国际化的方向发展。跨国公司唯有加强国际化研发布局，整合利用不同国家和地区的优质研发要素，才能持续保持竞争优势。随着跨国公司对外研发投资的持续发展，跨国公司全球研发布局日益呈现出空间网络组织态势，逐渐在世界范围内形成了具有鲜明等级体系的对外研发投资空间网络组织形式。跨国公司全球研发网络投资空间组织及嵌入问题正成为学术界研究的热点和焦点，亟待学者探索突破。

我带领的研究团队长期从事研发创新问题研究，早在20世纪90年代就对跨国公司研发全球化进行了深入研究，先后主持完成多项与之相关的国家自然科学基金及国家社会科学基金重大项目；并以研发全球化研究为基点，拓展至国际科技创新中心建设和"一带一路"科技创新合作等科技创新战略研究，是国内较早系统研究跨国公司研发全球化和国际科技创新中心建设战略的学者。我带领的研究团队长期跟踪研究上海科技创新，率先提出上海应加快建设国际科技创新中心，并获时任上海市委书记韩正同志的肯定批示。目前，上海国际科技创新中心建设已写入我国"十四五"经济发展规划行动纲要。

张战仁是我指导的一名博士研究生，是我组建的跨国公司研发全球化研究团队的重要一员。在校期间，张战仁深度参与了由我主持的国家自然科学基金项目"跨国公司研发的空间集聚与知识溢出研究"、国家软科学重大调研项目"跨国公司在华研发活动对国家创新体系的影响及对策研究"等多项重大课题研究，培养了较好的研究能力和学术功底。参加工作后，张战仁持续跟踪研究跨国公司研发全球化，其较强的独立研究能力得以进一步展现，先后主持完成国家自然科学基金、国家社会科学基金、博士后基金等多项研究课题,在《地理科学》《科学学研究》等期刊发表《跨国公司全球研发网络投资的空间组织解构及过程研究》《全球创新价值链模式的国际研发投资转移研究》等多篇论文,在跨国公司研发全球化研究方面取得了良好成绩。

获悉张战仁主持的国家社会科学基金后期资助项目成果《跨国公司全球研发网络投资的空间组织及嵌入研究》即将付梓出版,实感欣慰。张战仁邀请我为该专著作序,我欣然应允。科技创新从来没有像今天这样重要。作为导师,看到研究团队成员中又一部研究跨国公司研发全球化问题的专著出版,感到欣慰的原因无非有以下两个:

一是随着科技创新重要性的不断增强,国内的经济及地理学者应加大对新时代创新组织特点等创新规律的研究,为我国政府出台促进创新的政策建言献策,担负起学者经世致用的时代责任。张战仁的这部专著,以开放式创新时代背景下的跨国公司全球研发网络投资的空间组织及嵌入为题,提出了很多促进我国加大对外部研发创新资源利用的政策建议,其提出的诸如防范发达国家跨国公司以退为进、通过对外研发投资将发展中国家锁定在研发低端等方面的政策建议发人深省。

二是作为导师,看到学生的学术能力得到不断提升,是为人师者莫大的快乐。这么多年来我指导的博士研究生大都以研发创新问题为研究对象,研究跨国公司研发全球化问题在国内已形成一定影响力。张战仁自2008年跟随我攻读博士学位以来,一直致力于跨国公司研发全球化问题的研究。专著《跨国公司全球研发网络投资的空间组织及嵌入研究》的出版,是对张战仁十多年学术研究的一个总结和升华,是他多年学术探索与坚持的结果。

跨国公司全球研发投资的空间组织是跨国公司和国际投资研究的热点方向,近年来出现了不少学术成果。相对同类研究,这部专著在研究选题及内容、研究视角、理论和方法等方面均有创见,具有较好的理论价值和实践价值。例如,在研究视角方面,这部专著打破了过往主要从开放式创新理论角度对跨国公司全球研发网络投资空间组织进行研究的传统思维,综合开放式创新、全球生产网络投资空间组织等不同理论,对跨国公司全球研发网络投资空间组织的动力、区位等进行了全方位深入解读。在理论创新方面,这部专著将跨国公司全球研发网络投资空间组织动力、系统构成、区位布局及嵌入等纳入一个统一的理论框架体系,按照总体动力、内部结构(区位)、外部嵌入的逻辑顺序,构建了对跨国公司全球研发网络投资的空间组织及嵌入问题展开系统研究的理论逻辑。在实践价值方面,这部专著立足世界科技创新及经济版图重构的时代背景,尝试挖掘理论研究背后的政策寓意,提出了"组建由我国企业控制的全球研发分工体系,加大对竞争国家企业优势研发创新要素的整合力度","摒弃传统一味'争政策、给优惠、拼规模'的引资理念"等相当具有启发性的政策建议。

实践发展永无止境,理论探索永无止境。尽管这部专著对跨国公司全球研发网络投资的空间组织及嵌入问题做了系统研究,但仍存在一些亟待深入和拓展的问题,如对跨国公司全球研发网络投资空间组织异质性的研究等。特别是面对百年未有之大变局,科技创新领域新情况、新问题不断涌现,亟需学者去研究和总结。同时,随着世界科技创新版图重构竞争的加剧,跨国公司全球研发网络投资的空间组织布局也出现了一些新的变化发展趋势,日趋紧张的国际地缘政治形势,正在对跨国公司研发的全球资源配置造成影响。跨国公司全球研发网络投资空间组织等问题的研究,因此永远在路上。

"明者因时而变,知者随事而制。"随着新一轮科技革命和产业革命的蓬勃发展,科学技术越来越成为推动经济社会发展的主要力量。真诚希望国内能有更多学者加入到研发创新问题的研究中来,为我国建设世界科技强国、加快实现高水平科技自立自强贡献聪明才智。期望张战仁一如既往,笃学求真,勇攀高峰,把对跨国公司研发全球化等研发创新问题的研究持续引向深处,产出更多更有价值的研究成果。衷心祝愿我国科技事业持续保持高质量发展,在全球创新网络中的地位和作用不断提升,早日成为具有广泛影响力的世界科技强国。

杜德斌

2022 年 9 月 18 日

目　录

第一章　研究背景与问题提出

第一节　研究的经济背景

一、知识经济与跨国公司全球竞争战略转型

当今世界,知识和技术已成为经济社会发展的最关键因素,知识和技术创新是经济发展最基本的动力。与传统工业社会不一样,在知识经济年代,创新知识的重要性不仅表现在知识资源的全要素生产效率的促进方面,还表现在知识更新周期的日益缩短方面。在知识经济时代,任何一家企业都不能保持对国际领先技术的完全控制,企业的持续竞争力将主要体现在对知识、技术等的动态发展方面。企业以以往经验为基础建立的全球竞争战略模式将不得不做出根本性的调整。

面对知识经济年代,知识更新周期缩短及知识存在形式的变化,跨国公司全球研发网络投资的空间组织出现,是跨国公司在新时代推出的一项重要战略。作为跨国公司组织的一项重要内容,研发是跨国公司保持技术长期动态领先必须付出的一项成本。在跨国公司传统组织的全球生产网络分工中,出于降低知识外泄的风险,及维持对竞争国家的控制目的,跨国公司通常把研发放在母国,维持一个从产品研发到产品加工组装的传统国际分工格局。但在经济全球化的背景下,知识更新周期的缩短及知识存在形式的变化,决定了任何一个国家或企业都不能仅仅依靠本国或本企业的力量去进行技术创新。一个国家或一家企业即使拥有创新所需要的所有要素,但面对不断加快的技术更新速度,它们利用自身力量最终研发出来的技术,可能很难再满足瞬息万变的市场需求。要维持自身的竞争力,不管是一个国家,还是一家企业,均需要充分利用外部技术资源,通过将竞争企业或竞争国家纳入受自己控制的研发合作体系中,最终才能达到利用竞争者研发创新要素与降低竞争者研发挑战的结合。

可以说，站在跨国公司组织的国际分工格局调整角度，跨国公司全球研发网络投资的空间组织动力，既是跨国公司面对知识更新周期缩短的挑战，出于整合全球优势研发创新要素，以加快自身的技术更新速度的目的所致，也可能寄托了跨国公司特别是发达国家跨国公司重组国际分工格局的目的。在传统的国际分工格局中，发达国家跨国公司通常通过控制国际分工的研发环节或营销环节，来达到控制已嵌入全球分工的发展中国家企业的目的。在这种由发达国家跨国公司控制主导的国际分工中，发达国家跨国公司通常将研发放在发达的母国进行，但是面对知识更新周期日益缩短的挑战，发达国家跨国公司传统关起门的研发创新模式已很难实现对竞争国家企业研发控制的目的，发达国家跨国公司需要改变其传统的研发竞争模式。立足跨国公司全球研发竞争的战略转型，跨国公司全球研发网络投资的空间组织，是不是蕴含了新的战略考量？是不是寄托了跨国公司其他更深层次的战略考虑？这些问题值得学者关注。由于研发在发达国家企业维持对发展中国家企业控制中的重要作用，发达国家企业对外的研发投资可能并不能说明发达国家跨国公司对竞争企业的控制出现了松动。与此相反，面对知识更新周期不断缩短及知识存在形式发生变化的挑战，发达国家跨国公司全球研发网络投资的空间组织目的，很有可能是通过进一步提高自身在国际分工中的位置，将竞争企业纳入受自己控制的国际研发合作体系中，以达到对发展中国家企业优势研发创新要素的整合及继续维持对发展中国家企业研发控制的目的结合。

目前，世界一些主要国家跨国公司对外研发投资空间网络组织构建，其目的已突破跨国公司传统的国际产品生产价值增值环节分工要素整合范畴。很多国家跨国公司已将自身对外研发投资的空间网络组织构建，上升到国际分工重构高度。跨国公司的目的，是继打造传统的国际产品生产价值增值环节分工链，将国际分工深化发展到跨国公司对外投资组织分工的单个研发价值增值环节内部。为此，本书将构建新的研究跨国公司全球研发网络投资空间组织动力的概念框架体系。

二、全球化与跨国公司研发的全球日益成网

跨国公司国际研发投资的出现，既是经济、科技全球化进一步深入的外在表征，也是跨国公司面对知识更新周期日益缩短的挑战，适时推出的一个新的全球化举措。作为一个新的全球化行为，跨国公司在研发方面的对外直接投资早在第二次世界大战以前就拉开帷幕。据阿撒卡哇（Asakawa，2001）的研究，20世纪30年代欧洲和美国的跨国公司在海外研发的总支

出已占同期研发总支出的 7%。从全球范围看,世界上几乎所有的大型电子信息公司都在美国硅谷建立了子公司,或者在印度班加罗尔成立办事处。

但在全球化的不同阶段,跨国公司对外研发投资的全球空间组织进程在不同阶段表现出了不同的特点。20 世纪 80 年代以前,跨国公司对外的研发投资以"母国基础利用型"为主,跨国公司海外研发投资机构的主要职责是对母国知识在东道国市场环境中的适应性进行调整。由于"母国基础利用型"特点,跨国公司海外研发投资整合东道国优势研发创新要素目的不明显。在此阶段,跨国公司的海外研发投资节点之间不存在"点"到"点"的协同对接关系,跨国公司在海外的研发投资是一个个相对孤立的物理组织节点,相互之间还不存在从"点"到"线"、从"线"到"面"的空间网络组织关系。尽管在此阶段,跨国公司对外的研发投资分工格局打破了跨国公司传统以母国为研发基地的对外投资分工格局,但在此阶段跨国公司仍维持从企业产品技术研发到企业产品加工生产的传统国际分工对接链条。在此阶段,跨国公司尚不存在海外研发之间的空间协同对接问题。跨国公司海外研发以企业现有的基础知识利用为主。

但面对知识更新周期缩短的挑战,跨国公司不再满足于基础研发知识从母国到东道国的单向对接传递。随着全球化的进一步深化发展,跨国公司继在海外投入满足技术本地改造服务需求的研发投资之后,加大了以新知识获取为目的的对外研发投资力度。跨国公司对外研发投资的目的,是将自身主导的国际分工进一步深入到单个的研发价值增值环节。在此阶段,跨国公司的对外研发投资不再是一个简单的知识转移单元,而是一个知识创造单元。跨国公司除了需要注意跨国公司对外研发投资与跨国公司传统全球生产网络投资的空间组织对接外,还需要注意跨国公司在东道国的各研发投资节点间的协同。跨国公司的海外研发投资日益成网。跨国公司全球研发网络投资的空间组织发展,为世界一些主要国家及企业提供了整合世界各国优势研发创新要素,继续维持对竞争国家及企业研发控制的制度基础和组织的可能。

那么,依据跨国公司全球研发网络投资空间组织最大范围整合东道国研发创新要素,及继续维持与跨国公司传统全球生产网络投资空间组织对接的目的,跨国公司全球研发网络投资的空间组织,与跨国公司传统全球生产网络投资的空间组织是完全割裂的,还是存在某种联系? 它内部有没有存在一种相对独立的系统结构? 由于跨国公司全球研发网络投资空间组织整合知识的特殊性,及跨国公司全球研发网络投资空间组织与跨国公司传统全球生产网络投资的空间组织等存在的多重对接,对跨国公司全球研发网络投资空间组织系统结构的研究,应将跨国公司对外的研发投资组织活动,作为一个相对独立的空间网络投资组织形式予以展开。遗憾的是,尽管大部分研究已基本达成一致,认为跨国公司新兴全球研发网络投资的空间组织是重要的,跨国公司新兴全球研发网络投资的空间组织发展满足了世界一些主要国家及企业不断增加的国际研发要素整合需求,但是目前即使对世界一些主要国家跨国公司新兴全球研发网络投资的空间组织研究,也很少做到将跨国企业对外的研发投资组织活动,作为一个相对独立的空间网络投资组织形式,对其内部的空间网络投资组织系统结构及过程等展开深入研究。现有研究大多是将研发作为跨国公司组织对外投资分工的一个依附环节,对跨国公司新兴全球研发网络投资的空间组织动力、系统构成等展开研究。而作为一个价值增值环节,既然在世界一些主要国家跨国公司对外投资组织分工的单个研发价值增值环节内部也出现了跨国研发要素整合需要,那么相对于跨国公司传统的空间网络投资组织形式,比如跨国公司传统的全球生产网络投资的空间组织形式,跨国公司新兴的全球研发网络投资的空间组织特点又是怎样的?

有怎样的空间组织动力,就有怎样的空间组织过程。目前,跨国公司新兴全球研发网络投资的空间组织已经成为一个相对独立的空间网络投资组织形式,与跨国公司全球销售网络投资的空间组织及跨国公司传统全球生产网络投资的空间组织,并列为跨国公司三大对外投资的空间网络组织形式。本书将在整体分析跨国公司全球研发网络投资空间组织的动力之后,将跨国公司全球研发网络投资的空间组织作为一个相对独立的空间网络投资组织过程,对其内部的系统构成及布局区位问题等展开研究。本书将尝试为跨国公司全球研发网络投资的空间组织提供一个相对统一的过程及结构框架。

三、国际价值等价分工调整与东道国研发低端锁定

跨国公司全球研发网络投资的空间组织,打破了跨国公司传统上主要以母国为研发基地的对外投资分布格局。跨国公司全球研发网络投资的空间组织变革,一方面可满足跨国公司开放式创新的需要。面对知识更新周期日益缩短的时代挑战,为网罗创新资源,降低创新成本,提高创新效益,突破国家和地区的界限,在全球范围内组织研发资源,转移研发产出的过程,已经成为跨国公司变封闭式创新为开放式创新的必然选择。另一方面,跨国公司打破传统的对外投资分工格局,在母国以外的东道国,开始布局研发投资活动的举措,则让跨国公司投资的东道国特别是跨国公司投资

的发展中东道国,看到了嵌入国际研发分工高位的希望,这是在发达国家跨国公司曾经主导组建的国际分工中所看不到的。很多国家特别是发展中国家提出了加大吸引发达国家跨国公司国际研发投资的政策举措。它们的目的就在于通过参与主要由发达国家跨国公司投资主导的国际研发分工,提升本国在国际分工中的位置。

近年来,世界各国都出台了鼓励本国企业嵌入发达国家跨国公司全球研发网络投资空间组织中的政策。中国也鼓励企业"走出去"做研发投资,相继出台了多项政策,鼓励企业走出国门。2015 年中国共产党十八届中央委员会召开的第五次全体会议,以及 2016 年颁布的《"十三五"国家科技创新规划》,都要求中国企业把握世界科技前沿发展态势,主动嵌入主要由发达国家跨国公司投资主导的全球研发创新网络中,以通过合作全面增强中国的自主创新能力。中国的北京、上海等城市已经成为发达国家跨国公司全球研发网络投资空间组织重要的节点城市,并且出于重塑自身产业发展新动力的考虑,中国部分跨国经营企业对外研发投资布局的空间网络组织态势也日趋明显。

但遗憾的是,为规避先进研发技术可能外泄的风险,维持竞争领先优势,发达国家跨国公司主导推进的全球研发价值等级分工体系,并不一定能推动东道国实现国际分工位置提高的目的。面对知识更新周期缩短及知识存在形式发生变化的挑战,发达国家跨国公司全球研发网络投资的空间组织目的,是以退为进,通过进一步提高在国际分工中的位置,将竞争企业纳入受自己控制的国际研发合作分工体系中,最终达到整合发展中国家研发创新要素及继续维持对发展中国家竞争企业研发控制的结合。在发达国家跨国公司构建的这种新型国际研发分工中,发展中国家不仅很难通过合作研发获得简单的知识溢出,更很难实现通过合作研发一举改变自身长期处于国际分工低位的目的。

至于其中原因,这是由发达国家跨国公司全球研发网络投资空间组织特殊的空间组织管理及特殊的空间组织分工决定的。首先,在特殊的空间组织管理方面,在研发方面开展实质性的合作是就近获得发达国家跨国公司知识溢出的前提,但为了独占知识产权,发达国家跨国公司海外研发网点大部分选择单独整体投资形成,在管理运行方式上自成体系。由于当地企业很难嵌入,发展中国家企业希望通过合作研发就近获得知识溢出,从而提高自身研发实力的做法,无疑是水中捞月,看似可能,实则成功可能性不高;而另一方面,在特殊的空间组织分工方面,发达国家跨国公司组织的跨国研发合作是有研发等级分工的,往往呈金字塔形结构。在这种以发达国家跨国公司为媒质、呈金字塔形的跨国研发分工中,发达国家企业往往处于金字塔塔顶位置,掌握研发价值链高端核心环节。由于发达国家跨国公司海外研发网点目前多从事公司外围技术的开发研究(peripheral R&D),这样即使有发展中国家企业介入,发展中国家也不能希冀以此达到提高国际分工位置目的,发展中国家反而因此应更加警惕出现新的研发被低端锁定的问题,这容易从源头上"掐死"发展中国家研发升级的希望。

那么,作为发展中国家,中国企业在参与主要由发达国家跨国公司组建的全球研发网络投资空间组织分工过程中,要不要当心在单个研发价值增值环节出现新的被发达国家跨国公司低端锁定的问题?效仿西方发达国家经验,中国企业又如何才能提高自身对外研发网络投资的空间组织绩效?⋯⋯中国跨国企业全球研发网络投资的空间组织发展,同样为理论工作者提出了许多新的研究课题。本书将以跨国公司新兴全球研发网络投资的空间组织加快发展为判断,首先从整体角度,重新探讨跨国公司新兴全球研发网络投资的空间组织动力。然后,深入跨国公司全球研发网络投资的空间组织内部,展开跨国公司全球研发网络投资空间组织系统构成、过程、区位等问题研究。最后,跳出微观的企业视角,分析影响一国跨国公司全球研发网络投资空间组织嵌入位置的因素。在全球研发要素整合日益重要及跨国公司新兴全球研发网络投资空间组织日趋成形的今天,研究预期对完善跨国公司对外投资的空间组织分工理论并充实中国经济学、地理学、管理学的研究内容具有重要学术价值,对科学引导中国企业全球研发创新要素整合绩效提高、提升中国跨国公司全球研发网络投资空间组织嵌入位置也具有重要的现实指导意义。

第二节　研究的学术背景

跨国公司在引导国际分工的深化与发展过程中扮演着重要角色,同时它们也是新时期对外研发投资空间网络组织的具体执行者。跨国公司在对外研发投资的空间网络组织过程中,一方面,需要根据东道国的资源结构特点,在东道国构建一个个具有一定组织边界和承担一定研发专业分工的组织节点实体,这些组织节点实体在运营上保持一定的独立性,这是跨国公司利用国别差异,获取具有一定互补性的研发及生产要素资源的基础;另一方面,跨国公司需要打破其对外研发投资节点的组织边界限制,推动跨国公司各对外研发投资节点之间的网络连接,这是跨国公司推动投资东道国优势差异研发及生产要素整合的基础,是跨国公司对外研发投资空间网络组织的根本目的所在。

学者们对跨国公司对外研发投资的空间网络组织的关注由来已久,但上升到今天的认识则经历了较大的波折。由于早期的国际分工主要限于终端产品的国与国之间的互通有无上,早期的关注重点基本延续了比较优势理论、要素禀赋理论等传统国际贸易理论研究的宏观国家视角,对微观企业在全球范围内组建的对外研发投资的空间组织关注不足。新国际劳动分工理论倾向在宏观的国家层面,更加关注在宏观的国家间因为劳动成本差异,形成的劳动密集型产业流向发展中国家、技术密集型产业流向发达国家的产业分工活动,认为即使在生产领域,单个企业也不存在对外的投资空间网络组织分工活动,强调指出国家间除了有成品贸易联系外,产品内全球合作的网络分工体系并没有形成。

一直到亨德森(Henderson,2002)、格罗斯曼(Grossman,2002)等人提出的全球生产网络理论,为波特的价值链理论植入了空间概念之后,部分学者才开始以生产片段化为核心研究对象,关注跨国公司对外生产投资而不是对外研发投资的空间网络组织分工问题,指出跨国公司组建的国际分工既包含不同产业、不同产品之间的分工,也包含同一产品不同增值环节等多个层次的分工。只是由于受国际分工价值增值环节边界的认识限制,这时的研究重点仍以研发、营销及加工组装等为跨国公司传统对外生产网络投资的空间组织分工的边界环节,重点关注跨国公司传统全球生产网络投资的空间组织分工问题。这时的研究强调,研发作为发达国家跨国公司控制参与分工国家企业的基础,研发是不存在跨国分工的,为保证自身赖以控制竞争国家的研发基础不至于被腐蚀,发达国家跨国公司通常选择将其放在母国完成,这是波特等人提出的商品链、价值链等全球价值等级分工理论特别强调的。

与此同时,开放式创新理论则开辟了另外一条解释跨国公司对外研发投资分工的理论分析路径。开放式创新理论没有直接提出研发跨国分工的重要性,开放式创新理论构建的理论框架是缺乏明确的地理空间维度的,但开放式创新理论借助对企业传统封闭式创新面对的知识更新周期缩短及知识存在形式发生变化挑战的说明,强调了开放式创新的重要性。这种传统强调跨部门、组织边界的开放创新一旦与跨地理边界的创新联系起来,便可形成研究跨国公司如何在跨国界的空间范围合理组织创新的雏形。按照开放式创新理论,尽管面对后起竞争企业的挑战,领先企业要保持对先进技术的独占性及研发的安全性,企业应采取封闭式创新模式为宜,但面对知识更新周期缩短的挑战,任何一家企业都不可能保持对某一项技术的长期独占。在市场竞争日益激烈、行业生命周期不断缩短、技术复杂性程度日益增长、技术快速变迁、研发高成本和高风险的背景下,企业必须扩大与外部的合作,以保持对领先技术的过程领先安全,而不是现有技术的静态的绝对控制安全方面。当企业的对外研发合作超越国界限制,具有全球空间概念之后,也就象征着跨国公司全球研发网络投资的空间组织问题研究开始进入学者的研究视野(图 1-1)。

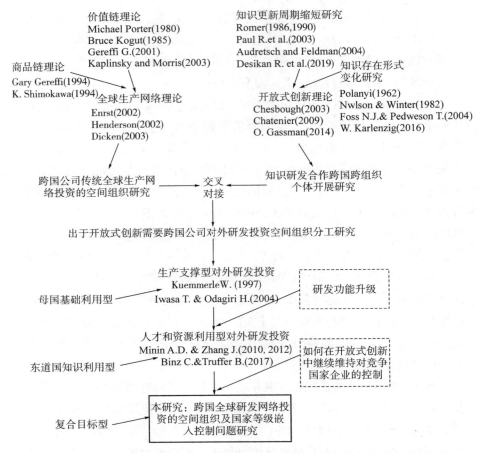

图 1-1　跨国公司新兴全球研发网络投资空间组织研究的学术背景

开放式创新理论尽管强调了突破部门、组织边界对企业创新的重要性,但这一理论强调的组织边界突破是不完整的,是缺少地理空间边界维度的。跨国公司全球研发网络投资的空间组织,恰恰又更为关注跨国公司是如何突破国界等地理边界的限制,实现对全球优势研发创新要素整合的。由于缺乏跨地理空间边界的创新范式探讨,开放式创新理论大多选择专注于跨国公司全球研发网络投资空间组织在少数过程领域内形成的空间组织关系展开分析。开放式创新理论很难单独构成本书研究跨国公司全球研发网络投资空间组织的理论遵循。

总体而言,追本溯源,跨国公司全球研发网络投资的空间组织研究借鉴主要有两块,一块源于跨国公司传统以研发、营销及加工组装等为主要分工环节的跨国公司传统全球生产网络投资的空间组织理论;另一块则源于超越国家等地方创新系统,直接对跨国公司如何在跨国范围内组织其对外研发投资活动的研究,主要源于研究地理上相互分工与关联的研发创新主体如何实现有效对接的国家创新系统理论及区域创新系统理论。

由开放式创新理论及跨国公司传统全球生产网络投资空间组织理论出发,本书把跨国公司新兴全球研发网络投资的空间组织研究的学术背景列在图 1-1 中。

如图 1-1 所示,对跨国公司全球研发网络投资的空间组织研究始于人们对开放创新理论与跨国公司传统全球生产网络投资空间组织理论的学科交叉。首先,从跨国公司传统全球生产网络投资的空间组织研究看,波特的价值链理论开创了研究跨国公司传统全球生产网络投资空间组织问题的先河。按照波特的价值链理论,由于企业任何产品的生产都可以分成设计研发、加工制造、产后销售等相对割裂的不同环节,当波特价值链理论植入空间概念之后,这就引发了跨国公司传统全球生产网络投资的空间组织研究。跨国公司传统全球生产网络投资的空间组织,是指跨国公司将产品价值链分割为若干个独立的模块,每个模块都置于全球范围内能够以最低成本完成生产的国家和地区,通过网络对接,进而形成的多个国家参与跨国公司产品价值链不同阶段的空间组织活动。跨国公司出于降低生产成本目的,将根据东道国在某个生产环节所具备的比较优势,安排对应的生产环节的空间组织活动,一方面可降低跨国公司产品生产的整体成本,另一方面也会增加跨国公司的协同整合成本,需要跨国公司采取相应的空间组织过程、方式、原则等予以应对,跨国公司传统全球生产网络投资的空间组织正式诞生。

尽管跨国公司 20 世纪末日益兴起的研发全球化热潮,打破了跨国公司过往将产品生产研发放在母国进行的传统布局格局,跨国公司研发出现了全球配置趋势,但从延续跨国公司传统全球生产网络投资的空间组织理论研究来看,现有研究仍执着于跨国公司传统全球生产网络投资空间组织理论研究所设定的,跨国公司全球生产网络投资的空间组织以设计研发、加工制造、产品销售等为分工环节的限制,主要从服务跨国公司在东道国生产的角度,对跨国公司全球研发网络投资的目的展开分析,认为跨国公司的海外研发投资主要以技术本地化和支撑跨国公司海外附属公司的生产为目的,缺乏跨国公司对外研发投资构建全球研发价值等级分工体系的战略目的考虑,即使有学者提出了技术跟踪型及人才和资源利用型的跨国公司海外研发投资,这些研究也大多将跨国公司在海外的研发投资活动作为一个个相对孤立的点,缺少对跨国公司在全球范围内形成的研发协同整合关系的关注,现有研究还缺乏对跨国公司在单个的研发价值增值环节构建的全球研发价值等级分工体系的考虑。无论是技术本地化跨国公司对外研发投资的空间组织类型划分,还是资源寻求型跨国公司对外研发投资的空间组织类型划分,抑或是生产支撑型跨国公司对外研发投资的空间组织类型划分,这些尝试对跨国公司对外研发投资空间组织类型进行划分的研究,大都将跨国公司对外研发投资的空间组织作为一个个孤立的点,选择主要从跨国公司对外研发投资空间组织目的角度,对跨国公司对外研发投资的空间组织类型进行划分。

其次,开放式创新理论则开创了研究合作式、敞开式研发的先河,当跨国公司主导的这种合作式、敞开式研发跨越国界限制,就诞生了研究跨国公司新兴全球研发网络投资空间组织的雏形。开放式创新是将企业传统封闭式的创新模式开放,引入外部的创新能力。开放式创新时代背景下,跨国公司之所以要扩大企业创新要素资源的空间配置范围,原因在于以下两点。一是知识更新周期缩短,面对知识更新周期缩短的挑战,企业仅仅依靠内部的资源也能进行创新,但是由于自身力量的有限,企业耗费大量人力、物力最后研发出来的知识可能已被市场淘汰,已不适合市场需求。为加快企业的技术研发速度,企业因此应该变传统的封闭式的创新模式为开放式的创新模式,以整合借助外部力量加快企业的技术研发。二是知识存在的形式发生了变化,随着高等价值的普及学术机构研究能力和研究质量的迅速提高,知识由以前富集于企业研究部门和科研单位,转变为广泛分布于产品价值网络中的各个节点,知识的自然配置打破了只有富裕的企业和富裕的国家才能开展创新的垄断局面,是跨国公司走出国门在全球布局研发的重要原因。

运用开放式创新理论,学者对企业之间的合作式创新及敞开式创新模式多有关注,现有研究多局限于跨组织边界的企业开放式创新的阻碍因素研究,研究缺乏跨越国家、区域等地理边界的思维。对于跨越国家和区域等地理边界限制的、跨国公司新兴全球研发网络投资的空间组织问题,学界尚缺乏专门的研究。针对创新的地方黏性作用,学者只在地方创新系统与跨国公司构建的全球创新系统如何实现有效对接问题上,对跨国公司新兴全球研发网络投资的空间组织研究有所涉及。学者已经形成了研究地方创新系统与跨国公司组建的全球创新系统如何对接的知识属性及商品价值判断属性的空间组织因素框架。

本书认为,跨国公司全球研发网络投资的空间组织出现,是面对知识更新周期缩短的挑战,跨国公司传统全球生产网络投资进一步深化发展的结果,响应了跨国公司进一步深化发展出全球研发价值等级分工的要求。对跨国公司全球研发网络投资的空间组织及嵌入问题的研究,因此应同时综合开放式创新理论与跨国公司传统全球生产网络投资的空间组织理论。

比如,对于跨国公司全球研发网络投资的空间组织动力研究,按照开放式创新理论,跨国公司全球研发网络投资的空间组织是受到知识更新周期缩短及知识存在形式发生变化挑战的结果,面对知识更新周期缩短及知识存在形式发生变化的挑战,跨国公司需要扩大研发的空间配置范围,跨国公司走出国门在全球范围内配置其对外研发投资,即产生了跨国公司全球研发网络投资的空间组织问题。但是,按照跨国公司传统全球生产网络投资的空间组织理论,设计研发又一直是跨国公司特别是发达国家跨国公司得以控制其他国家企业的基础,为维持对其他国家企业的控制,发达国家跨国公司通常将研发活动放在母国完成。为此,面对知识更新周期缩短及知识存在形式发生变化的挑战,发达国家跨国公司甚至选择在发展中国家布局新的研发分工功能,这是不是意味着发达国家跨国公司对发展中国家企业的全球生产控制已被放弃?对跨国公司全球研发网络投资的空间组织进行研究,因此必须同时综合开放式创新理论及跨国公司传统全球生产网络投资的空间组织理论。国内外学者大多从服务跨国公司海外一般产业投资的技术本地化改造需求角度,对跨国公司对外的研发投资动机展开研究。再比如,至于跨国公司全球研发网络投资空间组织过程及内部系统构成的研究,跨国公司全球研发网络投资空间组织与跨国公司传统全球生产网络投资空间组织存在的进一步的深化和发展的关系,也要求对跨国公司全球研发网络投资空间组织过程的研究,将同跨国公司传统全球生产网络投资空间组织存在的空间协同对接关系,比如存在的空间反哺对接关系纳入研究关注的范畴。本书将综合开放式创新理论及跨国公司传统全球生产网络投资的空间组织理论,对跨国公司新兴全球研发网络投资的空间组织及嵌入问题等展开系统研究。

第三节　研究目的和意义

对于跨国公司全球研发网络投资的空间组织及嵌入的研究,尽管跨国公司全球研发网络投资的空间组织在其产生的那一刻起就已经出现了,开放式创新时代的到来日益提升了跨国公司研发全球配置,对于跨国公司保持研发技术领先的重要性,跨国公司需要在传统的全球生产网络投资的空间组织基础上,进一步深化发展出以整合东道国优势研发创新要素的跨国分工。跨国公司传统全球生产网络投资的空间组织,以整合东道国传统优势加工生产要素为主要目的。

由于处于刚起步阶段,国内外即使有学者涉及跨国公司新兴全球研发网络投资的空间组织分析,但研究仍缺乏一个相对统一的理论框架指导。现有研究要么借鉴开放式创新理论对跨国公司全球研发网络投资的空间组织问题展开分析,要么借鉴跨国公司传统全球生产网络投资的空间组织等理论,对跨国公司新兴全球研发网络投资的空间组织问题展开分析。对于跨国公司新兴全球研发网络投资的空间组织分析,现有研究仍缺乏一个相对统一的理论框架指导。

除了相关研究缺乏一个相对统一的理论框架指导问题之外,本书还发现现有的关于跨国公司新兴全球研发网络投资空间组织的研究,还存在研究的相互脱节问题,现有研究往往选择专注于跨国公司全球研发网络投资空间组织在少数过程领域内形成的空间组织关系展开分析。比如,就跨国公司全球研发网络投资空间组织动力与过程关系的研究看,跨国公司全球研发网络投资有什么样的空间组织目的,跨国公司全球研发网络投资就有什么样的空间组织过程。跨国公司全球研发网络投资的空间组织动力分析,与跨国公司全球研发网络投资的空间组织过程分析应结合进行,但是现有有关跨国公司全球研发网络投资的空间组织研究,要么只分析跨国公司全球研发网络投资的空间组织动力,要么只分析跨国公司全球研发网络投资的空间组织系统构成及过程,没有将跨国公司全球研发网络投资的空间组织动力、过程、区位等的分析统一到跨国公司全球研发网络投资完整的空间组织关系分析中。对跨国公司全球研发网络投资空间组织动力与跨国公司全球研发网络投资空间组织过程等的分析,相互脱节问题严重,亟需纳入一个相对统一的逻辑框架之中。

就分析方法而言,目前对跨国公司全球研发网络投资空间组织及嵌入的分析,还存在重定性轻定量的问题,研究的客观性需要进一步的实证提供检验。在研究中,除了跨国公司全球研发网络投资的空间组织区位分析,部分学者使用了实证分析方法之外,对于跨国公司全球研发网络投资的空间组织动力及过程的分析,特别是跨国公司全球研发网络投资的空间组织动力分析,学者大多以一般的定性分析方法为主。由于并未通过案例分析或者实证分析对其进行验证,分析结论的客观性经常存在不同程度的问题。理论与实证研究相结合的滞后,影响了对跨国公司全球研发网络投资空间组织动力、过程、嵌入等分析的严密性。

另外,就研究的样本而言,现有的少数实证研究数据全部来自研究者所处的国家,与中国关联的研究分析不多。而作为最大的发展中国家,中国已是发展中国家吸引跨国公司国际研发投资数量最多的国家,全球 500 强中大部分企业已到中国来投资研发,中国是最近几年跨国公司国际研发投资发展最迅猛的国家。而且,中国企业全球研发网络投资的空间组织也已开始起步,与国外企业的联动不断加强。在此背景下,缺少跨国公司全球研发网络投资空间组织在中国的数据和样本,也是现有跨国公司全球研发网络投资空间组织研究的一个缺憾。

本研究的目的在于弥补上述跨国公司全球研发网络投资空间组织研究的部分缺陷。本研究将立足知识经济时代,知识更新周期不断缩短及知识存在形式不断变化的挑战背景,把跨国公司全球研发网络投资的空间组织与跨国公司传统全球生产网络投资的空间组织联系起来,尝试构建串联研究知识更新周期日益缩短的挑战背景,创新如何跨区域、跨个体组织的开放式创新理论,与跨国公司传统全球生产网络投资的空间组织理论的理论体系,为跨国公司新兴全球研发网络投资的空间组织研究提供相对统一的理论框架指导。

本书将保证对跨国公司全球研发网络投资空间组织研究的完整性,将对跨国公司全球研发网络投资的空间组织研究,分成跨国公司全球研发网络投资空间组织动力、过程、布局(区位)及嵌入研究等几个相互区别又相互联系的部分。首先,从总体角度阐明跨国公司全球研发网络投资的空间组织动力;然后,依据对跨国公司全球研发网络投资空间组织总体动力的分析,深入跨国公司全球研发网络投资空间组织内部,展开跨国公司全球研发网络投资空间组织系统结构、过程及布局的研究;最后,跳出跨国公司全球研发网络投资空间组织的本身,展开东道国对跨国公司全球研发网络投资空间组织嵌入的研究。

本研究力图在跨国公司全球研发网络投资空间组织动力识别、系统构成、组织过程、布局区位等方面有所突破,同时深入跨国公司全球研发网络投资的空间组织内部概念,建立分析影响一国跨国公司全球研发网络投资空间组织嵌入位置的因素体系,实现对跨国公司全球研发网络投资空间组织从微观企业到宏观国家的创新,及实现从跨国公司传统全球生产网络投资的空间组织等级分工分析到跨国公司全球研发网络投资空间组织等级分工分析的突破。有关本研究的创新之处和对跨国公司全球研发投资空间组织研究的理论贡献将,在分章节的分析结束之后作具体讨论。

本研究的理论及实证研究结果将更好地拟合跨国公司全球研发网络投资空间组织,从确定跨国公司全球研发网络投资空间组织目的,到确定跨国公司全球研发网络投资空间组织具体的系统构成、空间组织过程,再到确定跨国公司全球研发网络投资空间组织在东道国具体的组织布局区位等的完整过程,揭示有关跨国公司全球研发网络投资空间组织目的、空间组织过程、空间组织布局等的相关关系,阐明跨国公司全球研发网络投资空间组织在每个过程领域的具体空间组织特性,为中国企业的全球研发网络投资的空间组织实践提供理论指导,提升中国在跨国公司全球研发网络投资空间组织中的嵌入位置。

第四节　研究方法和研究思路

本书的研究力争做到理论探讨与实证检验相结合,首先从开放式创新及跨国公司传统全球生产网络投资的空间组织进一步深化发展角度,对跨国公司全球研发网络投资的空间组织及嵌入的实践和理论研究背景作归纳,在此基础上提出本研究的主题:(1)跨国公司全球研发网络投资的空间组织,打破了跨国公司过往将研发放在母国的国际研发投资分工格局,从继续保持发达国家跨国公司在全球价值等级分工中的研发控制角度,跨国公司全球研发网络投资的空间组织有没有蕴含新的战略目标考虑? 它是意味着发达国家的跨国公司对全球价值等级分工的控制出现了松动,还是意味着发达国家的跨国公司在全球价值等级分工中的位置出现了进一步上调? 跨国公司全球研发网络投资的空间组织动力分析是本书最为重要的一个研究主题;(2)从跨国公司全球研发网络投资空间组织进一步提升跨国公司在国际分工中的位置目的角度考虑,发达国家跨国公司在全球研发价值等级分工中尝试继续维持的研发价值等级分工控制,说明跨国公司新兴全球研发网络投资空间组织与跨国公司传统全球生产网络投资的空间组织,不是相互割裂的,而是存在与跨国公司传统全球生产网络投资的空间组织控制对接。那么除了与跨国公司传统全球生产网络投资的空间组织存在的控制对接关系外,跨国公司全球研发网络投资空间组织内部具体的系统结构是怎样的? 跨国公司是如何完成其全球研发网络投资空间组织具体过程的? 跨国公司全球研发网络投资的空间组织应该在哪里布局? 这是本书研究的第二个问题;(3)最后,跳出分析跨国公司全球研发网络投资空间组织的微观企业视角,站在宏观的国家角度,跨国公司全球研发网络投资空间组织嵌入的位置又是由哪些因素决定的? 本书将遵从一个总体组织动力、内部系统结构(区位)、外部国家嵌入的逻辑顺序展开跨国公司全球研发网络投资的空间组织及嵌入问题分析。本书的总体研究思路和实施过程如图 1-2 所示。

本书使用的定性研究方法包括文献综述法、概念抽象法等。跨国公司全球研发网络投资的空间组织,是跨国公司面对开放式创新的时代背景,为迎接知识更新周期不断缩短及知识存在形式不断发生变化的挑战,而推动自身传统全球生产网络投资的空间组织进一步深化发展的产物。为概括开放式创新时代背景下跨国公司全球研发网络投资的空间组织动力,本书收集了开放式创新及跨国公司传统全球生产网络投资空间组织研究资料数据,利用文献综述法和概念抽象法,形成了跨国公司全球研发网络投资空间组织进一步提升自身在国际分工中的位置目的判断,并根据文献调查数据(二手数据),为本书的组织目的判断提供了发达国家跨国公司继续保持的研发控制力及继续获得的垄断利润证据。

由于本书将主要从目的区位为跨国公司提供的对外研发投资合作环境角度,考量跨国公司全球研发网络投资的空间组织区位特性,研究所采用的相关计量分析方法,主要包括考量了空间关联因素的探索性数据分析方法及基于城市航空客运流数据的社会网络分析法,使用的软件分别是 *geoda* 分析软件及 *ucinet* 分析软件。其中,探索性数据分析技术是一组用来描述与可视化空间分布,挖掘空间关联、集聚或热点模式,揭示空间异质形式与空间作用机制的技术方法。本研究为判断跨国公司全球研发网络投资空间组织内生发展的区位决定表现及区位决定因素,分析跨国公司全球研发网络投资空间组织内生发展与其区位决定的相关关系,拟首先采用探索性数据分析方法的局部探索性空间数据分析方法进行分析。而社会网络分析法作为一种测度社会网络联系的新兴定量分析方法,它主要研究一组行动者比如人、社区、群体、组织及国家间的社会网络关系。本研究拟基于城市航空客运流数据,运用社会网络分析法,对作为跨国公司全球研

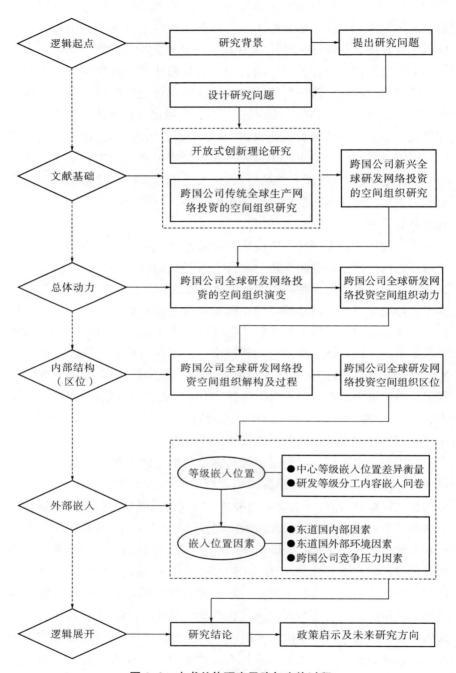

图 1-2　本书总体研究思路与实施过程

发空间组织区位主要据点的、城市之间的网络联系状况进行测度,不仅从节点数、覆盖比率、网络密度及联系强度等方面测度城市网络的整体特征,同时从度中心性、介中心性及结构洞角度,对城市网络的个体特征进行测度,试图通过说明处于中国城市网络位置越高的城市(或处于网络中心位置城市越多的省份),其吸引的跨国公司全球研发网络投资越多,来证明跨国公司全球研发网络投资空间组织外生发展对其区位决定的影响。本研究基于欧洲专利局数据,还利用社会网络分析法,从国家层面测度了跨国公司全球研发网络投资的空间组织情况。

数据模型方面,视研究问题的需要,本研究交替使用了空间计量经济模式、面板数据模型及联立方程模型,分别对跨国公司全球研发网络投资空间组织区位因素及跨国公司全球研发网络投资空间组织等级嵌入的位置因素展开实证。相对于传统的计量模型方法,使用空间计量经济模型,研究跨国公司全球研发网络投资空间组织内生发展的区位决定表现问题具有诸多优点。一方面,空间计量经济学分析采用了极大似然估计法,在经典统计和计量方法的基础上,以空间滞后或空间误差等形式对截面数据和面板数据回归模型中的空间交互作用(空间自相关)和空间结构(空间不均匀性)因素进行了处理,从而有效消除了使用普通最小二乘法时,模型对具有空间相关性数据估计可能存在有偏和不一致的问题。另一方面,针对相邻空间数据存在的空间自相关性,空间计量经济模型以空间滞后项和空间误差项的形式,可将空间相关性因素对模型的影响内生化和显性化。出于对这两个方面的原因考虑,本研究最终选择多元空间计量经济模型,对跨国公司全球研发网络投资空间组织内生发展的区位决定影响进行检测。至于联立方程模型,本研究将以自主创新发展基础及已流入东道国的跨国公司全球研发网络投资为内生变量,建立联立方程模型。联立方程模型能克服单一方程模型因变量作用的双向性而极易产生的内生性问题。本研究利用中国省际样本数据,构成面板联立方程模型,对跨国公司全球研发网络投资与中国自主创新发展的双向联动关系进行检测。

至于样本数据类型,主要选取的是省级区域层面的样本。在区域样本尺度选择上,研究企业对外研发投资空间网络组织发展的区位决定影响尺度不应过大。由于跨国公司全球研发网络投资的空间组织摆脱不了地理空间距离的物理阻碍作用,为此,跨国公司全球研发网络投资空间组织区位因素分析,在区域样本空间尺度较小的时候越容易被发现。本研究综合权衡之后,最终选择主要以省级尺度的空间区域为实证样本。之所以没有选择更小空间尺度的地级区域样本,主要因为在中国,大量区域统计数据均是以省级空间尺度为统计区域样本展开,即使存在地级空间层面的统计数据,但该层面的统计数据往往存在统计口径前后不一致、统计指标数据不全的问题。总体而言,本研究对跨国公司全球研发网络投资空间组织动力、系统构成、过程、区位及国家等级嵌入的研究方法及实施过程可用图1-3直观展示。

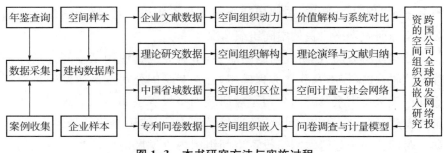

图1-3　本书研究方法与实施过程

本研究大部分数据直接来源于相应年份的《中国科技统计年鉴》《中国统计年鉴》《中国工业经济统计年鉴》及欧洲专利局数据。为验证跨国公司全球研发网络投资空间组织外生发展的区位决定影响及区位决定表现,本研究搜集到的航空客运流数据来自《从统计看民航》。由于《从统计看民航》中关于中国城市航空客运流数据并未全部列举,其中只列出了客流量在5万人以上的城市,故实际测度是以这部分城市作为样本。本研究将基于城市航空客运流数据,判断中国城市的空间网络联系特征,分析中国城市的空间网络位置差异;试图通过判断处于中国城市网络位置越高的城市(或处于网络中心位置城市越多的省份),其吸引的跨国公司对外研发投资是否越多,来证明跨国公司全球研发网络投资空间组织外生发展对其区位决定的影响。

第五节　研究框架和内容安排

本研究共分七章。

第一章是导言。在导言部分主要介绍本研究的经济背景和学术研究背景,然后提出研究问题,同时介绍跨国公司全球研发网络投资空间组织及嵌入研究的意义、目的和研究思路。这一部分论述知识经济时代,跨国公司面对的知识更新周期日益缩短及知识存在形式发生变化的挑战,所产生的开放式创新需求,是驱动跨国公司全球研发网络投资空间组织的重要动因。虽然对跨国公司传统全球生产网络投资的空间组织研究由来已久,但是结合开放式创新理论与跨国公司传统全球生产网络投资的空间组织理论,从跨国公司进一步提升自身在跨国公司传统全球生产网络投资空间组织分工中的位置角度,对跨国公司全球研发网络空间组织动力、过程等展开分析的研究并不多见。而目前仅从开放式创新角度对跨国公司全球研发网络投资空间组织的学术研究,远远不能适应跨国公司将在不断深化的国际分工中如何继续维持自身对全球生产控制的考虑,缺乏跨国公司全球研发网络投资空间组织在世界范围内跨地理空间范围整合的考量。本研究将在综合开放式创新理论及跨国公司传统全球生产网络投资的空间组织理论基础上,重构研究跨国公司全球研发网络投资空间组织动力、系统构成、过程、区位及国家等级嵌入研究的理论体系。

第二章是文献综述。跨国公司全球研发网络投资空间组织及嵌入研究的理论渊源有两块,一块是面对知识更新周期缩短及知识存在形式变化的挑战,旨在研究企业如何跨区域(国家)、跨组织、跨部门边界组织创新的开放式创新理论。另一块则是源于研究跨国公司传统全球生产网络投资的空间组织理论。跨国公司全球研发网络投资的空间组织,是跨国公司面对开放式创新的时代需求,跨国公司对传统全球生产网络投资的空间组织进一步深化发展的产物。跨国公司全球研发网络投资的空间组织研究的理论溯源,应该综合交叉学者对开放式创新及跨国公司传统全球生产网络投资的空间组织研究。由于篇幅限制,本书将主要综述跨国公司传统全球生产网络投资的空间组织研究,并概括学者围绕跨国公司新兴全球研发网络投资的空间组织分析所做的一些专门研究。

第三章是跨国公司全球研发网络投资的空间组织动力分析。有什么样的跨国公司全球研发网络投资的空间组织动力,就有什么样的跨国公司全球研发网络投资空间组织系统构成及过程等。弄清跨国公司全球研发网络投资的空间组织动机,是研究跨国公司全球研发网络投资空间组织系统构成及空间组织过程、布局区位的基本前提。鉴于过往研究主要借鉴开放式创新理论,从跨国公司整合世界各国优势研发创新要素角度,对跨国公司全球研发网络投资的空间组织动因进行研究,本研究将侧重从发达国家企业对全球生产控制转移角度,重构研究跨国公司全球研发网络投资空间组织动力的框架体系。既借鉴开放式创新理论,从科技迅猛发展、企业竞争优势转变、新兴科技国家迅速崛起角度,收集驱动跨国公司全球研发网络投资空间组织的动力因子,又借鉴跨国公司传统全球生产网络投资空间组织理论所强调的发达国家企业维持的对竞争国家企业的研发控制,从发达国家企业进一步提升自身在国际分工中的位置角度,收集发达国家企业在跨国公司新兴全球研发价值等级分工中所获得的超额垄断利润证据及继续维持的研发控制力证据,证明对跨国公司新兴全球研发网络投资空间组织动力的研究,确实需要树立发达国家企业对全球生产控制转移视角。

　　第四章是跨国公司全球研发网络投资的空间组织解构及过程研究。跨国公司全球研发网络投资的空间组织是跨国公司传统全球生产网络投资空间组织的深化和发展。跨国公司全球研发网络投资的空间组织,打破了跨国公司传统全球生产网络投资的空间组织将研发放在母国的传统。跨国公司全球研发网络投资空间组织整合竞争国家研发创新要素,及推动在跨国公司传统全球生产网络投资的空间组织中获得反哺应用的目的组合,说明完整的跨国公司全球研发网络投资的空间组织过程,可能既包括跨国公司对世界各国研发创新要素的空间组织整合过程,也包括与跨国公司传统全球生产网络投资的空间组织对接过程,跨国公司全球研发网络投资的空间组织内部存在多系统的空间组织对接。据第三章对跨国公司全球研发网络投资空间组织目的的认识,本研究将打破过往专注跨国公司全球研发网络投资空间组织在少数过程领域内的空间组织关系展开研究的传统,而展开全过程领域内的跨国公司全球研发网络投资的空间组织解构分析,为跨国公司全球研发网络投资空间组织解构及过程的分析提供一个相对统一的理论逻辑分析框架。

　　第五章是跨国公司全球研发网络投资的空间组织布局及区位研究。跨国公司全球研发网络投资的空间组织,最后都要落实到跨国公司在东道国一个个的研发投资空间组织节点的建立上,跨国公司全球研发网络投资的空间组织因此首先需要解决确定在哪投资的问题。据对跨国公司全球研发网络投资空间组织搜寻、整合世界各国研发创新要素及推动整合后的研发创新要素在其全球生产中获得反哺应用的目的认识,跨国公司全球研发网络投资空间组织将如何在东道国投资布局?出于便利其内部多系统对接的空间目的,跨国公司全球研发网络投资的空间组织,将更受目的区位内部的研发要素供给因素影响,还是更受目的区位为跨国公司提供的对外研发合作环境因素影响?鉴于过往研究主要基于单一区域视角探讨跨国公司全球研发网络投资的空间组织区位因素,本书将建立研究跨国公司全球研发网络投资空间组织区位布局决定的对外研发投资合作环境视角。

　　第六章是跨国公司全球研发网络投资的空间组织嵌入及位置因素研究。跨国公司全球研发投资的空间组织,进一步拉长了跨国公司投资主导的全球价值等级分工链条。面对跨国公司全球研发网络投资的空间组织,世界很多国家特别是发展中国家出台了鼓励和支持本国企业嵌入跨国公司全球研发网络投资空间组织的政策。但是跨国公司全球研发网络投资的空间组织内部也是有等级分工的。一国跨国公司全球研发网络投资空间组织的等级嵌入位置,决定了该国对跨国公司全球研发网络投资空间组织内优质资源的吸收和控制程度。一国跨国公司全球研发网络投资空间组织等级嵌入的位置,由哪些因素决定?继主要从总体角度关注跨国公司全球研发网络投资的空间组织动力等之后,本章将跳出微观的企业视角,转而重点关注影响一国跨国公司全球研发网络投资空间组织嵌入的位置因素。利用专利合作数据及问卷调查数据,在已构建影响一国跨国公司全球研发网络投资空间组织等级嵌入的位置因素体系基础上,对影响一国特别是中国跨国公司全球研发网络投资空间组织等级嵌入的位置因素,进行综合的理论与实证分析。

　　第七章是讨论。这部分是对全书理论分析和实证研究结论的逻辑展开,对相关结论作进一步的深化和延伸,归纳本研究的创新之处及其学术贡献,找出研究中存在的局限以及未来有待进一步加深研究的方向,以激励和引导今后的研究工作。

第二章　研　究　综　述

　　跨国公司全球研发网络投资的空间组织问题研究是跨国公司传统全球生产网络投资空间组织问题研究的延伸和拓展,它重点解释跨国公司为什么需要在全球空间组织研发投资和如何在全球空间组织研发投资的问题,开放式创新理论对跨国公司全球研发网络投资的空间组织问题也有所涉及。近30年来,随着跨国公司对外投资的空间网络组织趋势日趋明显,跨国公司全球投资的空间网络组织问题研究也日益成为经济地理学及经济管理学理论研究最为活跃的研究领域之一。概括起来,此类研究可分为两类比较系统的理论研究体系,即跨国公司传统全球生产网络投资的空间组织问题研究及跨国公司新兴全球研发网络投资的空间组织问题研究。本章首先对有关跨国公司传统全球生产网络投资的空间组织研究进行梳理,厘清它的发展脉络。由于跨国公司新兴全球研发网络投资的空间组织是跨国公司传统全球生产网络投资空间组织的高级形式,所以研究跨国公司全球研发网络投资的空间组织问题,就有必要借鉴跨国公司传统全球生产网络投资空间组织的研究方法。限于篇幅,对开放式创新理论为本研究提供的借鉴不再赘述。

第一节　研　究　缘　起

　　跨国公司新兴全球研发网络投资的空间组织,是跨国公司传统全球生产网络投资空间组织的深化和发展。不管是跨国公司传统全球生产网络投资的空间组织,还是跨国公司新兴全球研发网络投资的空间组织,跨国公司全球研发网络投资的空间组织包括跨国公司全球生产网络投资的空间组织,是以下两个条件为基础的。一是世界各主要国家的分工必须突破传统从产业间到产业内的分工格局,深入到跨国公司组织全球生产的某单一产品的各价值增值环节之间。由于生产的不可分割性和不可分离性,当国际分工主要限于产业间或主要局限于产品间时,跨国公司国际分工将主要局限在终端产品的交换上,生产的片段化包括研发片段化是跨国公司传统的对外生产投资组织活动及新兴的对外研发投资组织活动出现空间网络投资组织趋势的基础;二是这种深层次的分工还必须已突破国界限制,发生在世界各主要国家之间。跨国公司全球生产网络投资的空间组织或跨国公司全球研发网络投资的空间组织,其概念的实质就是指由于生产的片段化或研发的片段化,跨国公司因为对外生产或对外研发的跨国界空间分离,而在世界范围内形成的注重世界各主要国家相互联系、互相合作的一种跨国公司对外投资空间组织形式。

由于产品内的跨国界分工尚未形成,国内外学者对跨国公司组建的跨国分工思考,最开始主要局限在跨国公司组建的终端产品的交换贸易分析上。分析研究的对象是以国家而不是以企业为样本尺度,并将世界各主要国家视为独立的分工个体来对全球分工体系加以研究,认为国家间除了有成品贸易联系外,产品内全球合作的网络分工体系并没有形成。主要解释为什么国家之间会发生产业之间的分工,或产业内分工,并由此形成了解释产业间分工和产业间贸易的古典和新古典贸易理论。典型的代表即亚当·斯密的绝对优势比较理论、大卫·李嘉图的比较优势理论、赫克歇尔-俄林的要素禀赋理论,及解释产业内分工和产业内贸易的新贸易理论。典型的代表即克鲁格曼等人在迪克西提和斯蒂克利茨 1977 年提出的垄断竞争模型(D-S 模型)的基础上,建立的规模报酬递增模型。总体而言,在波特的价值链理论提出之前,亚当·斯密、大卫·李嘉图、赫克歇尔-俄林、克鲁格曼等人提出的国际劳动分工理论均更加关注成本差异所引起劳动密集型产业向发展中国家转移、形成发达国家发展资本技术密集型产业而发展中国家发展劳动密集型产业的国际分工格局。亚当·斯密、大卫·李嘉图、赫克歇尔-俄林、克鲁格曼等人建立的国际分工理论,均是以跨国的终端产品交换为主要分析解释对象。

但是亨德森(Henderson,2002)、格罗斯曼(Grossman,2002)等人建立在波特等人提出商品链、价值链观念基础上的生产的片段化理念则突破了国家分工主要局限于终端产品的交换框架,他们提出的产品内分工、垂直专业化、国际外包概念为学者研究跨国公司传统全球生产网络投资的空间组织或跨国公司新兴全球研发网络投资的空间组织奠定了基础。按照亨德森(Henderson,2002)、格罗斯曼(Grossman,2002)等人提出的全球价值链观点,随着全球分工的不断深化,一家企业面对日益激烈的国际竞争,它的竞争优势将不再局限于按照本国的产业要素基础生产提供某个终端产品上,而在按照不同国家的产业要素基础,生产提供某个中间产品上。跨国公司的国际竞争优势日益体现在对世界各国的产业生产要素的整合上,而且,世界交通通信技术的发展,也为跨国公司构建跨国的深入产品内的空间网络分工奠定了基础。跨国公司全球生产网络投资的空间组织本质,包括跨国公司新兴全球研发网络投资的空间组织的本质,就是指跨国公司出于达到整合全球一般性的产业生产要素或相对特殊的创新生产要素目的,而在具有相对优势的国家分散布局跨国公司某单一产品生产的各价值增值环节投资,在世界各国形成的一种注重世界各主要国家相互联系、互相合作的跨国公司全球网络投资的空间组织形式。跨国公司传统全球生产网络投资的空间组织,体现了国际分工从单一垂直价值链纵向联系到企业间横向联系,以至于构成网络状生产结构的演变过程。

　　跨国公司新兴的全球研发网络投资的空间组织,则是跨国公司传统的全球生产网络投资空间组织的深化和发展,它是全球分工从产业间到产业内,最后到产品内进一步片段化和垂直专业化发展的产物,是全球分工进一步深化发展到产品单个研发价值增值环节的产物。目前,众多学者以产品环节分工的不断片段化和垂直专业化为核心研究对象,已关注到跨国公司传统对外生产投资的空间网络组织特点,研究重心已从关注跨国公司传统全球生产网络投资的空间组织转移到关注跨国公司新兴全球研发网络投资的网络组织方面,但是直到目前尚缺乏系统研究。学者应延续跨国公司传统全球生产网络投资空间组织研究从价值链及其后来拓展的价值体系到价值增加链,到全球商品链,到全球价值链,最后到全球生产网络的理论研究脉络,将对跨国公司传统全球生产网络投资的空间组织研究,进一步深入到跨国公司新兴的全球研发网络投资的空间组织研究。

第二节　跨国公司传统全球生产网络投资的空间组织研究

一、跨国公司传统全球生产网络投资的空间组织动力

　　跨国公司全球生产网络投资的空间组织突破了跨国公司传统主要以一国地理疆域为边界范围的投资空间组织形式,实现了国际分工在地域范畴和分工价值尺度上的双突破。面对跨国空间组织分工不断增加的组织协调成本,跨国公司全球生产网络投资的空间组织是具有一定的时代背景条件的。对于跨国公司传统全球生产网络投资的空间组织动力分析,学者

已建立从外在基础支撑条件到跨国公司内在组织变革动力的复合框架体系。学者对跨国公司传统全球生产网络投资的空间组织研究，肇始于对跨国公司传统全球生产网络投资的空间组织动力分析。

首先，从外在的基础支撑条件看，鲍德温(2006)等认为，交通运输技术的改善及信息技术革命的影响，使得跨国公司全球生产网络投资的空间组织日益成为可能。厄恩斯特(Ernst,1997)等认为，交通运输技术、信息技术等科学技术的进步对跨国公司传统全球生产网络投资的空间组织驱动主要表现在以下三个方面：一是科技进步改变了产品的自然物理属性，使得产品的可分性得到提高。例如，随着材料科学的进步，许多产品的零部件从冶金材料转变为塑料材料，为本来较复杂的跨国公司组织的产品生产环节分工创造了条件。二是交通运输技术的改善使得远洋、航空和铁路等的运输成本大幅下降，运输时间大为节省；移动电话和互联网等信息工具的发明和普及使得跨国信息交流成本大幅下降，交流效率大为提高。三是信息技术革命的影响不仅体现在信息交流方面，还在于信息交流和处理技术的变革，使得整个产业结构发生了不可逆转的影响。这一变革的关键就是"模块化"。"模块化"诱发了跨国公司产业组织从设计规则的集中化到设计模块的分散化，从高度集中的纵向一体化产业结构到垂直离散化的跨国公司全球生产跨国界分离的演进趋势。

此外，还有很多学者从不完全契约的关系角度，对跨国公司传统全球生产网络投资的空间组织的基础组织变革条件进行了分析。跨国公司传统全球生产网络投资的空间组织出现，与市场和科层并列作为一种新的组织交易方式出现有关。自从科斯首次使用交易费用的概念是一种稳定的双边交易契约(关系型契约)，新制度经济学家在相当长一段时间里都在关注企业的内部组织与市场交易这两种组织方式间的替代关系和它们的治理模式。然而，正如威廉姆森所说，在市场与企业这两个极端的协调方式之间，事实上还存在着大量的中间产品的交易和中间状态的交易组织。跨国公司全球生产网络投资的空间组织出现，充实了以市场和科层为主要方式的组织交易类型。跨国公司通过对外投资，与东道国企业建立空间网络组织关系，能将不确定性降至最低，既可遏制市场治理模式中较强的机会主义倾向所带来的欺诈行为，又可防止企业科层管理中的体制僵化与委托代理问题，它更像是一种建立在信任基础上的、着眼于未来收益的开放性契约，对长期利益的追逐使得各参与主体抛弃了短期的机会主义行为。由于兼容了传统二元治理模式的种种优点，从而使生产组织、交易更有效率，因而使跨国公司更具竞争力。

其次,从跨国公司投资组织变革的内在动力看,张少军等(2009)认为,跨国公司全球生产网络投资的空间组织从发达国家的视角看,是其为了获得竞争优势,在全世界整合资源的主动选择。这种战略的实施是内外两方面的因素推动的。从内因看,发达国家跨国公司由于技术的持续创新、产业结构高级化和人均 GDP 的提高,其所在国家的禀赋结构发生了变化。此时,发达国家跨国公司就需要通过对外投资劳动密集型的生产环节,保留和专注于核心和关键的环节,从而将竞争力建立在动态比较优势的基础上。从外因看,消费者的需求日趋多样化、各国监管政策的放松和全球经济波动的冲击,使得发达国家跨国公司在全球化时代面对的市场环境日趋复杂。这就促使发达国家的跨国公司通过全球生产网络投资的空间组织来发展更加节约成本和提高效率的运营模式。跨国公司传统全球生产网络投资的空间组织因此是发达国家企业面对全球竞争,实现产业结构升级和产业组织整合的微观机制。

二、跨国公司传统全球生产网络投资的空间组织过程

跨国全球传统全球生产网络投资的空间组织发展,体现了跨国公司跨国投资空间组织分工从单一价值链纵向联系到企业间横向联系以致构成网络状生产结构的演变过程,它的核心是通过价值链中跨国公司在世界各地投资企业间的关系安排和制度机制,实现跨国公司全球价值投资不同价值增值环节间的非市场化协调。张辉(2004)强调,跨国公司全球生产网络投资的空间组织在形式上虽然可以看作是一个连续的过程,不过在跨国公司组织其对外的空间生产分工时,这一完整连续的价值链实际上是被一段段分开的(片段化),在空间上离散性地分布于各地,跨国公司因此需要在市场、科层及网络之间选择一种组织治理方式,保证跨国公司在国外的各离散的价值投资节点协同对接。汉弗莱(Humphrey,2001)等认为,跨国公司全球生产网络投资的空间组织,核心要在市场、科层及网络之间,实现跨国公司全球生产网络投资各空间网络投资节点的协调对接。

格里芬(Gereffi et al.,2003)根据跨国公司全球生产网络投资各空间网络节点协调能力的高低,将跨国公司全球生产网络投资的空间组织协同治理过程模式主要分为五种,即市场型(Market)、模块型(Modular Value Chains)、关系型(Relational Value Chains)、领导型(Captive Value Chains)和等级制(Hierarchy)。本书所指跨国公司全球生产网络投资的空间组织概念,包括跨国公司全球研发网络投资的空间组织概念,既包括跨国公司通过垂直一体化而形成的注重企业内部等级治理的模式,也包括

跨国公司通过投资深入东道国内部,与东道国企业形成的市场化协调运行机制。

张辉(2004)研究指出,在现实跨国公司全球生产网络投资的空间组织过程治理实践中,五种模式的选择基本上是在动态平衡外部市场和纵向一体化之间的利益与风险中得出的,现实中这五种治理模式不但总是相互交错存在的,而且之间存在着一个动态的转换机制。跨国公司全球生产网络投资的空间组织协同治理过程,是以跨国公司组建的对外片段化生产分工具有一定的空间转移能力为基础的,要求跨国公司对外投资的专用强度不要太强。格里芬(Gereffi,1999)特别强调了领导型跨国公司在当代跨国公司全球生产网络投资空间组织过程协同治理中的关键作用。

三、跨国公司传统全球生产网络投资的空间组织区位

跨国公司传统全球生产网络投资的空间组织区位,与跨国公司一般的对外投资区位决定既有相同点又有不同点。目前,有关跨国公司一般的对外投资区位决定因素的研究,最早可以追溯到 20 世纪 30 年代一些西方学者关于跨国公司对外直接投资动因的研究。作为一个独立的区位决定研究类型,尽管迄今为止,国际上还没有一个完整的跨国公司对外投资区位选择理论,但早在 20 世纪 30 年代,学界结合跨国公司对外直接投资动因理论,就对跨国公司对外投资区位决定因素做了探讨。那一时期产生的经典的跨国公司对外直接投资理论,比如垄断优势理论、内部化理论、国际生产折衷理论都或多或少地包含跨国公司对外投资区位决定思想。垄断优势理论、内部化理论、国际生产折衷理论等经典的跨国公司对外直接投资理论,分别借鉴产业组织学说的垄断优势论、国际贸易学说的比较优势论及不完全市场机制说的交易成本论,对跨国公司对外投资的区位决定机制作了间接论述。后续许多研究都遵循了跨国公司对外投资动因理论的研究思路,对跨国公司对外投资的区位决定因素作了不同解释。总结起来,在跨国公司对外投资区位决定研究初探期间,学者结合跨国公司对外直接投资动因探讨形成的理论流派,可以归纳为基于垄断优势的跨国公司对外投资区位决定理论、基于比较优势的跨国公司对外投资区位决定理论及基于交易成本的跨国公司对外投资区位决定理论。

总体而言,针对跨国公司对外直接投资动因研究而形成的垄断优势理论、产品生命周期理论、边际产业转移理论及市场内部化理论等,尽管没有对跨国公司对外投资的区位决定机制做直接阐述,或者说这些理论的重点不在论述跨国公司对外投资的区位决定因素,但在各自理论的建构过程

中,这些理论基于垄断优势、比较优势及交易成本的分析,均或多或少地体现了跨国公司对外投资将在符合一定区位条件的区域布局的区位选择倾向。垄断优势理论、产品生命周期理论、边际产业转移理论及市场内部化理论对跨国公司对外投资区位决定研究的启示见表2-1。

而特别的是,作为集西方传统对外投资理论之大成者,邓宁在西方学者针对跨国公司对外投资的动因研究中,首次提出了区位优势概念,这让跨国公司对外投资的区位选择问题首次得以进入跨国公司对外投资理论的概念体系中。在邓宁建立的跨国公司对外投资理论概念体系中,邓宁认为决定跨国公司国际性行为及国际化投资的三个最基本的要素,一是所有权优势(Ownership),二是区位优势(Location),三是市场内部化优势(Internalization)。这几个要素除了有垄断优势理论所强调的垄断所有权优势及市场内部化理论所强调的内部化优势之外,其中就有一个要素是邓宁所创国际生产折衷理论新提出的区位优势概念。

表 2-1　跨国公司国际直接投资动因及区位决定因子启示

理论流派	对外投资动因	区位决定因子启示
基于垄断优势的投资区位理论	对外直接投资是具有某种优势的寡头企业为追求控制不完全市场而采取的一种行为方式	跨国公司对外投资实际存在一个从垄断优势利用、超额利润获得,然后才到跨国公司对外投资落地的区位选择过程
基于产品生命周期的投资区位理论	运用动态分析方法,从产品比较优势及竞争条件动态变化角度,分析跨国公司对外直接投资的原因	跨国公司对外直接投资将适应技术及区位优势的动态变化,出现从最发达国家向较发达国家,再到最不发达国家的空间转移过程
基于交易成本的企业对外投资区位	只有保证地方国际资源的内部化成本比跨国公司利用外部市场配置资源的成本低,跨国公司才有可能在该国投入出于内部化对外交易活动目的的国际直接投资	投资贸易壁垒较高、运输成本较高的国家,满足了跨国公司投资的内部化成本,明显小于与投资国贸易的市场交易成本的要求

资料来源:根据相关文献归纳总结

邓宁认为,跨国公司要对外投资,必须同时具备所有权、内部化和区位三种优势。区位优势不仅决定了跨国公司是否对外投资,而且还决定了跨国公司对外投资的类型和部门结构。如果跨国公司仅有所有权优势和内部化优势,而不具备区位优势,这就意味着缺乏有利的海外投资场所,因此只能将有关优势在国内加以利用,而后依靠产品出口来供应当地市场。邓宁认为,投资的国家或地区对投资者来说在投资环境方面所具有的优势,既有来源于东道国的直接区位优势,又有来源于投资国间接区位优势两种。其中来源于东道国的直接区位优势,特指来源于东道国的某些有利因素,如东道国拥有广阔的产品市场,向企业提供多种优惠政策,生产要素成本低廉,相对丰富的原材料及中间产品的供给等;而来源于投资国的间接区位优势,则特指来源于母国或东道国的某些不利于投资或贸易的因素,如母国生产要素成本过高、商品出口运输费用过高、东道国的贸易保护政策等。

尽管传统跨国公司对外投资理论包含跨国公司对外投资区位选择思想,这为后续研究提供了借鉴,并且邓宁所创的国际生产折衷理论在传统研究基础上,还首次把区位变量引入了其分析体系,但传统跨国公司对外投资理论仍主要集中于解释一国企业为什么要发展成为跨国公司,以及跨国公司进行对外直接投资所需具备的条件。由于研究目标及研究方法所限,这使得传统西方跨国公司对外投资理论在提供跨国公司对外投资区位研究借鉴时,说它存有瑕疵,决无抉瑕掩瑜之感。

20 世纪 90 年代以来,新经济地理学的产生和发展为跨国公司对外投资区位研究提供了新的理论借鉴。它提出的技术外部性、货币外部性及空间报酬递增概念,为从跨国公司对外投资的空间网络组织分工合作角度分析跨国公司对外投资的区位决定机制提供了概念支撑,是跨国公司对外投资区位研究克服传统跨国公司对外直接投资理论束缚、获得新发展的重要推动力。总结起来,新经济地理学理论由于地方化了跨国公司对外投资的组织分工概念,它从以下两方面进一步深化了传统跨国公司对外投资理论对跨国公司对外投资区位研究的借鉴。一是相对于过往将国家层面的跨国公司对外投资作为主要研究对象的企业对外投资区位选择理论,新经济地理学以次于国家的空间尺度,让区域内的企业联系、中间品投入等地方化的集聚内生因素,成为学者对企业对外直接投资区位研究的重要考量因素。二是更为重要的是,新经济地理学让后续研究者看到了跨国公司跨区域组织对外投资分工合作的可能。在研究的前后发展脉络方面,这因此可看作学界对跨国公司对外投资区位研究实现空间网络组织转向的缘起。

目前以产品生命周期理论、内部化理论及垄断优势理论等传统企业对外投资理论为指导,国内外学者还对这些传统企业对外投资理论所蕴含的跨国公司对外投资的区位决定因素进行了实证。比如,产品生命周期理论强调的国家比较优势利用因素、垄断优势理论强调的企业垄断优势发挥因素及市场内部化理论强调的不完全市场机制下的交易成本节省因素,目前都在国外有关跨国公司对外投资区位决定因素的实证研究中有所印证。

铃木裕之和伊代奥(Hiroyuki and Hideto,1996)从行业、企业两个角度,以海外研发支出、海外实验室数量、海外研发子公司数量分别作为因变量,分析了日本企业海外研发机构区位分布的影响因素,证明了产品生命周期理论强调的国家比较优势利用因素,在跨国公司对外投资的区位决定过程中同样具有作用。至于市场内部化理论强调的不完全市场机制下的交易成本节省因素,波特(Porter,2005)、斯坦和多德(Stein and Daude,2006)等以地理距离、时差等作为衡量交易成本的因素,通过实证证明,他们的研究甚至发现:时差及地理空间距离是影响跨国公司对外投资意愿的负面因素,时差越大及空间距离越远的区位,越难引起跨国公司对外的投资。以上文献均是基于西方传统的企业对外投资理论,实证判断跨国公司对外投资的区位决定因素。并且,尽管国际生产折衷理论的出现,让后续实证研究的重点出现了证明跨国公司对外投资区位决定因素具有综合作用特点的变化,但在新经济地理学理论之前,跨国公司对外投资区位决定因素的实证研究一直是静态的,很少有实证研究从跨国公司对外投资的空间组织分工角度,论述跨国公司对外投资组织的空间关联性对其投资区位决定的影响作用。一直到新经济地理学的技术外部性、货币外部性等概念提出之后,跨国公司对外投资的区位决定研究才出现了打破地区黑箱、回归地区关联的实证研究变化。维勒和莫迪(Wheeler and Mody,1992)利用20世纪80年代的数据,在国家层面上对美国制造业的对外投资区位选择进行了考察。结果发现,虽然跨国公司对外投资区位影响因素随东道国的发展阶段和企业所在产业的不同而有所差异,但总体而言,企业对外投资分工、贸易成本等集聚因素对企业对外投资的区位决策起决定性的作用。本研究将主要借鉴新经济地理学技术外部性、货币外部性的概念体系,重组影响跨国公司全球研发网络投资空间组织区位决定的因素体系,重点对影响跨国公司全球研发网络投资空间组织区位决定的因素展开研究。

四、跨国公司传统全球生产网络投资的空间组织嵌入及等级结构

跨国公司全球生产网络投资的空间组织,以具有一定资源整合能力和核心创新能力的旗舰企业为治理者,跨国公司传统全球生产网络投资的东道国及节点企业在跨国公司全球生产网络投资组织体系中的嵌入位置是不均等的。邱斌等(2012)研究指出,跨国公司全球生产网络投资的空间组织,一方面为发展中国家融入全球经济、实现技术进步并最终实现价值链地位提升提供了契机,历史上亚洲"四小龙"的成功转型就有力地证明了落后国家和地区可以凭借嵌入跨国公司传统的全球生产网络投资的空间组

织分工逐步实现技术升级和价值链提升,但另一方面,发展中国家或企业在参与跨国公司传统的全球生产网络的空间组织分工时,也面临着价值链地位"固化"和"贫困化增长"的风险。

宏基集团创办人施振荣先生在 1992 年提出了著名的"微笑曲线"理论,理论上对跨国公司传统全球生产网络投资的空间组织嵌入可能对发展中国家及企业带来低端锁定问题的内在作用机制做了说明。施振荣认为,跨国公司传统的全球生产网络投资的空间组织是由附加值不同的各增值环节所组成,共同构成呈"微笑曲线"状的跨国公司传统全球生产网络投资的空间组织嵌入等级结构。按照施振荣提出的"微笑曲线"理论,在呈"微笑曲线"状的跨国公司传统全球生产网络投资的空间组织等级嵌入结构中,底端的加工组装环节附加值最低,沿着曲线向上移动,附加值提高,上游的研发、设计和下游的营销、品牌附加值最高。在生产者驱动的跨国公司传统的全球生产网络投资的空间组织中,创造高附加值的战略环节一般存在于生产制造环节领域,而在采购者驱动的跨国公司传统的全球生产网络投资的空间组织中,该环节一般位于流通领域。

很多学者从实证及案例分析角度提供了跨国公司传统全球生产网络投资空间组织等级嵌入证据。利维(Levy,2005)研究了全球工厂在跨国公司传统全球生产网络投资空间组织嵌入中的领导地位。赫斯和科(Hess and Coe,2006)以电信产业为例,强调权力和嵌入在塑造跨国公司传统全球生产网络投资的空间组织嵌入方面发挥核心作用。萨莉(Sally,2006)关于斐济服装产业跨国公司传统全球生产网络投资的空间组织等级嵌入的研究,通过对跨国公司传统全球生产网络投资的空间组织发展和转型作为动力过程的分析,强化了权力非对称这一论断。此外,还有学者以中国为案例,证明了对跨国公司传统全球生产网络投资空间组织嵌入的等级性。孙景蔚与李淑锦(2008)通过实证研究发现,随着跨国公司全球生产网络投资的空间组织发展,其对中国制造业低端嵌入的锁定效应日益彰显,中国很多制造业出现了被锁定在低附加值和低技术层次生产环节的趋势,很难提高技术创新水平。李健(2008)等认为,由于跨国公司传统的全球生产网络投资的空间组织往往由发达国家大型的跨国公司主导或控制,跨国公司传统的全球生产网络投资的空间组织对中国技术进步的作用并不明显,中国企业参与主要由发达国家跨国公司控制的跨国公司传统的全球生产网络投资的空间组织,很有可能长期被锁定在技术水平较低的制造加工环节。

跨国公司传统全球生产网络投资的东道国及节点企业,在跨国公司传统全球生产网络投资空间组织中的嵌入位置同时也不是固定不变的。格里芬在 1994 年对东亚纺织链的研究,首开跨国公司传统全球生产网络投资的空间组织,东道国及企业如何实现升级问题研究的先河。早期的跨国公司传统的全球生产网络投资的空间组织等级嵌入升级问题研究,既是带有规范性质的,即发展出一个装配加工—OEM(贴牌生产)—ODM(自主设计)—OBM(拥有自主品牌)的规范发展路径,又是不完善的,即对路径背后的条件因素特别是政府政策因素很少涉及。格里芬(Gerrifi,1999)通过对美国零售商如何形成海外生产网络来研究购买者控制的跨国公司传统全球生产网络投资空间组织等级嵌入的考察,探讨了跨国公司全球生产网络投资空间组织构成的商品链与区域劳动分工的关系,提出了已嵌入跨国公司全球生产网络投资空间组织企业从简单装配到 OEM 制造商再到 OBM 出口商角色提升的路径和条件。

第三节　跨国公司全球研发网络投资的空间组织研究

　　与跨国公司传统的全球生产网络投资的空间组织不同,跨国公司新兴的全球研发网络投资的空间组织是更为复杂的国际投资分工组织。跨国公司新兴全球研发网络投资的空间组织,突破了跨国公司传统以研发、加工组装及营销等为主要分工环节的空间投资组织分工格局,将跨国公司对外投资的空间网络组织分工对象深入到了跨国公司单个的研发价值增值环节内部。因此,跨国公司新兴的全球研发网络投资的空间组织是跨国公司传统全球生产网络投资空间组织的高级形式。跨国公司新兴全球研发网络投资的空间组织与跨国公司传统全球生产网络投资的空间组织有类似之处,又有其特有之处。

　　目前,尽管国内学者已经关注到跨国公司对外研发投资的空间网络组织问题,并尝试借鉴跨国公司传统的全球生产网络投资空间组织理论对跨国公司新兴全球研发网络投资的空间组织及嵌入问题展开研究,但是跨国公司新兴全球研发网络投资的空间组织,已经突破了跨国公司传统以研发、加工组装及营销等为主要分工环节的空间投资组织分工格局,现有借鉴跨国公司传统全球生产网络投资的空间组织理论,对跨国公司新兴全球研发网络投资的空间组织展开的研究,必须打破将研发作为服务跨国公司海外一般产业投资依附活动的认知,将跨国公司全球研发网络投资的空间组织作为一种相对独立的空间网络投资组织形式,对跨国公司全球研发网络投资的空间组织动力、结构等问题展开研究。

其次,从借鉴开放式创新理论,对跨国公司全球研发网络投资的空间组织展开的研究看,这类研究一般强调跨国公司面对的知识更新周期缩短及知识存在形式发生变化的挑战,是驱动跨国公司全球研发网络投资空间组织最为主要的动力。但据跨国公司传统全球生产网络投资的空间组织理论,研发又一直是跨国公司特别是发达国家跨国公司赖于控制竞争国家企业的基础。发达国家跨国公司出于降低知识外泄的风险,及维持对竞争国家的控制目的,通常会把研发放在母国,维持一个从产品研发到产品制造(加工组装)的传统国际分工格局。那么,面对知识更新周期日益缩短及知识存在形式不断发生变化的挑战,发达国家跨国公司的全球研发网络投资空间组织,有没有蕴含新的战略目标考虑?对跨国公司全球研发网络投资的空间组织研究,因此应同时综合开放式创新理论及跨国公司传统全球生产网络投资的空间组织理论。归纳起来,目前有部分学者从以下几个方面对跨国公司新兴全球研发网络投资的空间组织问题展开了探讨。

一、跨国公司全球研发网络投资的空间组织影响研究

此类研究主要从整体角度对跨国公司全球研发网络投资空间组织对东道国的影响展开分析,并主要聚焦跨国公司全球研发网络投资空间组织对东道国的知识促进及技术转移效应的分析,对跨国公司全球研发网络投资空间组织可能给东道国带来的新的研发低端锁定的问题国外学者关注并不多。学者建立了知识溢出理论及倒逼竞争框架理论,对跨国公司全球研发网络投资空间组织对东道国作用的理论机制进行说明。对跨国公司全球研发网络投资空间组织对东道国的作用,大多学者持正向促进观点。比如,基于倒逼竞争理论,很多学者主张跨国公司全球研发网络投资空间组织会促使东道国的技术进步。至于其中的作用机制,他们认为,因为当外资企业与当地企业在同一市场相互竞争时,当地企业为了在竞争中不处于劣势,必然增加研发经费,以提高企业的技术水平,国际研发资本参与当地市场的竞争效应因此将激励东道国民族企业自主创新能力的提高。此外,基于知识溢出理论,因为知识传播的距离衰减效应,很多学者也主张外资研发活动的进入通过直接或间接给东道国企业带来知识或技术上的扩散,也会促进东道国科技能力的提高。总体而言,持知识溢出理论及倒逼竞争理论观点的学者大多主张,从长期看,免费搭便车的当地企业迟早会变得足以与跨国公司相抗衡,跨国公司全球研发网络投资空间组织的知识外溢及技术扩散是一种必然现象。

但是,还有学者指出,跨国公司全球研发网络投资空间组织对东道国

作用具有"双重性",认为跨国公司国际研发投资空间组织对发展中国家技术进步的贡献是有条件的。纳鲁拉(Narula,2003)等认为,跨国公司国际研发投资的知识外溢和技术转移并不会自动地提高东道国民族企业的自主研发能力,跨国公司国际研发投资知识外溢及技术扩散的效果是与当地企业吸收能力相联系的,只有具备了一定的知识吸收能力才能将外资研发溢出的技术知识内生化,才能产生创造新知识的能力,才能真正形成自主研发能力。此外,根据倒逼竞争理论,外国企业参与竞争的压力会迫使民族企业进行技术更新,从而促进东道国的科技进步。但是,如果由于外资研发的竞争降低了本国企业的利润,甚至挤垮了本国企业,本国企业就没有能力进行独立创新和研发,外资企业的进入因此甚至会成为挤垮东道国民族企业的最后一根稻草。

二、跨国公司全球研发网络投资的空间组织动力及区位研究

少数学者对跨国公司全球研发网络投资的空间组织动机及其对跨国公司对外研发投资在东道国区位选择的影响进行了初步探索。一般认为,跨国公司对外研发投资的目的多样。一些跨国公司的对外研发投资是出于支撑起海外生产的目的,主要为了提供一些技术本地化服务,而一些跨国公司的对外研发投资则可能是出于技术跟踪型目的。在区位选择上,每一类型的跨国公司对外研发投资,均具有自己独特的区位选择特性。杜德斌(2005)按投资动机及和区位选择的差异,将跨国公司国际研发投资的空间组织动机归结为生产支撑型、技术跟踪型及人才和技术资源利用型等三种类型。杜德斌认为,跨国公司对外研发投资的动机各异,不同动机的跨国公司对外研发投资的区位选择也各异(见表2-2)。其中,生产支撑型的跨国公司对外研发投资是以技术本地化和支撑跨国公司海外附属公司的生产为主要目的,其在宏观区位上倾向于选择市场规模较大的国家或地区,微观区位倾向于接近海外生产基地。泽简(Zejan,1990)通过分析瑞士企业的对外研发投资活动发现,东道国的市场规模和人均收入均对企业对外研发投资的区位选择有促进作用。以瑞士企业的对外研发投资流向为例,哈坎森(Hakanson,1993)也发现市场规模与瑞士企业的对外研发投资流向关系密切,瑞士企业的对外研发投资通常流向那些经济水平较高、市场规模较大的国家;技术跟踪型的跨国公司对外研发投资主要是为了跟踪和获取东道国和竞争对手的技术发展,宏观区位倾向于选择技术水平较高的国家或地区,微观区位倾向于接近竞争对手的研发投资机构;人才和资源利用型的跨国公司对外研发投资主要是为了利用东道国的科技人才、研

究环境和其他技术资源,宏观区位倾向于选择人才资源丰富、技术环境良好的国家和地区,微观区位倾向于选择东道国的科技中心城市,尤其是著名大学和研究机构附近。库默(Kumar,1996)研究了美国跨国公司对印度的对外研发投资,发现东道国科技人才、科技水平是引导美国跨国公司对外研发投资在印度空间区位高度集中的最主要因素。塞拉皮奥和道尔顿(Serapio and Dalton,1999)的研究发现,跨国公司在美国的对外研发投资至少有10种动机,其中,获得当地的技术和跟踪美国的技术发展被认为是最重要的原因。

表2-2 跨国公司全球研发网络投资空间组织动机及其区位决定

类型	目的	宏观区位分布特点	微观区位分布特点
生产支撑型	以技术本地化和支撑海外附属公司的生产为主要目的	倾向于选择市场规模较大的国家或地区	倾向于接近海外生产基地
技术跟踪型	跟踪和获取东道国和竞争对手的技术发展	倾向于选择技术水平较高的国家或地区	倾向于接近竞争对手的研发机构
人才和资源利用型	利用东道国的科技人才、研究环境和其他技术资源	倾向于选择人才资源丰富、技术环境良好的国家和地区	倾向于选择东道国的科技中心城市,尤其是著名大学和研究机构附近

资料来源:根据相关文献归纳总结

佛罗里达和肯尼(Florida and Kenney,1994)基于对在美国的日资企业的调查,发现接近母公司现有的生产性附属公司是影响日本跨国公司对外研发投资在美国区位选择的最重要因素之一。至于其中原因,作者指出是因为日本企业对外研发投资部分动机是出于生产支撑型需求。属于这一动机的跨国公司对外研发投资,其区位选择必然与其对外的在东道国的一般性生产直接投资规模有关,并保持与其东道国的生产型附属企业临近。至于技术跟踪型跨国公司对外研发投资的区位选择特点,邓宁(Dunning,1988)研究发现,在某些行业,当美国企业遇到母国是创新源地的竞争对手时,会倾向于到竞争对手的国家去投资研发;说明这类企业对外研发投资以跟踪或获取竞争对手的技术和信息为主要目的,已经形成主要受竞争对手生产水平和科技水平影响的区位选择特点。此外,对资源利用型跨国公司对外研发投资的区位选择,加斯曼和策特维茨(Gassmann and Zedtwitz,1999)、道尔顿和塞拉皮奥(Dalton and Serapio,1999)以及OECD(1998、1999)等则进一步拓宽了跨国公司对外研发投资国别选择的区位决定因素范畴。研究者通过深入研究发现：一国的市场发展水平、外资公司投资与市场占有的行业特征，以及该国某些专门科研知识的供应状况等因素都会对跨国公司对外研发投资的行业分布结构及区位地域选择结构产生影响。

三、跨国公司全球研发网络投资的空间组织区位实证研究

国外学者对跨国公司对外研发投资区位决定因素的实证检验，主要以对对外研发投资的跨国公司的问卷调研为基础，通过描述性数据分析方法或探索性数据分析方法获得。伦德（Lund,1986）对 158 个美国跨国公司的详细调查得出，接近公司总部、科技人员、生活质量、接近制造部门、接近大学和研究中心等原因引导了跨国公司对外研发投资的区位布局。马莱基（Maleeki,1979）分析了 330 家美国跨国公司的研发投资区位也得出类似的结论。在研究日本跨国公司在美国的 174 家独资研发机构的不均衡分布后，佛罗里达和肯尼（Florida and Kenney,1994）揭示了影响日本跨国公司对外研发投资在美国区位分布的最重要因素是接近市场、当地优质的科研人才和邻接公司生产设施。佛罗里达和肯尼的这一研究结论也是通过问卷调查的方式获得的。为判断日本跨国公司对外研发投资在美国区位分布的因素，他们将影响跨国公司对外研发投资区位选择的因子按重要程度分为 5 级，每级对应不同的分数，其中最重要的因子赋 5 分，最不重要的赋 1 分。结果发现，接近市场、当地具有良好的研究人员和紧接公司现有的生产设施是影响跨国公司对外研发投资区位重要的因素，得分分别达到 4.30、3.96 和 3.82。并且不同行业的跨国公司对外研发投资的区位选择特性各异，在生物工程领域，接近现有生产设施的重要性，甚至超过了当地具有的良好研究人员因素，这一点是与电子工业行业不同的。

针对跨国公司对外研发投资区位因素的实证检验，大多研究比较关注当地的研发创新要素供给条件，在问卷中都设有这方面的指标问题。弗罗斯特和周（Frost and Zhou,2000）以 1977—1990 年间跨国公司在美国的研发投资为样本得出结论认为，跨国公司在特定区位的技术活动水平与当地企业的研发规模、大学的科研规模、科技资源的质量、科技活动的增长潜力成正比，这些研发创新供给因素造成了在美外资研发跨国公司的空间集聚。杜德斌采用 1997 年美国企业在世界各国的研发投资数据，从企业在当地生产的规模和特性、东道国技术资源状况和东道国政策法规三个方面来考察影响企业对外研发投资区位选择的因素。研究表明：企业对外投资流向主要受公司本身的 FDI 流向、东道国的市场规模、科技人才的供应、

技术设施的发展水平和知识产权保护的完善程度等因素的影响。喻世友、万欣荣和史卫(2004)采用1997年美国企业海外R&D投资的数据,对影响跨国公司研发投资国家选择的因素展开了实证研究。研究发现,外国直接投资、东道国的国内生产总值和知识产权保护力度是关键的影响因素。一些国外学者还从知识溢出的空间特性角度,验证了研发创新要素集聚供给对跨国公司对外研发投资区位选择的作用。奥德鲁斯和弗德曼(Audreth and Fedman,1996)建立了以美国为案例的研究,结果表明相比一般的生产活动,创新活动更加集中。并且,因研发创新要素集聚供给而获益的知识溢出,将使得跨国公司对外研发投资分布的离心倾向不断降低。此外,贝里弗拉默(Belleflamme,2000)等人也验证了研发创新要素空间集聚、知识溢出再到产业研发投资活动进一步集聚的空间逻辑。郑京淑(2000)认为跨国公司对外研发投资的区位选择分为两个步骤。其中第一步是目标国家的选择,第二步是目标国家内部区域(或城市)选择。在第一步区位选择中,跨国公司对外研发投资重点考虑的东道国区位条件主要有:(1)研发资源丰富,研究所运营效率较高的国家;(2)可充分享用外部经济效应的国家,包括利用东道国的基础设施(尤其是发达的信息通信网络)和从东道国研究机构或竞争企业获取信息方便与否;(3)研究成果可直接应用到设在东道国的生产性子公司,从而直接实现市场效应的国家;(4)能从文化、风土方面给研究所创造开放的研究氛围的国家。

四、跨国公司全球研发网络投资的空间组织嵌入研究

朱迪塔(Giuditta De Prato)等人则尝试进入跨国公司新兴全球研发网络投资空间组织内部分析其组织结构特点。但相对而言,这一类研究关注的核心不在跨国公司新兴全球研发网络投资的空间组织结构本身,它们研究的主题是将跨国公司新兴全球研发网络投资的空间组织作为整体体系,分析世界各主要国家在跨国公司新兴全球研发网络投资空间组织中的等级嵌入位置。朱迪塔和丹尼尔(Giuditta and Daniel,2011)运用复杂的社会网络分析方法,从度中心性、介中心性及结构洞角度,分析了世界各主要国家所处跨国公司全球研发整合位置的不同。朱迪塔和丹尼尔的研究发现,在当今跨国公司构建的对外研发投资空间网络体系中,美国无疑处在最核心的位置。美国目前既是全球研发投资输出最多的国家,同时也是全球研发投资输入最多的国家。而相对而言,作为一个发展中国家,中国目前在跨国公司对外研发投资空间网络组织中的位置变化同样喜人。据朱迪塔和丹尼尔的研究,中国目前在跨国公司对外研发投资空间网络组织体

系中的位置,甚至已超过瑞士、加拿大、爱尔兰等一些传统科技发达国家。此外,德奥卡和基(Deok and Ki,2006)、奥沙瓦(Yoo,2003)及拉娅(Raja,2007)的研究也涉及世界各主要国家在跨国公司对外研发投资空间网络等级体系中的位置变化分析。他们站在构建全球企业研发投资中心的角度,也比较早地关注到了企业对外研发投资空间网络组织等级嵌入分析。

勒温(Lewin,2009)、赫斯塔(Herstad,2014)、汉森(Hansen,2004)等认为,作为一个相对独立的空间网络投资组织形式,跨国公司之所以会一改以往以母国为研发中心的传统布局,根据不同东道国在人才、科技实力以及科研基础设施上的比较优势,在全球范围内有组织地安排对外研发投资,这主要是因为科技的迅猛发展改变了知识存在形式、缩短了知识更新周期,使得跨国公司开展跨国研发合作的紧迫性不断提高,一国在跨国公司全球研发网络投资空间组织中的嵌入位置,将主要由该国的人才数量、科技实力等方面的因素影响。他们认为,与全球生产网络投资一样,跨国公司对外的研发网络投资也没有超出传统国际分工理论的适用范围。世界各主要国家企业对外研发投资空间网络分工的基础仍然是各国在特定研发工序和流程上的要素禀赋特征。汉森(Hansen,2004)等认为,如果将美国、日本等世界主要国家跨国公司对外的研发投资组织活动视为一个包含概念设计、产品计划、设计调整、过程确认、部件开发、试验生产等在内的系统过程,则即使现代科技强国跨国公司也很难做到对创新整个过程的全面掌控,比如日本企业的科技领先水平就主要集中在对先进电子硬件设施的开发上,而在软件及其他同步配套设备的开发上则存在短板。此时,通过对外研发投资的空间网络组织,将同一研发价值增值活动的不同环节依据研发过程的特点差异,布局在相应的具有禀赋优势的区位,就可以有效整合全球各国的科技创新资源,提高研发效率(Foss et al.,2002)。

第四节　跨国公司全球研发网络投资
在中国的空间组织研究

随着近年来跨国公司全球研发网络投资在中国的空间组织发展,国内经济学界对跨国公司在华的研发投资活动及其空间组织的区位决定问题给予了越来越多的关注。研究侧重从整体层面探讨跨国公司全球研发网络投资的空间组织对中国的影响,对跨国公司新兴全球研发网络投资的空间组织及嵌入问题研究相对较少,只有个别文献对此进行了探讨。何琼、王铮(2006)在"跨国公司 R&D 投资在中国的区位影响分析"一文中,从省域尺度上考察跨国公司对外研发投资在中国 30 个省市自治区的区位选择;采用 2000 年跨国公司国际研发投资在中国 30 个省市自治区的支出数据,对影响跨国公司对外研发投资在中国区位选择的因素展开了实证研究。研究结果表明:外商直接投资、市场规模、人力资本以及知识产权保护水平是影响跨国公司对外研发投资在中国区位选择的决定性因素。基础通信设施和商贸环境也会对跨国公司对外研发投资在中国的区位选择产生正相关的影响,而工资水平并没有显著影响。通过实证分析,何琼、王铮为中国各地区如何更好地吸引企业对外研发投资提供了理论依据。

李洁(2005)在总结了跨国公司全球研发网络投资空间组织在中国区位布局的总体特征基础上,通过构建模型,对影响跨国公司全球研发网络投资空间组织在中国区位选择的因素做了进一步的实证分析。李洁还从总体上阐述了跨国公司全球研发网络投资空间组织对中国区域经济发展的影响。李洁的实证研究发现,一个地区的科技资源、人力资源和科研水平是影响跨国公司全球研发网络投资空间组织区位选择的重要因素。李洁还提出了一个新的影响跨国公司全球研发网络投资空间组织区位选择的区位因素概念,这个概念就是市场领先能力即区域对新产品的接受程度或接受能力。经过实证,李洁构建的模型估计结果表明,一地区 GDP 及市场领先能力也是影响跨国公司全球研发网络投资空间组织在中国区位选择的重要因素。李洁的这一研究结论对中国西部如何吸引更多跨国公司全球研发网络投资空间组织有很好的启示。西部地区要加快跨国公司国际研发投资的引进步伐,除了需要改善自身的研发基础条件外,还需要从文化环境建设方面,提供本地区对新产品的接受度及包容度。只有这样,才能引进以新产品研发为最终目标的跨国公司国际研发投资。

崔新健、吉生保(2009)基于中国规模以上工业企业的面板数据,通过建立模型,对影响跨国公司国际研发投资在中国的区位选择因素做了实证。实证研究表明,市场规模、市场竞争程度、FDI 的区位分布是影响跨国公司全球研发网络投资空间组织在中国区位选择的重要因素,当地政府研发支持及其政策环境也有很大的影响。以跨国公司全球研发网络投资空间组织在中国的区位选择因素为依据,作者认为跨国公司目前在中国的对外研发投资主要是为了支持其在华的市场营销和生产。为提高对跨国公司的研发引资质量,应鼓励跨国公司在中国设立高级别的全球创新型研发投资中心,减少对市场营销和生产支持型企业对外研发投资的优惠。

唐礼智、戴贵芬(2007)选取中国吸引跨国公司全球研发网络投资空间组织最多的前 10 个省份或直辖市的横截面数据,对跨国公司全球研发网络投资空间组织在中国的区位选择因素做了实证分析。研究结果表明,跨国公司在华研究与开发机构的区位分布与区域的劳动力成本、通信设施水平、市场规模、科技实力以及对知识产权的保护和重视程度等因素呈正相关关系。

刘丽琴、刘文秀(2007)在"跨国公司在中国研发本地化的地域分异"一文中,首先分析了跨国公司对外研发投资在中国的发展历程,然后从地区和城市两个层面剖析了其地域分异特征,进而从 FDI 规模、科研和人才资源、跨国公司研发基础及地缘关系等方面研究了跨国公司对外研发投资在中国非均衡分布形成的机制。作者研究指出,随着中国开放程度的不断深入和西部开发、老工业基地振兴等政策的实施,跨国公司在中国的对外研发投资将会不断向内地推进,但短期内其地域分异特征不会改变,仍将向东部地区的少数几个大城市集中。

徐瑞华、杜德斌(2004)通过实际调研,以 GIS 为手段实证研究了上海外商投资 R&D 机构的区位分布及分异特征,并深入探讨了外商研发机构区位分异的原因。相对于同类研究,这一研究在研究的空间尺度选择上有创新,首次将研究跨国公司对外研发投资在中国区位选择的空间尺度深入到了区县层面。作者认为,跨国公司对外研发投资在中国上海城市内部的微观分布,既有上海已建高新技术园区的引力效应因素,也有机会成本下的研发机构离心倾向因素。

国内学者对跨国公司对外研发投资分工合作对跨国公司全球研发网络投资空间组织的区位选择影响也有所关注,有少数学者借用新经济地理学的空间报酬递增概念,已在跨国公司在华研发投资区位决定研究中,植入研发投资集聚的空间网络组织分工思维,但鲜有学者将跨国公司对外研发投资的空间网络组织分工因素拓展到跨区域间。盛垒(2010)指出,传统的企业对外投资区位理论对跨国公司对外研发投资在中国的区位选择解释存在诸多不足。为揭示跨国公司对外研发投资在中国区位选择的客观规律,作者从新经济地理学的视角重新审视了跨国公司对外研发投资在中国的区位选择行为。作者基于中国省际数据的实证研究结果表明,区域劳动力成本、地方优惠政策等传统的跨国公司对外投资区位选择变量未能很好地反映跨国公司对外研发投资在中国的区位选择原因,而新经济地理理论所揭示的贸易成本、技术溢出、市场规模、跨国公司的区域生产水平以及区域历史企业对外研发投资等集聚变量是导致跨国公司对外研发投资在中国非均衡分布的重要原因。由于强调了跨国公司对外研发投资在同一地方的持续集聚对跨国公司对外研发投资区位选择的重要作用,盛垒等人的研究结论,对提升中国各地区尤其是中国中西部地区的跨国公司对外研发投资的环境竞争力有着深刻的政策启示。但盛垒等人的研究同样侧重从单区域角度分析影响跨国公司对外研发投资区位选择因素,在研究中没有回答跨国公司对外研发投资的空间网络组织发展,又会给跨国公司对外研发投资的区位决定带来哪些不同的影响。随着跨国公司对外研发投资空间网络组织的加快发展,从跨区域角度论述企业对外研发投资区位决定的研究应尽快得到丰富和加强。

此外,还有学者对跨国公司全球研发网络投资的空间组织对中国发展的影响展开了分析,但已有研究大多从整体角度关注跨国公司全球研发网络投资空间组织对中国发展的影响,并将研究的主要关注点放在对跨国公司全球研发网络投资空间组织对中国发展的整体知识溢出效应及技术扩散效应的检测上,很少有研究深入跨国公司全球研发网络投资的空间组织内部,从跨国公司全球研发网络投资空间组织的国家等级嵌入角度,对跨国公司全球研发网络投资空间组织对中国参与国际研发分工的价值重置效应等展开分析。对跨国公司全球研发网络投资空间组织国家嵌入及可能给中国造成新的研发低端锁定问题,学者关注不足。盛垒(2010)利用37个工业行业1998—2006年的面板数据,研究了外资在华研发活动与中国民族企业自主创新之间的关系,重点考察外资研发的进入是否对内资企业的自主创新起到了促进作用。结果发现,行业外资研发的增多对中国内资企业自主创新能力的提高有显著的促进作用,外资研发的影响效应呈现出行业的差异性特点,外资研发介入强度高的行业受惠于外资研发的促进作用也越明显。盛垒基于行业层面的样本,对跨国公司全球研发网络投资空间组织对中国发展影响的实证检测,也主要限于对跨国公司全球研发网络投资空间组织对东道国作用的整体检测。此外,蒋殿春(2004)、董书礼(2004)、郭克莎(2004)、张海洋(2005)等以行业或区域样本数据,对跨国公司全球研发网络投资空间组织对中国的作用做了整体检测。

综合以上对现有文献的总结和梳理,目前国内外对跨国公司传统全球生产网络投资的空间组织及嵌入的研究成果已十分丰富,无论是理论分析还是实证研究,都取得了较大突破和进展。相比较而言,国内外对跨国公司新兴全球研发网络投资的空间组织及嵌入问题的研究,目前尚处于初步探讨阶段。国内外对跨国公司新兴全球研发网络投资的空间组织问题研究,大多借鉴跨国公司传统全球生产网络投资的空间组织研究,以研发、组装及营销为跨国公司对外投资的空间网络组织分工环节。对跨国公司新兴全球研发网络投资的空间组织动力、系统构成、过程及区位的研究,国内外学者仍缺乏跨国公司新兴全球研发网络投资的空间组织在单个研发价值增值环节也可能形成新的价值等级分工环节的思考。国内外学者借鉴开放式创新理论，仅从知识更新周期缩短及知识存在形式发生变化的角度，对跨国公司全球研发网络投资空间组织动力展开的研究，与跨国公司全球研发网络投资空间组织进一步提升自身在国际分工中的位置战略目标不符。

第五节　小　　结

　　跨国公司新兴全球研发网络投资的空间组织是一个错综复杂的系统问题，目前国内外学术界已开始关注这一问题，并对此进行了初步探讨。但遗憾的是，当前对跨国公司新兴全球研发网络投资的空间组织问题的研究从理论到实证，从方法到结论，从外部环境到内部动力等都还非常有限。有关国家层面，跨国公司全球研发网络投资的空间组织嵌入研究，更是学术研究的"处女地"，迄今涉足者寥寥。相反，国内外有关开放式创新理论及跨国公司传统全球生产网络投资的空间组织的研究，已具备相对成熟的理论体系和实证方法，因此，非常有必要借鉴开放式创新理论及跨国公司传统全球生产网络投资的空间组织研究的理论和方法，以为本书跨国公司新兴全球研发网络投资的空间组织动力、系统构成、过程及区位等问题的研究提供理论与方法上的指导。受篇幅限制，本章专注于跨国公司传统全球生产网络投资的空间组织研究借鉴分析。首先依照时间先后顺序对国内外有关跨国公司从传统全球生产网络投资空间组织到跨国公司新兴全球研发网络投资空间组织的研究进行了梳理与总结，厘清了国内外有关跨国公司传统全球生产网络投资空间组织动力、结构及嵌入研究的理论演进脉络及最新分析进展。然后，侧重于从研究结论与研究方法方面回顾和评价了近年来中外学者有关跨国公司新兴全球研发网络投资空间组织动力、系统构成、过程、区位及国家等级嵌入研究的理论与实证文献，并对国内学者的研究做了二次考证，发现了现有研究中的可取之处及存在的不足，为本研究提供理论借鉴及方法支撑。最后，根据对以往研究的总结和梳理，挖掘出其中有待进一步研究的问题，从而延伸出本研究将要重点探讨的议题。本研究的核心研究目的，是以跨国公司全球价值等级分工的进一步裂解和深化为判断，将跨国公司全球研发网络投资的空间组织作为一个相对独立的空间网络投资分工组织形式，对跨国公司新兴全球研发网络投资的空间组织动力、系统构成、过程、区位及国家嵌入等问题展开研究。

第三章 跨国公司全球研发网络
投资的空间组织动力

　　跨国公司全球研发网络投资的空间组织实质,是指在人类分工深化发展背景下,世界很多国家的跨国公司,本着整合全球研发创新要素的目的,侧重于在世界各国范围内所形成的,具有一定研发空间网络等级体系的一种对外研发投资空间网络组织形式。跨国公司全球研发网络投资的空间组织,是跨国公司面对知识更新周期缩短及知识存在形式发生变化的挑战而推出的一项战略举措,它寄托了跨国公司进一步提升在国际分工中的位置考虑,寄托了世界一些主要国家跨国公司进一步裂解和深化其对外投资分工合作链条的战略意图。考虑到跨国公司全球研发网络投资空间组织,重组跨国公司传统国际分工格局及跨越国界突破其创新组织地理边界的特性,对跨国公司全球研发网络投资空间组织动力的研究需要同时借鉴研究跨国公司传统国际分工如何开展的跨国公司传统全球生产网络投资的空间组织理论,及开放式创新理论。鉴于过往主要基于开放式创新理论角度,对跨国公司全球研发网络投资的空间组织动因进行研究,本章将在重构跨国公司全球研发网络投资空间组织动力研究的框架体系基础上,重在从发达国家企业进一步重组其国际分工格局的角度,对驱动跨国公司全球研发网络投资空间组织的动力因子展开系统研究,分析跨国公司全球研发网络投资空间组织的微观影响。

第一节 跨国公司全球研发网络投资的空间组织动因

一、跨国公司全球研发网络投资的空间组织演变

　　跨国公司新兴全球研发网络投资的空间组织发展,是跨国公司自身对外研发投资空间组织布局过程中出现的一种新趋势和新现象,是跨国公司

顺应外在不断变化的环境,适时而动的结果。它的产生原因内含于跨国公司不断变化的对外投资空间组织历史演变中。跨国公司对外研发投资的空间组织模式经历了哪些历史演变? 它们背后的动力是什么? 本研究在阐明跨国公司新兴全球研发网络投资的空间组织动力之前,首先对跨国公司对外研发投资空间网络组织模式的历次演变进行系统概括,阐明跨国公司全球研发网络投资空间组织演变的动力(见表3-1)。

作为跨国公司对外投资空间组织出现的一种新趋势,跨国公司新兴全球研发网络投资的空间组织发展,与跨国公司面对的外部不断变化的宏观环境息息相关,是跨国公司不断调整自身对外投资竞争策略的结果。跨国公司对外投资竞争策略是随着国际竞争环境的变化而变化的。当国际竞争主要表现为对产业研发活动的控制时,跨国公司对外的投资竞争策略是将研发作为核心部门,留在母国完成。跨国公司此时的对外研发投资空间组织模式,主要表现为以母国为中心的国家中心主义或地理中心主义特点。

表 3-1　跨国公司对外研发投资空间组织模式、特征及优缺点

模式	特征	优点	缺点
国家中心主义	研发投资活动集中,全部布局母国	维持规模效应,防止技术泄露,提高研发效率	对外部市场及技术信息反应迟钝,不适合开放创新需要
地理中心主义	研发投资集中,海外少许研发信息投资	保留了国家中心主义的优点,对东道国市场信息有所捕捉	海外研发投资的系统性不强
多中心主义	研发投资相对分散,研发投资节点无联系	对本地市场反应灵敏,能够按照东道国特征布局投资	各研发投资节点匹配,研发能力不足,没有统一的研发目标
研发枢纽主义	研发投资分散,形成从中心到外围的控制	已形成从中心到外围的双边整合框架,整合效应高	传统等级模式易压制海外投资节点的创造力,成本高
网络投资主义	研发投资全分散,研发合作注重系统整合	立体多边的网络整合框架最终形成,协同程度最高	协同整合成本高,整合机制及过程复杂

从保持企业竞争力角度,跨国公司有必要把决定竞争优势的产业研发活动留在母国,同时把生产和组装等加工制造活动转移到东道国。这正是

跨国公司在很长一段历史时期曾维持的一种对外投资竞争策略,是跨国公司以国家中心主义或地理中心主义方式布局自身的产业研发活动的重要原因。但随着知识更新周期缩短及东道国市场复杂性的增加等外在环境变化,跨国公司以母国为中心的研发空间布局战略,不利于跨国公司针对东道国复杂市场设计出适合东道国本地市场条件的产品和生产工艺,也不便于跨国公司利用东道国人才、信息等技术资源,加快自身的产业技术更新。为适应创新复杂性陡增的客观压力,跨国公司迫切需要在兼顾研发规模效应及产业研发安全的同时,打破对外研发投资布局固有的地理空间藩篱,将产业研发投向异地。

继国家中心主义及地理中心主义布局倾向之后,跨国公司对外研发投资的空间组织模式出现了多中心主义及研发枢纽主义倾向。相对于以母国为中心的对外研发投资布局,跨国公司对外研发投资的多中心主义倾向,旨在改变跨国公司过往主要以母国为中心的对外研发投资布局,根据投资地在人才、科技实力以及科研基础设施上的比较优势,跨区域配置跨国公司对外研发投资活动。跨国公司的目的是以其对外研发投资的各空间组织节点为触点,将自身的对外研发投资打造成为东道国本地市场的信息收集点、东道国本地技术信息的跟踪点及东道国本地技术人才的利用点(见表3-1)。

跨国公司对外研发投资的研发枢纽主义倾向则更进一步。相对于多中心主义,跨国公司对外研发投资的研发枢纽主义倾向,蕴含了跨国公司打造跨区域研发合作平台的制度企图。跨国公司以对外的区域性研发枢纽的建立为基础,首次引入了全球研发整合的概念。在这里,跨国公司对外的各研发投资节点,不再是一个简单的被动触点,而是一个与跨国公司母国中心研发机构有积极互动的、跨国公司全球研发的合作者和参与者。在职能分工安排上,跨国公司对外研发投资的各研发枢纽节点,除了仍承担东道国本地市场信息或东道国本地技术信息的收集及跟踪职能外,还部分参与到了跨国公司组织的全球研发分工之中。

相对于专注规模经济效应的国家中心主义及地理中心主义组织模型,多中心研发枢纽模式尽管对外转移了原来强调单点集聚的研发投资,但在概念内涵上,它们还不是严格意义上的对外研发投资的空间网络组织模式。一方面,在多中心的研发投资分散模式中,跨国公司对外的研发投资更多承担东道国当地市场的信息收集职能,它们本身并不参与跨国公司组织的全球研发分工,与跨国公司全球研发网络投资空间组织主动的协同整合概念不符;另一方面,研发枢纽模式尽管更进一步,已部分承担跨国公司安排的模块分工,但其内部的研发分工整合仅限于母国与跨国公司在东道国的研发投资节点的双边整合。由于内部多个研发投资节点联动的立体网络互动框架的缺乏,此时只能说该对外的研发投资空间组织模式类型离完整的空间网络整合模式还差临门一脚。并且,研发枢纽模式形成的跨国公司各对外研发投资节点的空间分工,还是被动的并且受跨国公司母国研发中心控制的。它内部从中心到外围的控制特点明显。跨国公司各对外的研发投资节点独立性不强,很难担任跨国公司整合全球研发创新要素资源的主要创新责任中心。

跨国公司新兴的全球研发网络投资的空间组织发展,则寄托了跨国公司以公司组织渠道和区域能量交换为连线,在全球各地(包括世界各国及一国各区域之间)组成联系紧密、互动开放的研发分工空间组织体系的企图。它的实质就是指人类分工深化发展背景下,跨国公司对外投资分工合作链条的进一步深化和裂解,使得跨国公司因更加注重与外部的各种跨区域网络联系,而在自身对外的研发投资空间组织布局上呈现的一种新的空间网络组织布局态势。跨国公司全球研发网络投资的空间组织,寄托了发达国家跨国公司进一步提升自身在国际分工中的位置战略企图。本书接下来将对跨国公司全球研发网络投资的空间组织动力展开进一步分析。

二、跨国公司新兴全球研发网络投资的空间组织发展动力

目前,跨国公司全球研发网络投资的空间组织发展已上升到国际分工进一步深化发展的高度。跨国公司的目的是随一体化全球研发网络分工的形成,将自身的对外研发投资活动作为一个新兴的全球研发价值等级分工链条来打造。它们的目的是通过推动跨国公司对外投资分工合作链条的进一步细化和裂解,将跨国公司全球研发创新生产要素的空间网络整合对象进一步深入到原来相对独立的研发创新活动内部,重组跨国公司传统的国际投资分工格局。

相对于早先更粗层面上的跨国公司传统全球生产网络投资的空间组织,跨国公司新兴全球研发网络投资的空间组织发展,反映了跨国公司打造跨区域研发空间网络组织分工的意图。跨国公司之所以会在传统以企业产品技术研发、企业产品加工组装、企业产品产后销售等为主要环节构成的国际分工基础上,进一步在研发环节内生出新的企业对外投资分工合作链条,这除了有信息技术的发展,使得跨国公司即使在知识研发领域也已具备开展跨区域甚至跨国合作的基础条件之外,实际上还有企业竞争转型因素的考虑。在从发达国家跨国公司进一步提升自身国际分工位置角

度,分析跨国公司全球研发网络投资的空间组织动力之前,本研究首先将
跨国公司全球研发网络投资的空间组织动力归纳为科技进步、要素禀赋、
动态竞争优势及国家引资战略等方面。具体分析如下。

(一)科技发展日新月异

科技进步对跨国公司全球研发网络投资空间组织发展的驱动表现在
以下三个方面:一是科技的迅猛发展改变了知识存在形式、缩短了知识更
新周期,使得跨国公司特别是发达国家跨国公司开展对外研发投资空间网
络合作的紧迫性不断提高,最终为本来主要局限在跨国公司母国的全球研
发网络投资的转移创造了企业主体条件(马琳等,2011)。

据统计,目前在许多产业中,由于技术创新加快,产品的技术革新周期
大大缩短。以信息技术产业的产品技术革新周期为例,20 世纪 70 年代,
信息技术产业的产品生命周期平均为 8 年,到 20 世纪 80 年代缩短到不足
2 年,短短 10 年间,信息技术产品的产品革新周期平均缩短了 6 年。个别
信息技术产业的产品技术革新周期现在甚至不足 1 年。比如目前硬盘技
术大约 9—12 个月就更新一代,最快的时候,甚至只有 6 个月。

如此一种变化,决定了任何一个国家或企业都不能仅仅依靠本国或本
企业的力量去进行技术创新。一个国家或一家企业即使拥有创新所需要
的所有要素,但面对不断加快的技术更新速度,它们利用自身力量最终研
发出来的技术,可能很难再满足瞬息万变的市场需求。而借助企业对外投
资分工合作链条的进一步裂解和细化,通过构建企业对外研发投资的空间
网络组织体系,则有助于企业迅速整合企业各方的力量,在很短时间内进
行产品的研发、试制、生产和销售。因此,许多国家跨国公司继国家中心主
义等研发空间组织模式之后,纷纷采用对外研发投资的空间网络组织分工
模式,组织自身的对外研发投资布局,以适应市场新的变化。

二是信息交流技术的发展,是跨国公司新兴全球研发网络投资空间组
织发展的重要推动力量。高度普及的互联网、极度顺畅的有线或无线通信
以及方便快捷的全球交通运输,使得跨区(包括跨国)研发信息交流成本大
幅下降,研发交流效率大为提高。这使得研发过程中同多个同行、客户、供
应商进行广泛科研合作成为可能,保证跨国公司具备了在跨国或跨区域空
间范围内组建研发空间网络组织分工体系的实施基础,是跨国公司对外投
资分工合作链条得以进一步深入到跨国公司传统产业技术研发领域的重
要基础。

在过去,信息沟通的高成本及低效率曾是阻碍跨国公司展开对外研发

投资空间网络组织分工的一种主要障碍,而与此相反,经过多年的技术革新,目前随着信息网络技术的发展、计算机信息系统的完善、集成制造技术的普及、电子商务的发展,市场交换中的信息搜寻、协作分工的交易费用大大降低,跨国公司现在则能够在更广泛的地理分布上进行研发生产要素的整合,这是推动跨国公司新兴全球研发网络投资空间组织发展的重要基础条件。

三是信息技术革命的影响不仅表现在信息交流技术变革的本身,而在于信息技术对知识的编码对接处理,使得研发生产的空间网络组织分工对接成为可能(孙长海,2006)。知识的模块化编码对接处理,在创新领域诱发了从研发设计的集中化到创新模块的分散化,从高度集中的企业内部活动到相互依赖但又纵向分离的演进趋势,从而改变了跨国公司持续创新的路径选择(王凤彬等,2011)。创新模块化对接在空间上的纵向分散,跨越国界或跨越区界就体现为跨国公司新兴全球研发网络投资的空间组织转移。据调查,通过模块化编码对接处理,新药研发适应社会分工越来越细的趋势,目前已走上跨国协作、合同研究、共同发展的道路。配以先进的信息技术系统,目前跨国公司新药开发所需的时间总体已减少30%。

(二) 科技创新要素禀赋的不同

跨国公司全球研发网络投资的空间组织发展并未超出传统国际分工理论的适用范围。决定跨国公司全球研发网络投资空间组织发展的基础仍然是世界各国或各地区在特定研发工序和流程上的要素禀赋特征(Sverre et al., 2014)。如果将创新视为一个包含概念设计、产品计划、设计调整、过程确认、部件开发、试验生产等在内的系统过程,则即使现代科技强国企业也很难做到对创新整个过程的全面掌控,比如日本企业的科技领先水平就主要集中在对先进电子硬件设施的开发上,而在软件及其他同步配套设备的开发上则存在短板。此时,跨国公司通过推动对外研发投资的空间网络组织发展,将同一研发价值增值活动的不同环节依据创新过程的特点差异,布局在相应的具有禀赋优势的区位,跨国公司就可以有效整合全球各国或各地区的科技创新资源,提高研发效率。

事实上,随着研发创新复杂性的不断增加,世界上还没有哪个国家企业能够长期拥有生产某种产品的全部最优技术,为此,对于那些在国外建有研发空间网络组织投资的跨国公司来说,它们就可以不同国家(不同地区)的研发比较优势为依据,通过组建柔性的研发网络合作体系,来达到借用跨国公司外部资源弥补自身资源不足的目的。这是跨国公司新兴全球研发网络投资空间组织发展的重要原因。

（三）科技新兴国家的崛起

在国家层面，跨国公司新兴全球研发网络投资的空间组织发展还与科技新兴国家的不断崛起有关。在过去，跨国公司特别是发达国家跨国公司产业研发投资活动之所以主要留在发达国家母国完成，其中部分原因，就在于很多发展中国家要素禀赋优势主要集中在可为发达国家跨国公司提供廉价的劳动力方面，此时尽管跨国公司特别是发达国家跨国公司也有组织对外的投资分工合作需要，但反映在跨国公司特别是发达国家跨国公司对外的投资分工合作需要方面，这时跨国公司往往将研发作为控制跨国公司全球价值等级分工合作的重要环节留在母国完成，只是随着部分科技新兴国家的崛起，跨国公司特别是发达国家跨国公司才产生了推动自身对外研发投资的空间网络组织布局，以达到整合科技新兴国家企业及其他研发创新主体研发创新要素的需要。

据统计，随着发展中国家科技实力的不断增强，目前科技新兴国家企业及其他研发创新主体变得尤为重要。很多新兴国家企业及其他研发创新主体的科技创新投入和科技创新产出逐年增加，在少数科技创新领域甚至已具备同传统发达国家相抗衡的实力。以 ESI 数据库数据为例，2001年 1 月 1 日至 2011 年 8 月 31 日，中国、印度、俄罗斯、巴西等金砖四国公开发表的科研论文数量，分别在全球排名第 2 位、第 11 位、第 13 位及第 15位。科技新兴国家企业及其他研发创新主体的崛起，使得全球科技创新格局发生了很大变化。推动跨国公司新兴全球研发网络投资的空间组织发展，可以帮助主导全球研发空间网络分工合作的跨国公司比如发达国家的跨国公司，将科技新兴国家企业及其他研发创新主体纳入受自身控制的全球战略创新体系中。依据全球创新价值链中各研发工序的运营成本和特征，在世界范围内建立为跨国公司全球研发目标服务而成本最小、效率最高的研发整合体系。以世界主要发达国家跨国公司在中国组建的研发空间网络分工体系为例，目前世界一些主要发达国家跨国公司全球研发网络投资在中国的功能地位，已不再局限于为发达国家跨国公司海外产品提供本地化的技术服务，相反，其更多的时候，是作为一个联系节点，与位于发达国家跨国公司母国的研发结构分工合作，共同为发达国家跨国公司的全球研发战略目标服务。

（四）跨国公司动态比较优势的转变

跨国公司新兴全球研发网络投资的空间组织发展从部分发达国家跨

国公司的视角看,是其适应比较优势的动态变化特点,在全世界整合科技创新资源的主动选择。如前文所述,在过去,部分发达国家由于技术的持续创新、人均 GDP 的提高及产业结构高级化,为此,针对它们的要素禀赋结构,很多学者指出发达国家跨国公司应专注研发等核心和关键环节,而将劳动密集型生产环节外包,这是发达国家跨国公司一直秉持的对外投资战略(Maximilian et al.,2002)。但一家企业或一个国家的比较优势是动态变化的。随着科技新兴国家的崛起及创新模式的变化,发达国家包括发达国家跨国公司的竞争比较优势在于对世界各地研发资源的整合,而不在于研发生产环节本身(Vittorio,2000)。这就促使发达国家跨国公司通过强化自身对外研发投资布局的空间网络组织联系,来发展更具整合优势的研发运营模式。反映在发达国家跨国公司对外研发投资的空间网络组织发展的实践中,此时就需要发达国家跨国公司通过外包某些外围部件甚至关键部件研发,保留和专注于概念设计、品牌管理等核心研发,从而将竞争力建立在动态的研发整合对接优势基础上。可见,面对日益加剧的全球科技竞争,跨国公司新兴全球研发网络投资的空间组织发展实际上是发达国家跨国公司因应比较优势动态变化的一种顺势行为。

据陈信宏(Shin-Hong Chen)等人的研究,部分发达国家跨国公司掌握的影响国际技术进步方向的核心技术及具备的整合世界各地研发创新要素的系统能力,让发达国家跨国公司具备了推动自身竞争优势从研发生产环节本身转为研发生产要素整合的能力基础。此时,通过将企业对外的研发投资分工合作沿着研发方向内生延伸出概念设计、产品计划、设计调整、过程确认、部件开发、试验生产等不同环节,部分发达国家跨国公司不仅将继续保持对研发概念设计、研发产品计划、研发设计调整等核心研发环节的控制,同时更为关键的是,借助对这些核心研发环节的控制,发达国家跨国公司还能通过自身对外研发投资的空间网络组织发展,把一些科技新兴国家企业及其他研发创新主体纳入受自己控制的国际研发合作体系中,从而达到利用这些国家企业及其他研发创新主体科技创新要素及降低这些国家企业及其他研发创新主体科技创新挑战的目的。为此,在战略意旨上,这说明跨国公司新兴全球研发网络投资的空间组织发展,的确与跨国公司竞争优势的动态转变有关,表明世界一些主要国家的跨国公司已具备以对全球研发创新要素的整合为基础建立新的竞争优势的能力。

(五)发展中国家对改善引资结构的战略重视

跨国公司新兴全球研发网络投资的空间组织发展,从政府层面看还与发展中国家政府的政策支持有关，这可以从发展中国家不断变化的对外引资战略看出。

发展中国家的对外引资战略是随国际国内环境变化而不断变化的。在国际分工主要集中在产品环节之间时，发展中国家的对外引资战略是通过吸收外来投资，以代工方式嵌入全球生产体系的。借助这种基于全球价值链代工体系的对外引资道路，虽然有助于发展中国家实现经济起飞或低端阶段的工业化进程，但在发展中国家进行到高端工业化进程中，却造成了发展中国家的代工企业无法实现功能升级的问题。而与此相反，突破产品价值增值环节分工限制的跨国公司新兴的全球研发网络投资的空间组织发展，通过推动发展中国家企业及其他研发创新主体参与其组织的研发价值增值环节分工，自主创新能力不断发展，最终可能助力发展中国家企业及其他研发创新主体实现技术升级。全球研发价值等级分工深化发展时期，两种对外引资战略迥异的经济效果使得更多发展中国家开始遵循自身的科技研发优势，通过承接跨国公司全球研发网络投资转移和采取鼓励跨国公司全球研发网络投资流入的引资结构改善政策，主动加入跨国公司组建的全球研发网络分工体系中。这种以吸引跨国公司全球研发网络投资为主要形式的引资提升战略，对跨国公司新兴全球研发网络投资的空间组织发展无疑产生了积极的推动作用。

通过上面的分析，可以发现，跨国公司新兴全球研发网络投资的空间组织发展，反映了科技进步、要素禀赋、动态竞争优势及国家引资战略等方面的内在要求，由此所形成的跨国公司对外的研发投资分工合作体系，是跨国公司对外的投资分工合作链条进一步朝研发方向纵深发展的重要表现，代表了当今世界最具竞争力的创新空间组织生产方式，必将对国家、产业、地区或者微观企业产生深远影响。

第二节　跨国公司新兴全球研发网络投资的空间组织影响

跨国公司全球研发网络投资的空间组织发展，其作为跨国公司对外的投资分工合作链条，进一步深化发展到跨国公司单个研发价值增值环节的表现及实施机制，为重新思考跨国公司竞争力及创新发展战略导向提供了最新的特征性事实。微观层面跨国公司对外投资分工合作链条的进一步发展，将会对企业、产业及国家和世界科技发展的过程产生哪些实质影响？

为更好地从发达国家跨国公司在国际分工中的位置进一步提高的角度,分析跨国公司全球研发网络投资空间组织动力及影响,首先对跨国公司新兴全球研发网络投资的空间组织发展对企业及国家的微观影响进行分析。

一是要素禀赋差异的地理意义进一步缩小。在跨国公司对外研发投资分工合作链条进一步深化发展到跨国公司单个研发价值增值环节之前,基于跨国公司传统产品价值增值环节的对外投资分工,使得发达国家跨国公司可以通过生产要素在空间上的重新布局来利用发展中国家丰富的自然资源及廉价的劳动资源,这使得处在分工较低层次的要素(尤其是劳动)横向差别缩小,使得要素禀赋差异失去了原来的地理意义,但在跨国公司新兴的全球研发网络投资的空间组织发展之前,基于跨国公司传统产品价值增值环节的对外投资分工,仍然保留了较高层次上的劳动分工差异。很多发达国家跨国公司凭借较高的对外投资分工"进入壁垒"及"退出壁垒",主要以专业化研发技术资产和专用性营销渠道资产参与国际分工。不过,自跨国公司新兴的全球研发网络投资的空间组织发展出现之后,较高层次保留的劳动分工差异已被打破。目前即使处在跨国公司传统产品价值增值环节分工较高层次的研发创新活动,也可通过跨国公司全球研发网络投资的空间组织发展达到国家或区域一体化布局。在此背景下,由于发展中国家对跨国公司新兴全球研发网络投资的空间组织引资的重视,为此,与扭曲和低估的低端要素价格损失一样,发展中国家还要注意对发达国家跨国公司组建的跨国研发网络分工的过度进入,而可能引致本国高端研发要素同样被国外发达国家跨国公司廉价利用的问题。

二是跨国公司国际竞争力构成的变迁。跨国公司国际竞争力的体现是与当时的产品或行业划分方法相关的。Lall 依据生产要素投入比例,将产品和行业划分为劳动密集型、资本密集型、技术密集型。该分析方法在分析产品贸易结构和跨国公司竞争力研究中曾被广泛使用。相关文献强调,跨国公司国际竞争力与技术密集型产业发展或技术密集型产品开发有关。但当跨国公司对外投资的分工合作链条进一步深化发展到企业单个研发价值增值环节时,很多学者认识到以产业(或产品)层面的技术是否密集,来判断一家跨国公司的国际竞争力是有失偏颇的。他们指出,跨国公司新兴全球研发网络投资的空间组织发展,尽管使得很多发展中国家企业也可以更多参与"技术"百分之百密集的跨国公司对外的研发投资活动,但此时若不深入跨国公司对外的研发投资分工合作内部,仍以企业参与的跨国公司对外投资分工合作的产业技术内容是否密集来判断一家企业的产业竞争力,则显不妥。2005 年 10 月,苹果公司曾推出一款众多企业研发合作产生的电子创新产品——苹果 iPod video(30GB)。通过推出这款电子创新产品,苹果公司不仅证明同是"技术"密集的企业对外的研发投资活动也有分工,同时还把企业竞争力的讨论深入到了跨国公司对外投资分工的单个研发价值增值环节内部(Greg et al.,2009)。据统计,在这款最终售价 299 美元的创新产品中,苹果公司尽管外包了部分部件研发,但由于美国的苹果公司控制了该款产品的概念设计及后续软件开发,美国获利高达 80 美元。而日本企业因承接了该款产品的核心部件研发(比如硬盘驱动器、显示器组件等),为此给日本企业带来了 27 美元创新价值增值,但对该款创新产品的价值增值的抢夺逊于美国苹果公司。可见,基于企业对外研发投资空间网络组织分工的跨国公司对外的研发投资活动,并没有损害到美国跨国公司竞争力的加强,这说明随着跨国公司新兴全球研发网络投资的空间组织分工发展,我们在分析一家企业在跨国公司对外投资分工中的国际竞争力时,不能再仅仅依据一家企业参与的跨国公司对外投资分工合作的产业内容是否技术密集来判断,而同时要依据一家企业参与的跨国公司对外研发投资分工合作中的位置来判断。

三是金字塔形的研发价值等级分工再现。与跨国公司传统的对外投资组织分工不同,跨国公司新兴全球研发网络投资的空间组织分工,还要求发达国家跨国公司将原来局限在母国开展的研发创新活动转移至发展中国家,以在研发领域构建跨国公司对外的投资分工合作,这就打破了跨国公司传统的对外投资分工合作,即发达国家企业专注于高附加值环节而发展中国家企业专注于低附加值环节的跨国公司对外投资的分工组织结构,但在跨国公司新兴的全球研发网络投资的空间组织分工过程中,是否也存在类似于跨国公司传统对外投资组织分工中出现的,发达国家企业主要集聚于高附加值研发工序而发展中国家企业主要集聚于低附加值研发工序的二元结构问题? 这同样值得发展中国家企业深思。以 IT 产业研发为例,IT 产业的对外研发投资空间网络组织分工包括概念设计、产品计划、设计调整、原型设计、过程确认、部件研发(关键或外围部件研发)、试验生产、规模生产、物流管理、市场营销、售后服务、品牌管理等环节(见图 3-1)。

总体而言,在目前针对 IT 产业的全球研发网络分工中,附加值较高的设计和管理环节主要集中在欧美及日本这样的发达国家跨国公司(Shin-Hong Chen,2004)。中国台湾等一些新兴工业化国家或地区企业尽管在全球研发网络分工中占据的环节较多,但以居于研发"微笑曲线"中间部分的环节为主。特别的是,作为全球最大的 IT 产业制造基地,中国广大的大陆地区基本处于跨国公司对外研发投资空间网络发展过程中研发附加值

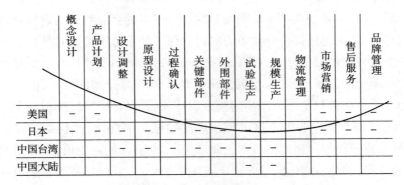

图 3-1　IT 产业全球研发价值等级分工的价值链分布

注："一"表示该研发环节在某类经济体布局

最低的部分。可见,基于跨国公司新兴全球研发网络投资空间组织模式的企业对外研发投资转移,并没有改变跨国公司传统对外投资组织分工(比如传统国际产品环节分工)内部存在的严格等级结构。这样,跨国公司新兴全球研发网络投资的空间组织分工发展,就要求我们必须重新理解跨国公司对外研发投资对一国经济或创新发展的含义。本研究在上一部分分析中曾指出,跨国公司新兴全球研发网络投资的空间组织发展,使得发展中国家对外的研发引资提升战略变得可行,这样可帮助发展中国家企业缓解代工引资竞争力不足的问题,并为发展中国家企业提供通过合作获得溢出的可能。但跨国公司新兴全球研发网络投资空间组织分工发展,在微观层面上的组织等级机构同样明显,这在国际研发分工领域,可能引发发展中国家遭受新的"低端锁定"问题。而且,更令人担忧的是,外资研发与内资研发由于技术、资金和市场方面的割裂,很难相互交融和合作,从而形成跨国公司在发展中东道国自成一体的研发创新体系,这种创新模式对发展中国家本土企业的溢出带动作用有限,产生了发展中国家企业嵌入难的问题,可能违背发展中国家引进跨国公司新兴全球研发网络投资的初衷。

四是创新、政治与国家安全。跨国公司新兴全球研发网络投资的空间组织在国家层面,是主导全球研发价值等级分工的发达国家跨国公司,利用一整套的治理机制对企业的跨国研发分工合作进行组织和协调。这套集创新、政治及国家安全考虑于一体的企业对外研发投资分工合作机制,使得发展中国家企业也可参与一些主要由发达国家跨国公司主导的对外研发投资分工合作,但在参与构建属于发展中国家企业自己的对外研发投资分工合作链条时,却遭到西方发达国家以国家安全为由的政治打压。2013 年 10 月,美国航天局(NASA)以国家安全为由,禁止中国籍科学家参加 11 月在 NASA 大楼举行的研讨会。这就是著名的 NASA 科研"排华"事件。消息曝出,学界哗然,甚至有学者提出抵制会议,认为这是 NASA 对中国科学家的"歧视"。事后,在巨大的舆论压力下,尽管发起禁令的议员沃尔夫与美国航天局局长查尔斯·博尔登纷纷认"错",称禁令不涉及中国个别人员的活动,但美国专家表示,此禁令涵盖范围"非常广泛",导致美国航天机构都害怕跟中国打交道。而事实上,这一会议并没有涉及任何敏感内容。按星体专家杰夫·马西(Geoff Marcy)的话来说:会议探讨的是远在数万亿公里外的星体,与国家安全无关,批评禁令阻止特定国家参与纯粹的科学研究,"完全可耻,亦不道德"。事后尽管这一排华事件也激怒了很多美国学者,但在西方国家这种抵制的声音远不是主流。而且此次 NASA 科研"排华"事件,并不是跨国研发合作被政治绑架的个案,在更多方面,特别是在与军事技术有关的、拨款充分依赖美国国会的领域,对中国学者的禁令依然被严格执行。可见,基于跨国公司新兴全球研发网络投资的国际研发投资分工合作,仍然不能支持传统实证主义科学观将科技创新独立于政治之外的认识。2018 年,美国特朗普政府更是突破了政府不干预单个企业市场运行的行政原则,发动了对中国华为公司的全面打击。面对发达国家在科技上的限制和封锁,发展中国家很有可能造成科技创新自主权让渡与自身对外研发投资空间网络组织架构不对称的现象。为筑起发展中国家企业自己的对外研发投资空间网络组织架构及保证国家科技安全,发展中国家跨国公司必须坚持创新、政治与国家安全的有机结合,拒绝在跨国公司新兴的全球研发网络投资空间组织分工领域再次沦为发达国家的依附。

第三节　跨国公司新兴全球研发网络
投资的空间组织动力再探

本研究将进一步从国际分工重组角度,对跨国公司新兴全球研发网络投资的空间组织发展动力展开分析,建立跨国公司全球研发网络投资空间组织、发达国家跨国公司对全球生产控制转移的视角;指出跨国公司全球研发网络投资的空间组织动力,是发达国家跨国公司面对新兴国家的挑战,通过进一步提升自身在国际分工中的位置,将竞争国家企业纳入受自已控制的研发合作体系之中,达到利用竞争国家企业研发创新要素及继续维持对竞争国家企业研发控制结合的结果。

目前,在传统的以研发、组装、营销等为相对独立环节构成的全球价值等级分工体系中,国内外学者已站在发达国家企业对全球生产的控制角度,对全球价值等级分工中发达国家与发展中国家间的依附与被依附关系作了充分论述。很多学者指出,在跨国公司对外投资分工主要集中在企业研发、生产及营销环节时,发展中国家企业的对外引资战略,就是通过吸收外来加工组装投资,以代工方式嵌入全球生产体系。发展中国家所承担的加工组装职能,决定了其很难获得与发达国家同等的话语权。

而随着发达国家跨国公司对外研发投资空间网络组织分工的形成,发达国家跨国公司对代工的发展中国家企业布局新的研发分工职能,是不是意味着发达国家跨国公司对发展中国家企业的全球生产控制已被放弃?或是相反,是发达国家跨国公司以退为进,通过进一步提高自身在国际分工中的位置,达到利用竞争国家企业研发创新要素及继续维持对竞争国家企业研发控制结合的结果?跨国公司所面对的知识更新周期缩短及知识存在形式发生变化的挑战,让发达国家跨国公司必须改变其传统的创新控制组织形式,将竞争国家的企业纳入受其控制的国际研发合作体系中。但跨国公司全球研发网络投资的空间组织,是不是真的蕴含了发达国家跨国公司进一步提升自身在国际分工中的位置考虑?这必须以发达国家跨国公司在新的全球研发价值等级分工中继续维持的控制力证据,及因此继续获得的垄断利润证据为基础,否则即使面对知识更新周期缩短及知识存在形式发生变化的挑战,发达国家跨国公司也将丧失对外研发投资的动力。

在由企业新兴研发价值等级分工与企业传统产品价值等级分工组成的复合国际分工格局中(见图3-2),如果发达国家跨国公司将企业产品生产的一些外围部件研发布局在发展中国家,仍能造成发展中国家企业对其新的创新分工依附,那么发达国家跨国公司对外的研发投资活动就不能说是对其自身竞争力的弱化。发达国家跨国公司可以企业部分外围产业研发活动的让渡为基础,通过进一步上移自身在国际分工中的位置,可达到对科技新兴国家研发创新要素的整合,更好地维持自身在国际分工体系中的研发控制地位不动摇的目的。因此,对跨国公司全球研发投资的空间组织动力分析,应该建立发达国家企业进一步提升自身国际分工位置的战略目标考虑。发达国家跨国公司以研发价值等级分工的建立为基础,试图将自身对全球生产的控制转移到产品核心技术研发环节的战略意图,值得发展中国家企业注意。

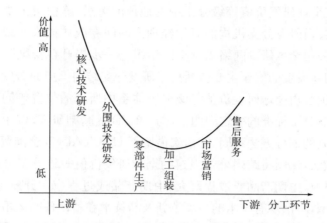

图 3-2　加入跨国公司全球研发网络投资空间组织分工的"微笑曲线"

　　本研究为达到从发达国家跨国公司对全球生产控制转移的角度,对跨国公司新兴的全球研发网络投资的空间组织动力展开研究的目的,接下来将以国外学者陈信宏、格雷格(Greg)等调研或收集到的 IT 产业的全球创新价值链数据及其内部单个 IT 创新产品的利润分配数据为例,进一步对发达国家跨国公司在新型全球研发价值等级分工中维持的竞争力进行说明,证明跨国公司新兴的全球研发网络投资的空间组织发展,的确与发达国家跨国公司国际分工调整战略有关。

一、发达国家跨国公司对全球生产控制转移的全球创新价值链证据

　　IT 产业是信息技术产业的简称。本研究将利用陈信宏收集到的调研数据,证明传统 IT 产业强国企业面对 IT 产业可能重新洗牌的挑战,它们对 IT 产业的研发控制明显体现了发达国家跨国公司以退为进的战略考量,正尝试通过构建从产业核心技术研发到产业外围技术研发最后才到产业加工制造环节的价值等级分工实现。目前,以云计算为代表的新一代信息技术正不断打破既有技术锁定和传统垄断体系,它正推动着 IT 产业链和 IT 产业力量的分化重组。面对全球 IT 产业的这种竞争重构格局,传统 IT 产业强国比如美国和日本等正在重新思考和制定新的 IT 产业竞争策略。

　　本研究为证明发达国家跨国公司新兴全球研发网络投资空间组织进一步提升自身国际分工位置的战略考虑,拟以陈信宏收集到的调研数据为基础进行说明。陈信宏选取了美国、中国台湾、中国大陆等处于 IT 产业不同梯队的三个国家或地区的企业为实证空间样本。对这三个国家(或地区)企业在全球研发价值等级分工中的地位的考量,陈信宏主要通过对所在地跨国公司研发分支机构的研发经理人的问卷或访谈来实现。为达到判断跨国公司全球研发网络投资空间组织进一步提升自身国际分工位置的目的,问卷设置的问题主要包括离岸研发分支结构承担的研发分工职能及其在跨国公司全球研发价值等级分工体系中所处的位置等问题。而在具体的研发分工标准的确定问题上,与 OECD 的基础研究、应用研究及试验发展研究的划分方法不同,陈信宏借鉴了 UNCTAD(联合国贸易与发展会议)的做法,试图将跨国公司组建的全球研发价值等级分工分为概念设计、基础研究、中期产品或过程研究、中期产品或过程应用开发、短期创新和实用新型设计、现有技术的显著革新及新技术和新设备的运用等类型。

　　陈信宏还以邓宁的国际生产折衷理论为基础,建立了解释发达国家跨国公司将如何在新兴的全球研发价值等级分工中继续保持对合作发展中国家企业研发控制力的分析框架,是发达国家跨国公司进一步提升在国际分工中的位置基础。这一以邓宁国际生产折衷理论为基础的分析框架,不仅可解释传统 IT 产业强国跨国公司对外的研发投资空间网络组织分工所具备的所有权优势基础,同时也可用来阐释传统治理与被治理的国际分工模式在 IT 产业研发分工中的复制。在企业对外研发投资的空间网络组织分工治理方面,如果能证明发达国家跨国公司具有控制全球研发价值等级分工的能力,比如具有影响国际技术进步方向及控制全球研发创新要素整合的能力等,那么就能基本说明发达国家跨国公司出于进一步提升自身在国际分工中的位置目的,其有能力在主要由发达国家跨国公司组建的全球价值等级分工中进一步复制出从企业产品核心技术研发到企业产品外围技术研发,最后才到企业产品加工组装的国际分工流程。本研究认为,跨国公司全球研发价值等级分工的形成不排除只是主要由发达国家跨国公司组建的传统全球价值等级分工从以企业产品技术研发、企业产品加工组装、企业产品销售等为主要环节的"微笑曲线"组合向以企业产品核心技术研发、企业产品外围技术研发、企业产品加工组装、企业产品销售等为主要环节的"微笑曲线"组合转变的结果(见图 3-2)。

　　问卷调查结果显示,美国、中国台湾和中国大陆企业已组建联系紧密、等级结构清晰的 IT 产业研发体系,它们通过介于内部化与市场化的各种交易关系,已在 IT 产业研发过程中,构建了以创新价值链为基础的研发垂直分工。其中美国(包括日本)作为传统 IT 产业强国,它们企业掌握的 IT 产业核心技术及 IT 产业知名品牌,是这些国家企业推动组建全球研发价值等级分工体系的所有权优势基础。美国等传统 IT 产业强国跨国公司掌握的核心 IT 技术,将影响 IT 产业技术进步的方式,从而这将有利于发达国家跨国公司对 IT 产业国际研发分工的管控,保证发达国家跨国公司 IT 产业的竞争力不会因 IT 产业跨国公司全球研发网络投资的空间组织而削弱。与此同时,美国国际知名的 IT 产业品牌让美国跨国公司能够直接进入终端市场,使得美国 IT 产业企业研发分工利益有进一步保障。

作为推动美国等发达国家跨国公司对外研发投资空间网络组织分工走出的内部化优势,美国等发达国家跨国公司对全球 IT 产业的控制位置之所以能进一步提高,从 IT 产业的一般技术研发领域过渡到 IT 产业的核心技术研发领域,这还与它们的系统整合能力、产品计划能力、市场进入能力及网络交流能力有关。美国等发达国家跨国公司依托超强的系统整合能力及网络交流能力,不仅维持了对整个研发合作的控制,同时还进一步提升了自身在"加长版"全球 IT 产业价值链(包含 IT 产业核心技术研发、IT 产业外围技术研发、IT 产业产品加工组装、IT 产业产品销售等环节)中的位置,是它们实现对发展中国家企业优势研发创新要素利用及继续维持对竞争发展中国家企业研发控制的基础。

而台湾作为 IT 产业全球研发价值等级分工的第二梯队,尽管近年来有被中国大陆超越之势,中国大陆的 IT 产业企业发展近年来已涌现一批知名的民族品牌,但在陈信宏展开问卷调查研究的 2004 年,台湾 IT 产业企业正值发展高峰。随着台湾的产业结构加快从劳动密集型到资本及技术密集型的转变,台湾作为国际知名 IT 品牌公司的第一供应商,近年来许多发达国家品牌公司正在逐步将新产品开发流程直接外包给台资原设计制造商(Original Design Manufacture,ODM)。很多大型跨国公司积极扩大在台北的研究机构,使得台湾不再以简单的 IT 产业代工中心存在,它已成为发达国家跨国公司全球研发网络投资空间组织中的重要一环。以电脑的生产与研发为例,2005 年,台湾笔记本电脑生产企业的最后一条生产线——台湾大众电脑的一条代工生产线迁到苏州工业园区,中国大陆由此取代台湾地区成为全球笔记本电脑最大的生产基地。由此对发达国家跨国公司全球研发网络投资的空间组织影响角度看,台湾 IT 产业研发的兴盛对传统 IT 产业强国来讲既是挑战,也是机遇,发达国家跨国公司只要将其在国际分工中的位置进一步朝核心研发方向上移,利用自身仍然掌控影响国际技术进步方向的能力,就可将这些新兴国家或地区作为自身全球研发体系中的重要一环,加快自身全球研发目标的实现,扩大对全球新兴科技国家研发创新要素的利用水平,同时不失对全球研发生产分工的控制。而在构建自己的全球研发价值等级分工体系方面,台湾企业的原始创新能力不足。当然，作为众多国际知名品牌公司的第一供应商（first-tier suppliers），台湾少数企业仍在产品开发的商业化研究方面具备了自身的所有权优势。近年来台湾少数企业加快对中国大陆地区的研发投资，就是其尝试构建自己的对外研发投资空间网络分工合作体系的证明。相对而言，在陈信宏研究期的 2004 年，中国大陆地区企业则更多是以被动的方式加入发达国家跨国公司全球研发网络投资的空间组织体系之中，中国大陆地区不断扩大的人才规模，使其成为发达国家跨国公司新兴全球研发网络投资空间组织追逐的热土。

　　根据问卷实证结果，陈信宏还对 IT 产业全球研发价值等级分工链条在美国、日本、中国台湾及中国大陆的具体分布做了判断。据跨国公司研发分支机构职业经理人关于其所在地研发机构承担的研发职能的回答，在新型的企业对外研发投资的空间网络组织分工格局下，目前完整的 IT 产业价值链从最初的研发成形到最终的成品销售，已被分割成概念设计、产品计划、设计调整、原型设计、过程确认、部件研发（包括关键与外围部件研发）、试验生产、规模生产、物流管理、市场营销、售后服务、品牌管理等不同环节。在目前针对 IT 产业的跨国公司对外研发投资空间网络组织分工中，欧美及日本这样的发达国家主要集聚研发附加值较高的概念设计、产品计划、设计调整等环节；中国台湾等一些新兴工业化国家或地区，则大都集聚研发"微笑曲线"中间部分附加值较低的过程确认、部件研发等环节；中国大陆地区作为全球最大的 IT 产业制造基地，集聚的则基本是研发附加值最低的试验生产研发或规模生产研发等环节（见图 3-1）。

　　从 IT 产业研发在美国、中国台湾及中国大陆的分布可以看出：跨国公司对外投资的空间组织分工朝研发方向已深化发展出以核心技术研发或外围技术研发为内容的新型国际研发分工，发达国家跨国公司在全球价值等级分工中的位置进一步提升。面对越来越多的 IT 科技新兴国家企业（或地区）的崛起与挑战，传统 IT 产业强国企业已将其对全球 IT 产业生产的控制，从依赖研发与流通环节的控制，转为对 IT 产业产品核心技术研发环节的控制。通过进一步提升自身在国际分工中的位置，发达国家跨国公司已构建从 IT 产业产品核心技术研发环节到 IT 产业产品外围技术研发环节，最后才到 IT 产业产品加工组装环节的新的国际分工控制链。在发达国家跨国公司将以什么为基础，继续维持自身在全球研发价值分工中治理者身份的问题上，陈信宏借鉴邓宁的国际生产折衷理论已经证明，在形成对传统 IT 产业强国企业比如美国企业的科技挑战过程中，目前尽管一些科技新兴国家或地区企业（包括中国大陆、中国台湾等）正在不断崛起，但由于自身的持续创新基础,传统 IT 产业强国企业仍具备干预和影响国际领先 IT 技术发展方向的能力。此时,通过将企业对外的投资分工合作沿着研发方向内生延伸出 IT 产业产品概念设计、IT 产业产品计划、IT 产业产品设计调整、IT 产业产品过程确认、IT 产业产品部件开发、IT 产业产品试验生产等不同环节,传统 IT 产业强国企业如美国企业将继续保持对 IT 产业产品研发概念设计、IT 产业产品研发产品计划、IT 产业产品研发设计调整等 IT 产业产品核心研发环节的控制。借助对这些 IT 产业产品核心研发环节的控制,传统 IT 产业强国企业如美国企业通过把一些科技新兴国家企业纳入受自己控制的国际研发合作体系中,能达到利用这些国家企业科技创新要素与继续维持对这些国家企业研发控制的目的结合。在战略意旨上,这符合发达国家跨国公司全球研发网络投资空间组织进一步提升自身在国际分工中位置目的的需要。

总体而言,IT 产业研发的问卷调查结果表明,面对科技新兴国家(包括地区)企业的挑战,企业特别是发达国家企业由于可以继续维持自身在对外研发投资空间网络组织分工中的控制位置,部分发达国家跨国公司新兴全球研发网络投资的空间组织目的,不排除只是发达国家跨国公司尝试进一步提升自身国际分工中的位置结果。为达到进一步说明发达国家跨国公司全球研发网络投资的空间组织目的的确与发达国家跨国公司对全球生产的控制转移有关,接下来将以格雷格等收集到的企业对外投资利润分配数据为基础,对推动发达国家跨国公司在全球生产控制位置转移的现实利润回报基础进行说明。

二、发达国家跨国公司全球研发价值等级分工收益分配证据

通过前面的分析我们曾理论预设:面对其他科技新兴国家的挑战,跨国公司全球研发网络投资的空间组织发展反映了发达国家跨国公司进一步提升自身在国际分工中位置的战略诉求。但该理论预设是否成立,势必将反映在发达国家跨国公司全球研发网络投资空间组织重组后的国际分工的利益分配上。如果发达国家跨国公司在国际分工中位置的进一步上移,并不能保证发达国家跨国公司在重组后的国际分工中获得超额的垄断利润,则发达国家跨国公司对全球生产的控制正从一般产业技术研发领域过渡到核心产业技术研发领域的判断便没有了客观存在的基础。

为证明发达国家跨国公司新兴全球研发网络投资的空间组织发展具有将自身在国际分工中的位置进一步朝研发方向提升的现实利润动力,在这里拟基于格雷格等收集到的利润分配数据,以美国一家知名企业——苹

果公司推出的一款 30GB 视频产品——Video iPod 为例进行说明（见表 3-2）。Video iPod 是美国苹果公司 2005 年 12 月推出的一款 IT 视频产品，它的出现具有典型的国际研发分工特性。其中，美国苹果公司在这款 IT 视频产品中无疑占据绝对主导地位。

表 3-2　Video iPod 主要组件供应商赚取的利润

生产和研发的组件	生产和研发厂商	公司总部所在地	组件出厂价	按出厂价计组件利润率	厂商赚取的利润
硬盘驱动器	Toshiba	日本	＄73.39	26.5％	＄19.45
显示器	Toshiba-Matsushita	日本	＄23.27	28.7％	＄6.68
视频处理器	Broadcom	美国	＄8.36	52.5％	＄4.39
控制器	PortalPlayer	美国	＄4.94	44.8％	＄2.21
测试和组装	Inventec	中国台湾	＄3.86	—	＄3.86
电池组	厂商未明	日本	＄2.89	30％	＄0.87
移动同步存储器	Samsung	韩国	＄2.37	28.2％	＄0.67
后壳	厂商未明	中国台湾	＄2.30	30％	＄0.69
主板 PCB	厂商未明	中国台湾	＄1.90	30％	＄0.57
8 字节的移动 RAM	Elpida	日本	＄1.85	24.0％	＄0.46

说明：未明厂商的国别及利润，以苹果公司同类组件生产商为参考确定

　　在这款 30GB 的视频产品中，美国苹果公司的概念设计系统具有很强的引领现代视频技术发展的特点。以它为主导，形成了发达国家跨国公司全球研发网络投资的空间组织控制产品核心技术研发环节的国际分工模式。在当中，美国苹果公司提出的技术架构标准已经成为引导苹果公司系列产品发展的指挥棒。美国苹果公司系列产品的部件及外围设备的制造商都必须依照美国苹果公司的研发设计标准设计和制造该产品，其向前可控制美国苹果公司系列产品各研发环节的衔接，向后可控制部件研发与部件加工生产的衔接。在推出的这款 30GB 视频产品中，美国苹果公司既不从事 Video iPod 的一般加工组装工作，又不从事一般的研发设计活动。通过外包部分原来仅局限在母国开展的研发活动，美国苹果公司自身只负责 Video iPod 产品的概念设计及标准制定等核心研发工作，为此这使得我们可以美国苹果公司获得的垄断利润为例，证明发达国家跨国公司新兴的全球研发网络投资的空间组织发展具有进一步朝核心研发方向收窄自身业务范畴的现实利润动力。

　　基于格雷格等收集到的利润分配数据，我们发现，与以标准化组件在

全球分散生产的传统产品环节分工不同,尽管美国苹果公司对 Video iPod 产品生产的研发控制正从一般的产业技术研发领域过渡到 Video iPod 产品的核心技术研发领域,但这并没有撼动美国苹果公司在这款视频产品利益分配当中的支配地位。如表 3-2 所示,参与美国苹果公司对外研发投资空间网络组织分工的公司如 Toshiba、Samsung 等,已不再局限于 Video iPod 标准化组件的加工与生产,Toshiba、Samsung 等公司还参与 Video iPod 零部件(甚至包括一些核心零部件)的原始研发工作。这直接推动了 Video iPod 产品的企业对外研发投资的空间网络组织分工的形成,但在这个单件最终售价 299 美元的视频产品中,美国苹果公司获利最多,达 80 美元,并且,若产品最终通过苹果公司销售网站或销售渠道销售,则美国苹果公司还将多获利 45 美元。而与此相比,其他公司的获利则逊色很多。如表 3-2 所示,在 Video iPod 产品的几个主要部件中,日本公司 Toshiba 研发和生产的 Video iPod 硬盘启动器出厂价最贵,达 73.39 美元,但日本公司 Toshiba 却因此仅获利 19.45 美元。如图 3-3 所示,即使不计销售渠道获取的利润,美国苹果公司一家攫取的 80 美元利润,也显著超过了日本企业攫取的利润总和(据统计共有 4 家日本企业参与了 Video iPod 产品部件的研发与生产活动)。此外,韩国及中国台湾地区尽管也有企业参与了 Video iPod 产品的研发与生产工作,但这两个国家或地区攫取的利润极少,分别只有 5 美元和 1 美元。

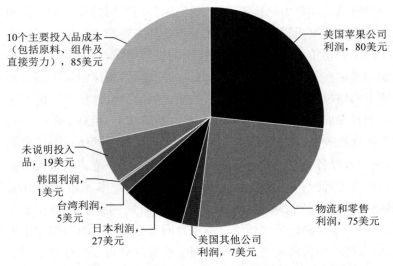

图 3-3　零售价格 299 美元的 Video iPod 产品的价值增值分布图

　　结合 IT 产业研发整体在美国、中国台湾及中国大陆的分布,单个 IT 产品——Video iPod 国际分工合作的收益分配结构,给发达国家跨国公司新兴全球研发网络投资的空间组织发展的控制转移战略提供了强有力证据。它显示一国企业的竞争优势是动态变化的,随着知识更新周期的不断缩短及科技新兴国家的不断崛起,发达国家跨国公司顺应自身不断变化的比较优势,其推出的对外研发投资空间网络组织分工战略,反映了发达国家跨国公司进一步提升自身在国际分工中的位置战略诉求。这表明发达国家跨国公司全球研发网络投资的空间组织,通过进一步提升自身在国际分工中的位置,已在新的国际研发价值等级分工中架起从产品核心技术研发到产品外围技术研发,然后才到产品生产组装环节的价值控制体系。发达国家跨国公司新兴的全球研发网络投资的空间组织目的是以退为进,通过将科技新兴国家的企业及其他研发创新主体纳入受自己控制的国际合作体系,达到进一步巩固和强化自身国际研发竞争力目的。

第四节　跨国公司全球研发网络投资空间组织结构及过程研究启示

　　根据对发达国家跨国公司进一步提升自身国际分工位置的分析,中国从 20 世纪 90 年代开始,通过承接跨国公司传统的全球生产网络投资,迅速成为全球最具竞争力的代工平台,但跨国公司特别是发达国家跨国公司传统全球生产网络投资的深化,从来就不是静态的和单维的。当中国还在纠结于跨国公司传统全球生产网络投资的空间组织,可能引发中国被发达国家低端锁定在全球价值等级分工低位的问题时,发达国家跨国公司新兴全球研发网络投资的空间组织发展,为微观基础的全球化对发展中国家企业自主创新发展的拷问更发人深省。在发展隐喻上,相对于跨国公司传统全球生产网络投资,发达国家跨国公司新兴全球研发网络投资的空间组织发展,使得世界各主要国家企业对外投资的分工竞争范式从微观层面发生了革命性变化,使得其主导者可利用技术、资源、成本及市场等方面的差别,继续在科技创新领域复制出对外的全球研发创新要素整合竞争。因此,我们有必要对跨国公司传统全球生产网络投资的空间组织理论进行扬弃,充分发挥跨国公司新兴全球研发网络投资的空间组织对竞争国家企业研发创新要素的整合作用,来完成中国企业的自主创新升级任务。

　　对于中国企业来说,顺应发达国家跨国公司全球研发网络投资空间组织发展的时代潮流,自当应以加强与世界一些主要国家企业的研发投资合作为重点,不断提高自身参与世界主要国家企业全球研发网络投资的空间组织分工的能力,并尝试构建以中国企业为主导的跨国公司全球研发网络投资的空间组织分工体系。目前,中国海尔公司已在海外建立包括全球研究中心、地方信息中心及综合设计中心等在内的对外研发投资空间网络组织分工体系。但应对发达国家跨国公司全球研发网络投资的空间组织变革,中国企业同时更应注意发达国家跨国公司全球研发网络投资的空间组织发展可能给企业国际分工竞争组织范式带来的根本变革问题。发达国家跨国公司全球研发网络投资的空间组织目的,是通过进一步提升自身的国际分工位置,试图在单个研发价值增值环节领域,复制出对发展中国家企业实施新的控制的价值传导链。

至于研究的启示意义,这一方面说明,探讨跨国公司全球研发网络投资的空间组织影响,不应再局限于主要从整体角度关注跨国公司全球研发网络投资空间组织对中国的知识溢出或技术扩散等效应的分析上。对跨国公司全球研发网络投资空间组织的关注,应转移到对跨国公司全球研发网络投资空间组织等级分工分析方面,深入跨国公司全球研发网络投资的空间组织内部,主要探讨跨国公司全球研发网络投资空间组织可能给发展中国家带来新的研发低端锁定的问题,判断中国在跨国公司全球研发空间组织等级分工中的位置,展开跨国公司全球研发网络投资空间组织等级结构分析。

另一方面,跨国公司全球研发网络投资空间组织进一步提高跨国公司在国际分工中的位置属性,及跨国公司全球研发网络投资空间组织与跨国公司传统全球生产网络投资空间组织的对接特性,提示跨国公司全球研发网络投资空间组织内部的系统结构也值得我们关注。跨国公司全球研发网络投资空间组织多系统对接特性,提示跨国公司可能尤其关注东道国便利的对接环境对其区位决定的影响,跨国公司全球研发网络投资空间组织是不是将呈现相对独特的区位布局特点,因此也值得我们关注。由于跨国公司全球研发网络投资的空间组织,最终都要落实到跨国公司在东道国一个个对外研发投资关键组织节点的建立,作为一个重要章节,本书在第四章将专门展开跨国公司全球研发网络投资空间组织区位布局问题分析。本研究在实际检验跨国公司全球研发空间组织区位决定表现及区位决定影响之前,拟以跨国公司全球研发网络投资空间组织在中国30个省市自治区的区位分布为例,运用区位基尼系数测度法,首先对跨国公司全球研发网络投资的空间组织区位决定表现作直观判断。跨国公司全球研发网络投资空间组织区位布局及相关数据来自历年的《中国科技统计年鉴》。

　　至于区位基尼系数的具体设置,本研究所选用的区位基尼系数是1991年克鲁格曼(Krugman)设计和使用的方法,克鲁格曼设计的区位基尼系数在0到1之间。根据克鲁格曼设计的区位基尼系数值距离0或1的相对大小,可对跨国公司全球研发网络投资在中国30个省市自治区分布的空间集聚情况作出直接判断。

　　如图3-4、图3-5及图3-6所示,与传统的供求区位理论不同,跨国公司全球研发网络投资空间组织在中国30个省市自治区分布的区位基尼系数明显要高于研发人员、研发资金及跨国公司一般产业投资(FDI)在中国30个省市区分布的区位基尼系数。这说明,跨国公司全球研发网络投资空间组织在中国30个省市自治区的区位分布,可能并不能由中国30个省市自治区内部某些相对静态的要素比如研发人员或研发资金因素单独解释。跨国公司全球研发网络投资空间组织在中国30个省市自治区的空间集聚,可能与中国30个省市自治区所提供的不同的对外研发投资合作环境因素有关。如北京、上海是中国的经济、创新中心城市,2014年它们吸引的跨国公司全球研发网络投资空间组织,分别占中国当年跨国公司全球研发网络投资空间组织总额的37.7%及14.9%,而同期它们研发人员投入或研发资金投入占全国的比例,则要远远小于这一比例,分别是6.6%和4.5%及9.7%和6.6%。北京、上海在中国所处的跨国公司全球研发网络投资空间组织集聚的绝对中心位置,不能简单由北京、上海内部的研发创新基础等来解释。

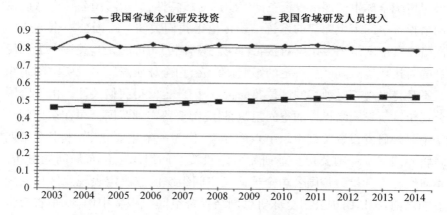

图3-4　跨国公司全球研发与中国研发人员全时当量区位基尼系数比较

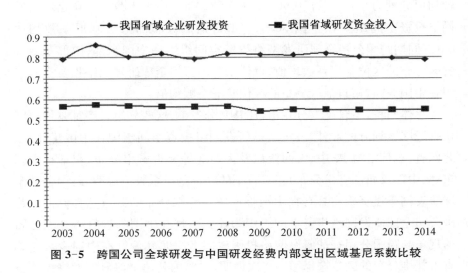

图3-5 跨国公司全球研发与中国研发经费内部支出区域基尼系数比较

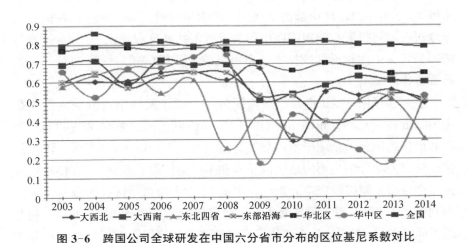

图3-6 跨国公司全球研发在中国六分省市分布的区位基尼系数对比

此外,跨国公司全球研发网络投资空间组织尤其偏好在中国少数相邻省市扎堆分布的区位选择倾向,也显示对跨国公司全球研发网络投资的空间组织区位的研究,确实需要确立目的区位提供的对外研发投资合作环境视角。如图3-5所示,与30个省市自治区较大的区位基尼系数不同,跨国公司全球研发网络投资空间组织在中国各分组省市分布的区位基尼系数相对较小。2003年至2014年,跨国公司全球研发网络投资空间组织在中国华北、东北四省、东部沿海、华中、大西南以及大西北分布的区位基尼系数均值分别为 0.73、0.47、0.56、0.49、0.63、0.57,均小于跨国公司全球研发网络投资空间组织在中国 30 个省市自治区分布的区位基尼系数均值 0.81。同期跨国公司全球研发网络投资空间组织在中国东部、中部及西部省区分布的区位基尼系数均值,也低于跨国公司全球研发网络投资空间组织在中国 30 省市自治区分布的区位基尼系数均值。

　　总体而言,不管是三分省市,还是六分省市,这些分组省市都是按照区位临近因素划分的,跨国公司全球研发网络投资空间组织在中国华北、东北四省、东部沿海、华中、大西南以及大西北等邻近省市分布(包括在中国东部、中部及西部省份分布)相对较小的区位基尼系数值说明,跨国公司全球研发网络投资确实具有在中国临近省市扎堆分布的区位选择倾向。跨国公司全球研发网络投资空间组织为什么出现在中国临近省市扎堆分布的现象? 跨国公司全球研发网络投资空间组织尤其偏好在中国少数相邻省市扎堆分布的区位选择倾向再次说明,对跨国公司全球研发网络投资空间组织区位选择因素研究,确实不能再局限于单一区域思维视角,主要从中国 30 个省市自治区内部的某些供求因素出发对此展开研究。跨国公司全球研发网络投资空间组织在中国临近省市扎堆分布现象的产生,可能与跨国公司在中国临近区域扎堆分布可以给彼此提供相对便利的对外研发投资合作环境有关。

　　进一步使用 Theil 指数检测跨国公司全球研发网络投资空间组织在中国临近省市扎堆分布的情况(图 3-7)。相对于区位基尼系数,Theil 指数通过将跨国公司全球研发网络投资空间组织在中国 30 个省市自治区的区位分布差异分解为不同地区内差异和不同地区间的差异,可直接对跨国公司全球研发网络投资空间组织在中国 30 个省市自治区扎堆分布情况作出判断。若 Theil 总差异主要由不同地区间的差异引起,则说明至少相对地区间的差异,跨国公司全球研发网络投资空间组织在中国相邻省市分布的差异相对较小,跨国公司全球研发网络投资空间组织出现了在中国 30 个省市自治区扎堆分布现象。

　　根据 Theil 指数的分解结果(见表 3-3),2009—2013 年间,跨国公司全球研发网络投资在中国的总体分布差异主要是由六大地区间的差异引起,地区内差异则要次于地区间差异,地区间差异对总差异的贡献率平均多数保持在 65% 以上。Theil 指数的分解结果进一步证实了跨国公司全球研发网络投资空间组织在中国扎堆分布现象,相邻区域跨国公司全球研发网络投资的空间组织分布差异,明显小于跨国公司全球研发网络投资空间组织在中国跨地带之间的分布差异。

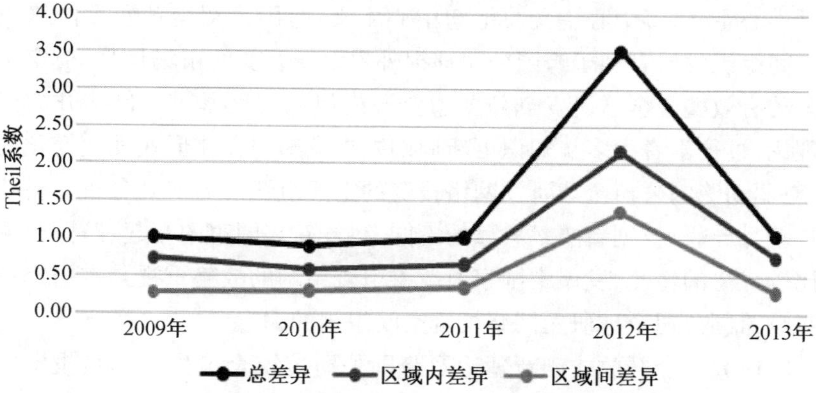

图 3-7 跨国公司全球研发区位分布的 Theil 指数分解结果

表 3-3 跨国公司全球研发在中国空间集聚分布的地区贡献

对地区差异贡献								
年份	T_{wr} 贡献	其中						T_{br} 贡献
		华北区	东北四省	东部沿海	华中区	大西南	大西北	
2009	71.90%	55.93%	0.14%	14.78%	0.15%	0.65%	0.24%	28.10%
2010	65.80%	56.30%	0.64%	7.25%	1.15%	0.22%	0.23%	34.20%
2011	65.19%	60.19%	0.16%	4.04%	0.34%	0.45%	0.03%	34.81%
2012	29.31%	83.38%	5.00%	18.11%	3.20%	2.30%	0.71%	70.69%
2013	71.94%	50.91%	1.42%	18.63%	0.09%	0.56%	0.32%	28.06%

第五节 小 结

有怎样的跨国公司全球研发网络投资空间组织动机，就有怎样的跨国公司全球研发网络投资空间组织过程及系统构成等。本章在分析跨国公司全球研发网络投资的空间组织区位及系统结构之前，主要论述驱动跨国公司全球研发网络投资空间组织的动力因子，简要介绍了跨国公司全球研发网络投资空间组织的宏观背景、微观影响，并主要从发达国家跨国公司进一步提升在国际分工中的位置角度，重新构建了研究跨国公司全球研发网络投资空间组织动力的理论框架体系。

首先从跨国公司对外研发投资的空间组织方式演变角度，概括了跨国公司全球研发网络投资的空间组织概念。本研究认为相对国家中心主义、地理中心主义、多中心主义及枢纽中心主义,跨国公司全球研发网络投资的空间组织发展有利于跨国公司捕捉外界瞬息万变的市场信息,奠定了跨国公司有效整合全球研发创新要素资源的组织制度基础。借鉴开放式创新理论,过往学者大多从知识更新周期缩短及知识存在形式发生变化的角度,对驱动跨国公司全球研发网络投资的空间组织动力展开分析。科技发展日新月异、科技创新要素禀赋的不同、科技新兴国家的崛起、跨国公司动态比较优势的转变、发展中国家对改善引资结构的战略重视是本研究提出的影响跨国公司全球研发网络投资空间组织的因素。

本研究综合开放式创新理论及跨国公司传统全球生产网络投资的空间组织理论,还立足于发达国家跨国公司对全球生产的控制正从一般产业技术研发领域过渡到核心产业技术研发领域的视角,对跨国公司新兴全球研发网络投资的空间组织动力进行了研究。本研究认为,面对知识更新周期不断缩短及科技新兴国家不断崛起的挑战,发达国家跨国公司全球研发网络投资的空间组织目的是以退为进,通过进一步提升自身在国际分工中的位置,达到对科技新兴国家企业研发创新要素利用与继续维持对科技新兴国家企业研发控制的结合。世界一些主要国家跨国公司全球研发网络投资的空间组织目的,是通过构建包含不同研发价值增值工序在内的国际研发分工体系来推动自身的竞争优势,从研发生产环节本身,转变到对全球研发创新要素的整合方面。

基于 IT 产业跨国公司全球研发网络投资空间组织等级结构的分析结果及利润分析结果,本研究证明发达国家跨国公司已具备整合全球研发资源要素的能力及影响国际技术进步的能力。发达国家跨国公司影响国际技术进步方向的能力及整合全球研发创新要素的能力,使得其可以退为进,在新的国际分工体系中,构建从产业核心技术研发到产业外围技术研发,最后才到产业实际生产环节的价值控制体系。

第四章　跨国公司全球研发网络投资的空间组织结构及过程

有什么样的组织目的,就有什么样的组织结构及过程。跨国公司全球研发网络投资的空间组织,特指在国际分工深化发展背景下,跨国公司本着构建新的全球研发价值等级分工目的,通过将一体化的研发生产过程垂直分解,最终在世界范围内所形成的具有一定研发等级分工体系的一种对外投资空间网络组织形式。它是跨国公司面对知识更新周期缩短,为最大范围地整合到世界各国的优势研发创新要素,保持对竞争企业的长期动态领先,而在研发创新领域新推出的一项国际分工举措,是对跨国公司传统全球生产网络投资的空间组织延续及发展,与跨国公司传统全球生产网络投资的空间组织存在对接关系。继对跨国公司全球研发网络投资的空间组织动力分析之后,本章解构跨国公司全球研发网络投资的空间组织,重在展开对跨国公司全球研发网络投资的空间组织结构及过程研究,旨在为跨国公司全球研发网络投资的空间组织结构及过程研究提供一个相对统一的理论框架指导。

第一节　理论渊源及文献述评

追本溯源,跨国公司全球研发网络投资的空间组织研究借鉴主要有两块,一块源于跨国公司传统以研发、营销及加工组装等为主要分工环节的跨国公司传统全球生产网络投资的空间组织理论;另一块则源于超越国家等地方创新系统,直接对跨国公司如何在跨国范围内组织其对外研发投资活动的研究,主要源于研究地理上相互分工与关联的研发创新主体如何实现有效对接的国家创新系统理论及区域创新系统理论。它们之间的研究逻辑关系如图 4-1 所示。

首先,从跨国公司传统全球生产网络投资的空间组织研究看,波特的

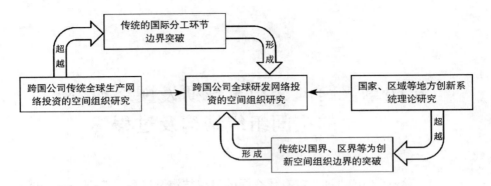

图 4-1　与已有研究的逻辑关系图

价值链理论开创了研究跨国公司传统全球生产网络投资空间组织问题的先河。亨德森(Henderson,2002)提出的全球生产网络理论,将波特的价值链理论注入了空间概念,国内外学者对跨国公司传统全球生产网络投资的空间组织研究才真正开始。而尽管格里芬(Gereffi,2005)等人有关跨国公司传统全球生产网络投资的空间组织理论,为跨国公司新兴全球研发网络投资的空间组织研究提供了很好的理论遵循,但传统有关跨国公司全球生产网络投资的空间组织研究大都以研发、营销及加工组装等为跨国公司对外投资的空间组织分工环节,对于跨国公司在单个研发价值增值环节构建的新的对外投资分工体系,目前学界尚未形成相对统一的研究框架。

其次,从超越国家、区域等地方创新系统理论对跨国公司全球研发网络投资的空间组织研究的作用来看,目前研究要么专注于跨国公司全球研发网络投资的空间组织动力分析,要么将跨国公司全球研发网络投资的空间组织作为跨国公司对外的一个相对独立投资形式,进行跨国公司传统全球生产网络投资的空间组织对比分析。目前研究以分析跨国公司全球研发网络投资空间组织在世界各国的一个个抽象的物理节点的关系及结构为主。

由于缺乏一个相对统一的理论框架,目前借鉴国家、区域等地方创新系统理论对跨国公司全球研发网络投资的空间组织研究,出现了两种不同的倾向。一种研究完全摒弃了国家、区域等地方创新系统理论的限制,以研究没有国家、区域等"地方"创新系统概念的、跨国公司在东道国一个个抽象的对外研发投资节点的空间组织关系为主。另一种研究则继承了国家、区域等地方创新系统理论所强调的创新边界概念,建立了剖析跨国公司全球研发网络投资空间组织结构的、从国家到全球的概念体系,只是这一类研究一般以国家、区域而不是企业为对象。国内外学者目前仍缺乏一个对跨国公司全球研发网络投资空间组织统一的框架认识。

此外,由于缺乏对跨国公司全球研发网络投资的空间组织,对世界各国优势研发创新要素搜寻、整合和反哺应用的完整过程认识,学界目前对跨国公司全球研发网络投资的空间组织,所产生的与跨国公司传统全球生产网络投资的空间组织对接关系分析也是框架不一。大多研究选择专注于跨国公司全球研发网络投资空间组织在少数过程领域内的空间组织关系展开分析。本研究将尝试为跨国公司全球研发网络投资的空间组织研究提供一个相对统一的过程及结构框架。

第二节　跨国公司全球研发网络投资的空间组织系统解构

跨国公司全球研发网络投资的空间组织与跨国公司传统全球生产网络投资的空间组织既有联系也有区别。与以来料加工、来样加工等可以物化的物质产品为空间组织对象的跨国公司传统全球生产网络投资的空间组织相比,跨国公司全球研发网络投资的空间组织打破了跨国公司传统的主要以研发、营销及加工组装等为主要分工环节的对外投资分工格局。相对于跨国公司传统全球生产网络投资的空间组织,跨国公司全球研发网络投资的空间组织是否具有相对独特的系统组织结构? 为阐明跨国公司全球研发网络投资的空间组织系统结构,本研究将在对跨国公司全球研发网络投资的空间组织过程进行分析之前,首先对跨国公司全球研发网络投资的空间组织进行解构。

鉴于过往研究大多基于不完整的单一过程系统视角,将跨国公司全球研发网络投资的空间组织当作由跨国公司全球研发网络投资空间组织在东道国建立的一个个抽象的对外研发投资节点组成的单一系统,主要从跨国公司全球研发网络投资空间组织在东道国建立的一个个抽象的对外研发投资节点的关系如何维护角度,对跨国公司全球研发网络投资的空间组织进行解构分析,本研究将建立剖析跨国公司全球研发网络投资空间组织结构的全过程多系统视角。

首先,在单一的过程系统内,跨国公司全球研发网络投资的空间组织在东道国建立的一个个相对独立的对外研发投资节点的协同,是跨国公司全球研发网络投资空间组织最为重要的内容。跨国公司全球研发网络投资的空间组织第一步,是通过新建或并购的方式,在东道国建立一个个看得见、摸得着的空间组织节点实体。对于跨国公司全球研发网络投资的空间组织而言,跨国公司全球研发网络投资的空间组织遭遇的节点协同治理难问题,既是跨国公司全球研发网络投资空间组织协同整合的对象-知识的缄默性及不易编码的特性所致,也是跨国公司全球研发网络投资各空间组织物理节点存在的知识背景差异及文化差异因素差异所致。影响跨国公司全球研发网络投资的空间组织节点治理的关键因素,构成了一个包含跨国公司宏观空间组织认同、跨国公司中观空间组织业务整合及跨国公司微观空间组织人员信任的复合因素体系(见图 4-2)。

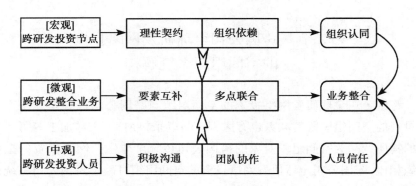

图 4-2   跨国公司全球研发网络投资空间组织节点治理的层次框架图

但是,即使在单一的过程系统内,跨国公司全球研发网络投资的空间组织 也比狭义的跨国公司全球研发网络投资的空间组织节点治理更为宽广。跨国公司出于整合世界各国的研发创新要素目的,跨国公司全球研发网络投资的空间组织全球铺开的过程,既是跨国公司在全球范围内重构其研发科层组织管理关系的过程,也是跨国公司为其在外的对外研发投资节点安排模块化的研发分工的过程。当跨国公司为其在外的对外研发投资节点安排模块化的研发分工时,由于跨国公司全球研发网络投资的空间组织节点的沟通方式必须要和系统要素间的技术互依性相协同,跨国公司全球研发网络投资的空间组织务必保持跨国公司全球研发网络投资的空间组织架构和其技术架构的协同。

根据镜像假设（mirroring hypothesis），跨国公司全球研发网络投资跨国界的组织管理架构可以短期建立，而对于技术的设计是之后再涌现的，因此与技术相关的知识是嵌入在跨国公司全球研发网络投资的空间组织管理架构和信息过程规则之中的，即跨国公司全球研发网络投资空间组织跨国界的产业技术架构与跨国公司全球研发网络投资空间组织跨边界的组织管理架构具有天然协同性。然而，很多学者研究发现，由于情景条件的影响或者出于战略目标的考虑，许多跨国公司在实际建立其对外研发投资的空间组织管理架构和技术架构过程中，并不遵循镜像假设。

本研究认为，全球化背景下，跨国公司全球研发网络投资的空间组织架构和其技术架构协同的重要意义在于跨国公司因为自身条件的不一，其对外研发投资的组织架构及技术架构是多样变化的。一方面，由于体制、规则、文化差异和不同组织单元间的惯例、认知和文化差异，不同跨国公司的全球研发网络投资的空间组织架构及技术架构是不一样的；另一方面，即使对同一家跨国公司，影响跨国公司全球研发网络投资空间组织架构及其技术架构的情景因素，也会随跨国公司所处全球化的阶段不同而不同。跨国公司全球研发网络投资的空间组织架构及其技术架构的对应设计不是一成不变的。

其次，基于全过程的多系统视角，跨国公司全球研发网络投资的空间组织是不是仅包括跨国公司全球研发网络投资空间组织在东道国的一个个对外研发投资空间组织节点的协同？跨国公司新兴全球研发网络投资空间组织与跨国公司传统全球生产网络投资空间组织的叠加性，及跨国公司全球研发网络投资空间组织对东道国地方创新系统的嵌入性，是否意味着跨国公司全球研发网络投资的空间组织研究必须突破传统的单一过程思维，建立与跨国公司传统全球生产网络投资的空间组织反哺对接等的思维？这一点尤其值得关注。为统一跨国公司全球研发网络投资空间组织研究的结构及过程框架，本研究对跨国公司全球研发网络投资空间组织跨系统对接特性进行分析。

第一，跨国公司全球研发网络投资空间组织跨系统嵌入对东道国国家、区域等地方创新系统的特性。目前，随着知识经济的到来，人员、知识和资本要素流动日益加快，学者对于空间（包括区域或国家等地方空间概念）在创新中的重要作用日益产生怀疑，认为区域或国家创新系统概念不再有效，对跨国公司全球研发网络投资的空间组织研究很少涉及区域或国家创新系统概念。甚至由于创新地理边界日趋模糊和被穿透，有学者干脆指出区域或国家创新系统观念在跨国公司全球研发研究领域尤其需要束之高阁，不应再作为学者充满希望的研究领域。

但是，从跨国公司全球研发网络投资的空间组织实践来看，跨国公司对外研发投资履行的还是国家或区域创新系统观念。跨国公司全球研发网络投资的空间组织，不是尝试去突破创新主要源于某特定区域或某特定国家等特定"地方"概念的限制，跨国公司全球研发网络投资的空间组织目的是承认区域创新系统、国家创新系统等地方创新系统的存在。跨国公司全球研发网络投资的空间组织核心，不在于推动跨国公司在东道国的对外研发投资空间组织节点的"点"与"点"之间的协同，而在于推动跨国公司在东道国的对外研发投资空间组织节点，嵌入的东道国地方创新系统与其组建的全球研发创新系统的协同。并且，为收集到具有一定"地方性"的知识，跨国公司本身也是将其在世界各国的对外研发投资节点作为一个个相对独立的地方创新个体来打造。

本研究以盖茨基金会的全球研发网络投资空间组织为例，进一步说明跨国公司全球研发网络投资空间组织嵌入的东道国地方创新系统及其组建的全球研发创新系统的空间组织特征。图 4-3 是盖茨基金会全球研发网络投资的空间组织解构图。从图 4-3 中可以看出，盖茨基金会全球研发网络投资的空间组织从地级到国家级最后到全球级的多层特征明显。在第一层，盖茨基金会出于研发艾滋病治疗技术目的，与全球研发机构、标准化组织、咨询公司及国际非政府组织联系，确定研发投资流向，组建盖茨基金会的全球研发网络投资的空间组织体系。在第二层，盖茨基金会利用投资东道国在艾滋病研发技术或艾滋病研发环境方面具有的优势，在世界各主要艾滋病治疗技术研发国家或地区投资建立研发分支机构。在这一层次，盖茨基金会主要利用世界各主要国家已加入世界卫生组织技术标准化委员会的契机，通过设定国际研发项目，完成盖茨基金会全球研发网络投资空间组织嵌入东道国地方创新系统的结构化对接。在第三层，盖茨基金会按照市场细分原则，与国际知名医院或医科类大学合作，建立获取研发投资地市场需求和市场用户反应据点，保证艾滋病治疗产品技术研发的正统性。盖茨基金会全球研发网络投资的空间组织解构，生动地诠释了跨国公司全球研发网络投资空间组织对东道国地方创新系统（包括东道国区域创新系统及国家创新系统的）嵌入对接过程。

当然，从领地属性角度看，跨国公司全球研发网络投资空间组织构筑的全球研发创新体系和传统注重主权属性的区域创新体系及国家创新体系又有着本质的区别。传统注重主权属性的区域创新体系及国家创新体

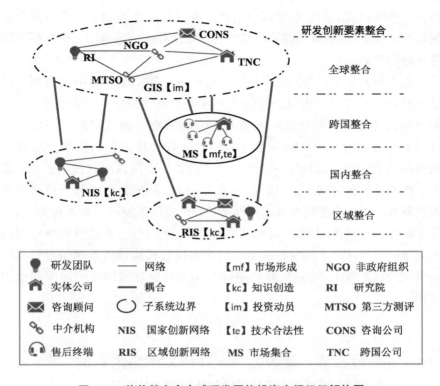

图 4-3　盖茨基金会全球研发网络投资空间组织解构图

系,通常以治下的区域空间或国家空间为界,主要通过维持主权边界内的创新网络,推动本区域(或国家)的创新发展。而跨国公司全球研发网络投资空间组织所构筑的全球研发创新体系则不同。跨国公司全球研发网络投资空间组织所构筑的全球研发创新体系,主要通过疏通主权边界间的创新联系来实现。跨国公司全球研发网络投资空间组织与注重主权属性的区域创新体系及国家创新体系的联系,主要体现在跨国公司布局在区域或国家的研发投资节点方面。

　　第二,跨国公司全球研发网络投资的空间组织产生的与跨国公司传统全球生产网络投资的空间组织跨系统对接关系。跨国公司全球生产网络投资的空间组织,内生于跨国公司新兴全球研发网络投资的空间组织完整过程。跨国公司在传统以研发、加工组装、营销等为主要分工环节构成的国际分工体系基础上,之所以会在单个的研发价值增值环节内部继续深化发展出新的国际价值等级分工体系,一个重要目的是整合东道国的优势研发创新要素,服务跨国公司在东道国的生产,推动与跨国公司传统全球生产网络投资空间组织的反哺对接。面对日益激烈的市场竞争及日益缩短的产品更新周期,跨国公司要不断淡化以跨国公司母国为研发创新服务基地的观念。

由于跨国公司自身的技术条件及面对的外部市场环境不同,跨国公司全球研发网络投资和跨国公司传统全球生产网络投资的空间组织,是否在协同治理的时间节点及匹配方式上有相对统一的规律原则?目前学者并未形成相对一致的研究结论。柳卸林等对跨国公司新兴全球研发网络投资和跨国公司传统全球生产网络投资的空间匹配方式做了初步研究。柳卸林等研究指出,一般而言,在空间上,跨国公司新兴全球研发网络投资和跨国公司传统全球生产网络投资的空间匹配可采取两种方式,一种采取在哪里制造,在哪里发明的完全同步方式,另一种采取战略迂回的不完全同步方式。本研究将在全景解构跨国公司全球研发网络投资的空间组织结构基础上,进一步解构跨国公司全球研发网络投资的空间组织过程。

第三节　跨国公司全球研发网络投资的空间组织过程及影响因素

跨国公司全球研发网络投资的空间组织过程分析,以对跨国公司全球研发网络投资的空间组织系统解构为基础,将前文有关跨国公司全球研发网络投资空间组织解构的分析结果串联,使其连续化,前后成一动态的关联过程。本研究认为,跨国公司全球研发网络投资的空间组织对象尽管由跨国公司全球研发网络投资空间组织嵌入的东道国地方创新系统,及跨国公司全球研发网络投资空间组织协同治理的技术架构及组织管理架构等多系统组成,但是跨国公司全球研发网络投资空间组织的这些系统并不是相互独立的,而是相互联系的。它们前后交叉,交替演进,共同构成跨国公司全球研发网络投资空间组织搜寻、整合和利用世界各国优势研发创新要素的全过程。

从跨国公司全球研发网络投资空间组织整合获取东道国互补性的优势研发创新要素角度,本研究认为跨国公司全球研发网络投资的空间组织本质,实际上就是一个从区域创新系统、国家创新系统等东道国地方创新系统搜寻全球优势研发创新要素(知识),再到在跨国公司传统全球生产网络投资的空间组织过程中应用东道国这些全球优势研发创新要素（知识）的动态、螺旋上升式循环的过程。该过程主要表现为"东道国地方创新系统全球优势研发创新要素（知识）搜寻 1.0—东道国地方创新系统全球优势研发创新要素（知识）整合—东道国地方创新系统全球优势研发创新要素（知识）利用—东道国地方创新系统全球优势研发创新要素（知识）再搜寻2.0"（详见图 4-4）。跨国公司全球研发网络投资的空间组织，主要表现为跨国公司全球研发网络投资空间组织嵌入的东道国地方创新系统与其组建的全球研发创新系统的协同，及跨国公司新兴全球研发网络投资与跨国公司传统全球生产网络投资的空间组织协同。

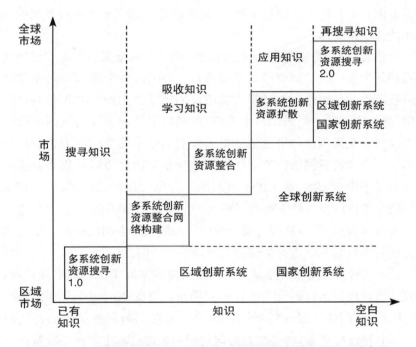

图 4-4　多系统范围内跨国公司全球研发网络投资的空间组织动态图

本研究拟提出分三个阶段将跨国公司全球研发网络投资空间组织过程肢解和串联的构念。

（1）将跨国公司选择在具有优势研发创新要素的国家密集布局其对外研发投资的空间组织节点，致力于为跨国公司全球研发网络投资的空间组织搭建合适的组织架构及技术架构的阶段称为跨国公司全球研发网络投资的空间组织发轫阶段。在此阶段,跨国公司全球研发网络投资的空间组织重点,是为跨国公司全球研发网络投资的空间组织确定合适的组织架构和技术架构。

(2)整合阶段。跨国公司全球研发网络投资的空间组织核心任务已过渡为为突破跨国公司传统的国际价值等级分工环节限制,构建整合获得东道国具有一定互补性的优势研发创新要素的国际研发价值等级分工合作。在此阶段,跨国公司全球研发网络投资的空间组织重点,除了需要维持跨国公司全球研发网络投资空间组织于发轫阶段在东道国建立的一个个对外研发投资空间组织节点的整合协同外,关键还在于保证跨国公司全球研发网络投资空间组织嵌入的东道国地方创新系统协同。跨国公司需要突破创新的跨地方空间组织限制,建立超越东道国地方创新系统的创新合作的全球组织体系。

在整合阶段,影响跨国公司全球研发网络投资空间组织对东道国优势研发创新要素(知识)整合的因素较多,一般而言,如果跨国公司全球研发网络投资空间组织整合东道国优势研发创新要素生产的知识是科技推动型的,那么由于这一类知识易于编码,此时跨国公司全球研发网络投资空间组织整合东道国优势研发创新要素将遭遇较小的空间阻力;相反,如果跨国公司全球研发网络投资空间组织整合东道国优势研发创新要素生产的知识是干中学型的,那么由于创新的地方黏性作用,此时跨国公司全球研发网络投资的空间组织将遭遇更大的空间阻力,跨国公司需要建立专门的疏通对接管道,维持跨国公司全球研发网络投资空间组织嵌入的东道国地方创新系统与其组建的全球研发创新系统协同。

(3)与跨国公司传统全球生产网络投资的空间组织协同对接阶段,本研究将该阶段称为跨国公司全球研发网络投资的空间组织反哺阶段。在这一阶段,跨国公司过往将母国作为公司研发创新服务基地的传统将打破。为获得反哺资金,将尝试与跨国公司传统的全球生产网络投资的空间组织对接,以便为跨国公司在东道国的一般性的产业投资提供研发创新服务。跨国公司全球研发网络投资空间组织整合的知识,能否反哺应用到跨国公司传统的全球生产网络投资的空间组织过程之中?关键取决于以下三个标准:基于跨国公司全球研发网络空间组织整合的知识是否具有技术合法性?基于跨国公司全球研发网络空间组织整合的知识能否吸引到商业开发投资?基于跨国公司全球研发网络空间组织整合的知识开发的商品能不能进入东道国市场?一般而言,如果跨国公司全球研发网络投资空间组织开发的是标准化的知识产品,那么由于世界各国顾客消费偏好及产品合法性标准判断均已稳定,跨国公司因为无需根据东道国具体的市场对产品作相关的技术改造,跨国公司新兴全球研发网络投资的空间组织很容易实现与跨国公司传统全球生产网络投资的空间组织对接。而与此相反,如果跨国公司全球研发网络投资的空间组织开发的是"订制"型知识产品,那么由于跨国公司面对的世界各国的产品市场都是历史长期形成的,顾客偏好已经固化,跨国公司全球研发网络投资的空间组织与跨国公司传统全球生产网络投资的空间组织对接的难度将加大。跨国公司需要针对东道国特定市场对基于跨国整合生产出来的知识产品进行本地化的对接改造。

在实际操作层面,跨国公司要秉承广域复杂系统观,树立动态连续观,通过多阶段对比,确定影响跨国公司全球研发网络投资的空间组织因素。跨国公司第一步需要对其全球研发网络投资的空间组织做多阶段、多系统的分解,确定每个阶段跨国公司全球研发网络投资的空间组织系统对接特征。第二步根据多阶段的系统对接分解,确定影响跨国公司全球研发网络投资的空间组织因素,构建影响跨国公司全球研发网络投资空间组织协同治理的多阶段的关键因素体系。

剔除发轫阶段影响跨国公司全球研发网络投资的空间组织因素,跨国公司全球研发网络投资的空间组织过程可分成以下四种类型:"干中学＋标准化型""干中学＋定制型""科技推动＋定制型""科技推动＋标准化型"。跨国公司全球研发网络投资的空间组织过程划分,主要以多阶段规制背景下影响跨国公司全球研发网络投资空间组织因素的匹配组合方式为标准,其中,影响"干中学＋定制型"跨国公司全球研发网络投资的空间组织因素最多,既包括科技创新维度方面的因素,又包括产品市场价值评价维度方面的因素。"干中学＋标准化型"跨国公司全球研发网络投资的空间组织及"科技推动＋标准化型"跨国公司全球研发网络投资的空间组织次之,分别只有科技创新维度方面因素或只有产品市场价值评价维度方面因素的影响。这两种类型的跨国公司全球研发网络投资的空间组织可分别称为创新导向型的跨国公司全球研发网络投资的空间组织,或市场导向型的跨国公司全球研发网络投资的空间组织。相对而言,"科技推动＋标准化型"的全球研发网络投资的空间组织遭遇的空间阻力最小,可称作自由型的全球研发网络投资的空间组织。综合以上分析,本研究最后给出开放式创新时代背景下跨国公司全球研发网络投资的空间组织全景解构,如图 4-5 所示。

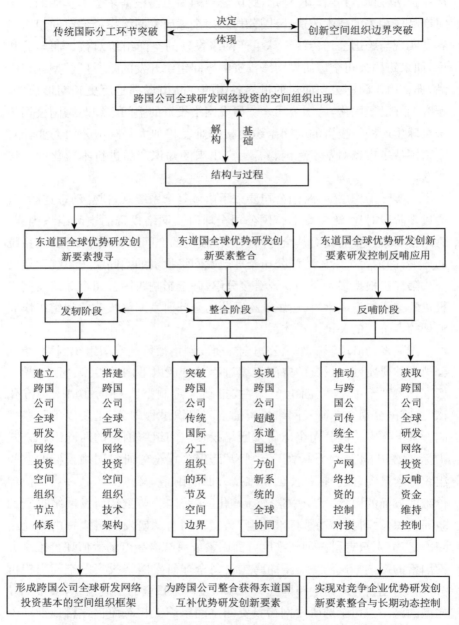

图 4-5 跨国公司全球研发网络投资空间组织解构及过程全景图

第四节 多网络系统下跨国公司全球研发
网络投资空间组织对中国的借鉴

一、国外企业全球研发网络投资空间组织经验借鉴

近年来,随着国际研发分工的不断发展,世界很多国家均十分重视本国公司的对外研发投资工作。无论是发达国家,还是发展中国家,均把推动本国公司的对外研发投资工作作为推动本国企业竞争优势重构、发展战略转型的重要途径。由于所处国际分工位置及本身发展环境有别,不同国家与地区的跨国公司全球研发网络投资的空间组织构建方式迥异。目前,英国、美国以及中国台湾等国家和地区都培育建成了立体的跨国公司全球研发网络投资的空间组织体系。由于国情(区情)差异,这些国家和地区的跨国公司全球研发网络投资的空间组织,在政府推动与企业自发、主动构建与被动参与、对外走出与内部融入对比方面,均形成了自身的个性特点。在一般化分析跨国公司全球研发网络投资的空间组织结构及过程之后,本研究将选取世界第一大经济体美国、老牌经济科技强国英国以及同中国大陆同文同种的中国台湾为例,分析世界各主要国家及地区的跨国公司全球研发网络投资的空间组织经验,以便为中国企业对外研发投资的空间网络组织构建提供借鉴与比较。

(一)英国模式

作为老牌的经济、科技强国,英国政府顺应国际研发分工深化发展的需要,对推动本国企业参与国际研发分工的积极性很高。在政府的强势推动下,英国始终把对国际研发投资的引入作为推动本国嵌入跨国公司全球研发价值等级分工的重要一环,对跨国公司在英国的全球研发网络投资持积极鼓励态度。英国政府不仅在原则和态度上鼓励外来研发投资,而且出台了许多实实在在的优惠政策和吸引措施。如在税收和资金匹配等方面,英国政府规定任何设在英国的外资研发机构都有资格申请政府设立的科技项目。英国出台的《科学和创新投资框架(2004—2014)》和《科学和创新投资框架(2004—2014)续篇》中特别提到,支持将英国打造成为世界级的跨国公司全球研发网络投资的空间组织节点区域。英国贸易投资总署还专门成立了研发项目组,实施新的国际研发投资分工战略,以吸引外商来

英国投资研发。

在推动本国企业海外研发投资方面,受英国政府的驱动,英国企业海外研发投资积极,英国企业的对外研发投资日益呈现空间网络组织态势。英国政府认为,作为逆向技术转移的重要过程,本国企业的全球研发网络投资空间组织走出的实质,是对东道国优势技术资源的差别利用。通过推动本国企业的对外研发投资走出,促进本国企业构建起由自己控制的全球研发价值等级分工体系,推动本国企业在全球价值等级分工中的位置进一步提高。英国政府曾推出一项旨在帮助英国企业提高技术竞争力的全球监视服务计划。这项计划将通过识别东道国国际领先技术的比较优势形式,为英国本土企业全球研发网络投资的空间组织走出提供便利。

(二) 美国模式

美国是世界头号经济科技强国。尽管任何国家的企业都可以到美国以直接投资方式开设研发分工机构,或与美国机构联合设立研发分工实验室,但美国政府对内外资一视同仁,没有特殊针对外资研发的偏好政策,总体上美国企业的对外研发投资受政府驱动的特性不明显。

据陈信宏等人收集到的调研数据,美国企业的对外研发投资主要由市场体制背景下企业自发行为所致,美国企业的对外研发投资已呈现空间网络组织特性。陈信宏等人的研究发现,国际分工正从传统的全球价值等级分工加速转变为现在的全球研发价值等级分工,面对科技新兴国家的挑战,美国企业正尝试构建从产品核心技术研发到产品外围技术研发,最后才到产品加工组装环节的价值等级分工体系,美国企业率先实现了在全球价值等级分工位置中的进一步提升。陈信宏等人的研究指出,美国等国家企业之所以能在全球研发价值等级分工中继续维持控制位置,这主要与美国等国家企业具备的系统整合能力、产品计划能力、市场进入能力及网络交流能力有关。美国等国家企业依托超强的系统整合能力及网络交流能力,继续保持了自身在"加长版"的全球价值等级分工体系中的位置。

陈信宏等人的问卷调查结果显示,美国企业在 IT 产业领域已构建以新兴全球研发价值等级分工为基础的国际价值等级分工体系。其中,美国(包括日本)作为传统 IT 产业强国,美国掌握的 IT 产业核心技术及品牌是美国企业在全球范围内构建研发网络等级分工体系的所有权优势基础。据陈信宏的调查研究,在新的国际价值等级分工链条中,目前完整的 IT 产业价值链已被分割成概念设计、产品计划、设计调整、原型设计、过程确认、部件研发（包括关键与外围部件研发）、试验生产、规模生产、物流管理、市场营销、售后服务、品牌管理等不同环节。美国企业嵌入的全球等级分工环节，主要集聚在研发附加值较高的概念设计、产品计划及设计调整等环节；中国台湾等一些新兴工业化国家或地区的企业，则大都集聚在研发"微笑曲线"中附加值较低的过程确认、部件研发等环节。相对于传统的全球价值等级分工，美国企业进一步提升了自身在国际价值等级分工中的位置。

（三）中国台湾模式

台湾是一个典型的出口导向型工业化地区。尽管台湾内部的产业内容已部分完成从传统劳动密集型到新兴技术与资本密集型的转变，但其内部企业仍主要为国际知名品牌商从事贴牌加工生产服务，并没有直接进入国际产品的终端市场。比如台湾知名企业富士康，就主要为苹果公司从事贴牌生产服务。由于原始创新能力较弱，加上缺乏相应的系统整合能力，台湾企业对全球研发价值等级分工的参与以被动嵌入为主。经过多年的技术积累，一些台湾企业已在某些特定技术领域或某些特定产业环节积累了一定的领先技术能力，这使得台湾企业对外研发投资的空间网络组织构建兼具主动构建性，已构成台湾企业近年来参与国际研发分工的优势基础。

基于邓宁的国际生产折衷理论，陈信宏等人的研究认为，跨国公司全球研发网络投资的空间组织构建必须具备所有权、内部化和区位三种优势。相对于美国企业全球研发网络投资的空间组织所具备的核心技术、知名品牌等所有权优势，中国台湾企业具备的商业化优势，可看作其对外构建研发投资分工合作体系的所有权优势，这使得台湾企业对外研发投资的空间网络组织构建，在以被动融入为主的基础上兼具一定的主动性。在陈信宏开展调查研究的 2004 年，学界普遍认为台湾企业对国际研发分工的参与以承担应用开发类内容为主。由于缺乏系统整合能力，台湾企业参与国际研发分工的内部化优势（或称国际化优势），主要与它们同国际知名品牌商的密切网络联系有关。随着国际价值等级分工的进一步深化发展，近年来许多发达国家品牌公司正在逐步将新产品开发流程直接外包给台资设计制造商（Original Design Manufacture，ODM）。很多大型跨国公司积极扩大在台湾台北的研究机构，使得台湾不再以简单的 IT 产业代工中心存在，它已成为发达国家跨国公司全球研发网络投资空间布局体系中的重要一环。台湾企业正利用同中国大陆的人文联系，扩大其在中国大陆的研发投资。而中国广大的大陆地区,则基本以海量的人才供给为条件,通过满足美国及中国台湾企业的研发分工区位要求,被动融入发达国家(地区)跨国公司全球研发网络投资的空间组织体系中。这一点与台湾不同。台湾即使是被动融入,也是以其作为全球代工一线供应商(first-tier suppliers),而在少数产业研发环节领域所具备的创新能力为条件的。

二、中国企业全球研发网络投资的空间组织模式设计

(一) 中国情景对中国企业参与国际研发分工的影响

对跨国公司新兴全球研发价值等级分工的嵌入,目前中国企业正处于关键期,与位于国际分工较高位置的发达国家企业相比有着较大差异。一方面,中国经济进入了以增速平台降低、结构再平衡、增长动力转变等为特征的新常态发展时期。随着中国人口红利的消失和要素成本的大幅度上升,加上欧、美国家以制造业复兴为目标的再工业化战略的实施,过去中国企业以低端制造业为基础嵌入全球价值等级分工的国际代工活动,已经到了难以为继、必须转换发展引擎的关键时刻。为满足中国产业从简单的、低附加值的实体活动,向以制造业为基础的非实体性的现代服务业活动转型升级的迫切需要,中国企业亟需在加入传统全球价值等级分工的基础上,逐步全面地转向嵌入跨国公司新兴的全球研发价值等级分工中;而另一方面,中国企业资源整合能力不强、核心研发能力不足,加之传统发展模式的路径锁定,这些又使得中国企业对跨国公司新兴全球研发价值等级分工的嵌入面临诸多不确定性。总体而言,国外企业全球研发网络投资的空间组织模式不能直接用于指导中国企业的实践。要明确提出适用于中国企业实际的全球研发网络投资空间组织模式,需要在中国的环境情景下,深入考察中国特殊的制度及创新背景。这些特殊的制度及创新环境包括以下方面。

第一,中国政府主导的经济模式仍在发挥作用,企业全球研发网络投资的空间组织构建难以脱离政府,单纯依靠企业自发形成。在中国经济进入新常态之后,政府政策将在经济转型发展过程中继续发挥重要的引导作用。政府对某一领域、地区的支持,有助于短期内创建研发发展环境,对于中国国际科技创新中心、综合性国家科学中心、区域科技创新中心等地方研发节点的构建及企业的对外研发投资均具有重要的政策激励作用。

第二,在传统嵌入背景下,中国企业对廉价投入要素的过度依赖,导致中国转向开放式的创新驱动型经济的难度较大。受传统发展路径影响,中国企业对于跨国公司全球研发网络投资的空间组织理解普遍缺乏战略考

量,很少有企业将跨国公司全球研发网络投资的空间组织同发达国家跨国公司进一步提升自身在国际分工中的位置联系在一起,进而综合考量跨国公司全球研发网络投资的空间组织影响。对于本国企业跨国公司全球研发网络投资的空间组织构建,大部分持消极对待态度。

第三,在国际分工深化发展背景下,中国企业全球研发网络投资的空间组织受限于自身对全球优势研发创新要素的整合能力,规模不大。中国企业顺应国际价值等级分工的变化,亟需在核心创新能力培育及知名品牌构建方面,夯实自身展开对外研发投资的所有权优势及内部化优势基础。

(二)中国企业跨国公司全球研发网络投资的空间组织嵌入实践

中国对跨国公司全球研发网络投资的空间组织嵌入,以被动嵌入为主。1994年加拿大北方电讯公司在北京设立第一家研发分支机构,可以看作是中国企业被动参与发达国家跨国公司全球研发价值等级分工的开始。中国对世界一些主要国家全球研发价值等级分工的嵌入有两种不同方式:一类是由政府推动,通过提供支持政策,将中国打造成为世界其他国家企业对外研发投资空间网络组织分工的重要节点区域;另一类是由中国国内领先企业市场推动的,受开放式创新思维的影响,中国越来越多的企业已强烈意识到参与国际研发分工的重要性,主动加入到由发达国家跨国公司主导的国际研发分工之中。

政府的政策支持一直是推动中国企业参与跨国公司全球研发价值等级分工的重要力量。2007年以前中国政府的政策重点在于推动引资总量规模的上升。2007年以后,中国政府新修订了企业所得税法,取消了外资的超国民待遇,政府此时的政策核心在于改善引资结构、提升引资质量。随着跨国公司的研发全球化打破了跨国公司主要在发达母国从事研发活动的格局,中国在2007年全国吸收外商投资工作的指导性意见中,首次明确提出鼓励外商在中国建立研发机构。2008年国际金融危机之后,国务院关于进一步做好利用外资工作的若干意见,进一步细化了对跨国公司全球研发网络投资的政策安排。

中国尝试嵌入跨国公司全球研发网络投资空间组织的努力,还体现在地方政府对研发引资政策的重视上。上海作为中国经济最发达的城市,早在2012年就已明确提出建成亚太跨国公司国际研发投资中心,并由上海市科委领衔,制定了外资研发机构认定办法;对符合条件的外资研发机构,出台了系列的财税优惠政策。此外,北京、苏州等城市分别以建成中国科技创新中心、国家创新型城市为目标,出台了外资研发机构认定办法,规定了外资研发机构财税优惠条件,出台了外资研发机构财税优惠措施。

　　相对而言,由中国企业自己主导构建的跨国公司全球研发网络投资的空间组织案例还较少。中国企业对跨国公司新兴全球研发价值等级分工的嵌入整体上呈现政府推动、被动参与、内部融入的特性。不过这种情况正在改变。目前,中国企业特别是民营企业对外研发投资的空间网络组织目的多样(见表 4-1),中国民营企业对外研发投资的空间网络组织已度过初期摸着石头过河的阶段,进入了加快发展阶段。以中国民营企业的代表——海尔公司为例,经过多年发展,目前海尔公司的对外研发投资呈现了规模不断扩大、结构不断趋于网络化的特点。海尔公司目前既在纽约、伦敦、东京、首尔等全球发达城市开展研发投资,又在突尼斯、开普敦等全球欠发达城市(国家)有研发投资。中国民营企业海尔公司已在全球形成从综合研究中心到全球设计中心,最后才到全球信息中心的对外研发投资空间网络组织体系。与此同时,中国政府政策也出现了重点支持中国本土企业对外研发走出的倾向。中国政府总理李克强 2015 年 4 月发表的中国外贸要从"大进大出"转向"优进优出"的指导性意见,首次提出不仅要出口高档次、高附加值产品,还要推动产品、技术、服务的"全产业链出口"。政策支持重点因此呈现鼓励本国企业"走出去"开展技术研发投资的倾向。

表 4-1　中国部分信息技术企业全球研发网络投资空间组织目的类型

目的类型	代表企业	组织内容
为企业提供软件外包服务的境外机构	东大阿派及用友工程公司在日本设立的境外研发中心	用友工程公司在日本设立研发中心,主要从事软件外包业务的市场调查及应用研究服务。而东大阿派为国内研发活动和境外软件研发外包提供服务,这是中国 IT 业利用国际软件外包业务的领先企业。
网络业务提供境外设计服务的研发中心	以百度公司、盛大网络公司为代表	搜索业务是百度公司的核心业务,其市场份额已占据日本市场前三位。为巩固日本市场现有地位,百度公司与日方伙伴在日本合作建立了境外研发中心,开发基于日文版搜索业务及适应日本市场运营策略的产品和服务。而盛大网络则是在海外资本市场上市之后,利用资本优势收购了韩国一家游戏软件企业的股权,间接掌握了韩国的研发资源。
在境外销售软件产品而建立的境外研发机构	以金山软件公司为代表	境外研发投资的目的是为了加快产品的英文化、标准化及为扩大海外市场销售服务。

（三）中国企业全球研发网络投资的空间组织模式设计

根据前文对国内外主要国家和地区企业全球研发网络投资的空间组织案例分析，可以得出：英国企业全球研发网络投资的空间组织主要采用政府主导的模式，在政府优惠政策的推动下，以内部融入与对外走出相结合的方式，促使本国企业置身于全新的企业对外研发投资的空间网络组织分工之中。美国企业全球研发网络投资的空间组织模式，主要由市场自由竞争体制下的企业自发推动而形成。美国企业具备的资源整合等能力，使得它们在国际研发分工竞争中往往占据主导地位，大多以构建由自己主导的国际研发分工体系为主。中国台湾企业对外研发投资的空间网络组织则兼具被动参与与主动构建的特性，并以被动参与为主。

从中国企业全球研发网络投资的空间组织实践来看，由于目前中国企业嵌入跨国公司新兴的全球研发价值等级分工的观念、能力均不强，这使得中国企业全球研发网络投资的空间组织构建当以政府推动为主。中国从中央到地方推出的一系列研发引资优惠政策，就是对政府主导模式的一次很好的诠释和实践。

本研究充分借鉴世界主要发达国家及领先地区的经验，结合中国企业全球研发网络投资的空间组织实践，将中国企业全球研发网络投资的空间组织模式划分为政府推动型、企业自发型、对外走出型、内部融入型、主动构建型、被动嵌入型等六种不同类型。（1）政府推动与企业自发型，是根据企业对外研发投资空间网络组织起作用的不同主体划分的。政府推动型是指在政府战略优惠政策作用下，在相应领域、区域形成的企业全球研发网络投资的空间组织方式。而企业自发型，则是指在市场自由竞争的力量驱动下，企业自发形成的全球研发网络投资空间组织构建。（2）对外走出与内部融入型，这两种类型的企业全球研发网络投资的空间组织是根据企业对外研发投资的流向区分的。其中，对外走出型由本国企业的全球研发网络投资的空间组织走出引导。内部融入型则以跨国公司全球研发网络投资的空间组织引入引导，将本国打造成跨国公司全球研发网络投资的空间组织重要节点区域。（3）主动构建与被动嵌入型，是根据企业全球研发网络投资的空间组织意念区分的。主动构建型是指主导企业出于满足自身对全球优势研发创新要素整合的需要，而主动构建的企业全球研发网络投资的空间组织类型。被动嵌入型则是指在世界一些主要国家跨国公司全球研发价值等级分工的驱使下，而形成的对世界一些主要国家跨国公司全球研发价值等级分工被动嵌入的方式。

在中国特殊的制度、路径及企业目前的创新能力背景下，中国企业全球研发网络投资的空间组织构建不是以以上六种模式中某个单一形式呈现的,而是其中几种相对应模式的叠加及有机组合。中国企业全球研发网络投资的空间组织模式的选择,会随着中国企业自主创新嵌入基础及中国企业自主创新发展转型意念的转变而转变,也会随着中国地区经济发展水平差异而变化。

伴随着中国经济发展的转型,中国企业全球研发网络投资的空间组织构建将呈现从政府推动型到企业自发型、内部融入型到对外走出型及被动嵌入型到主动构建型的过渡。在企业全球研发网络投资的空间组织构建初期,受企业资源整合能力弱、核心创新能力差等因素制约,同时企业对外研发投资的不确定性又较大,此时政府推进型、内部融入型、被动参与型将是中国企业全球研发网络投资空间组织构建的主要方式。随着中国转型发展的宏观环境及企业全球创新价值链构建的利益启动机制完全建立,中国企业全球研发网络投资的空间组织构建将做到政府推动与企业自发相结合、对外走出与内部融入相结合以及主动构建与被动参与相结合。

中国不同地区的企业发展水平、创新能力等方面的差异很大,需要考虑到地区差异,明确适合不同地区经济水平、企业特点的全球研发网络投资的空间组织模式。在经济发达的东部沿海地区,产业基础雄厚,企业创新能力强,转型发展意念迫切,此时企业全球研发网络投资的空间组织构建应以政府推动为辅,逐步向市场自发型过渡,做到政府推动与企业自发的有机结合,保证中国企业对外研发投资走出与内部融入的均衡,并尽早实现从被动融入到主动构建的转变。而在经济水平较为落后的中、西部地区,政府主导与内部融入拉动是主要的空间组织构建模式。

第五节　小　　结

跨国公司全球研发网络投资的空间组织是跨国公司对传统国际分工体系的进一步深化和发展。跨国公司全球研发网络投资的空间组织打破了跨国公司传统主要以国家、区域等为地理边界的创新限制,将跨国公司对外的研发投资空间组织活动置于跨国之间。面对跨国公司全球研发网络投资的空间组织在地理边界及在分工价值增值环节上的突破,跨国公司全球研发网络投资空间组织内部的系统结构怎样?为统一对跨国公司全球研发网络投资空间组织系统构成及过程的认识,本研究在已分析跨国公司全球研发网络投资空间组织进一步提升自身在国际分工中的位置目的之后,建立了分析跨国公司全球研发网络投资空间组织结构的"全过程＋多阶段"的概念框架,力争做到对跨国公司全球研发网络投资的空间组织结构及过程的全景分析。主要研究结论如下:

第一,面对跨国公司全球研发网络投资空间组织整合竞争国家研发创新要素及继续维持对竞争国家企业研发控制的目的,跨国公司全球研发网络投资的空间组织组成的是一个复杂的空间巨系统。研发一直是跨国公司赖于控制竞争国家企业的基础,面对竞争国家企业的研发创新挑战,跨国公司全球研发网络投资的空间组织目的是通过进一步提升自身在国际分工中的位置,达到对世界各国优势研发创新要素整合及继续维持对竞争国家企业研发控制目的的结合。跨国公司全球研发网络投资的空间组织,要达到对竞争国家优势研发创新要素整合及继续维持对竞争国家企业研发控制目的的结合,一方面要加大对竞争国家研发创新要素的整合,突破创新的部门、组织、国界等边界的限制,推动跨国公司全球研发网络投资空间组织嵌入的东道国地方创新系统,与其组建的全球创新系统对接,建立跨国公司整合世界各国优势研发创新要素的空间组织骨架;另一方面出于保证继续维持对竞争国家研发控制的目的,跨国公司需要加快推动跨国公司全球研发网络投资的空间组织,与跨国公司传统全球生产网络投资的空间组织对接,因此跨国公司全球研发网络投资的空间组织组成是一个复杂的空间巨系统。跨国公司需要推动其领先的研发技术及时在其生产中获得应用。跨国公司全球研发网络投资空间组织整合的知识,只有在跨国公司组织的全球生产中获得应用,跨国公司以退为进,通过全球研发网络投资的空间组织进一步提升自身在国际分工中的位置的战略举措才有意义。

第二,跨国公司全球研发网络投资的空间组织尽管可分成多个阶段,但是跨国公司全球研发网络投资的空间组织在多阶段形成的多系统协同治理关系不是相互割裂的,它们前后交叉,交替演进,共同构成跨国公司搜寻、整合和利用世界各国优势研发创新要素的全过程。跨国公司全球研发网络投资空间组织第一阶段的目标,是基本建立跨国公司整合世界各国优势研发创新要素的空间组织骨架;第二阶段的目标是完成对世界各国优势研发创新要素的整合;第三阶段的目标推动与跨国公司传统全球生产网络投资的空间组织研发控制对接,保证其在全球研发网络投资空间组织中获得的产出技术能够及时在其全球生产中得到反哺应用。确保跨国公司全球研发网络投资空间组织以退为进,通过进一步提高自身在国际分工中的位置,达到整合竞争国家优势研发创新要素与继续维持对竞争国家企业研发控制目的的结合。

第三,在不同阶段,影响跨国公司全球研发网络投资的空间组织因素有所不同。本研究根据整合与反哺两个阶段影响跨国公司全球研发网络投资的空间组织因素及组合方式的不同,将跨国公司全球研发网络投资的空间组织过程分成了四种类型,即"干中学+标准化型""干中学+定制型""科技推动+定制型""科技推动+标准化型"。本研究最后分析了中国企业全球研发网络投资的空间组织模式。

第五章 跨国公司全球研发网络投资
的空间组织区位

　　跨国公司全球研发网络投资的空间组织,最终都要落实到跨国公司在东道国的一个个对外研发投资节点的建立上。跨国公司全球研发网络投资的空间组织在东道国的区位决定,有没有特殊的区位偏好? 有什么样的组织动力及系统结构,就有什么样的组织区位。继跨国公司全球研发投资的空间组织动力及结构分析之后,本章将展开跨国公司全球研发网络投资的空间组织区位问题研究。

第一节 跨国公司全球研发网络投资的
空间组织区位决定研究框架

一、跨国公司全球研发网络投资的空间组织区位决定研究理论渊源

　　区位理论一直是区域经济和经济地理学研究理论的重要来源和核心理论基础(徐阳,2012)。它的核心是关于人类活动的空间分布及其空间中相互关系的学说,是研究人类经济行为的空间区位选择及空间区内经济活动优化组合的理论。企业对外投资的区位决定研究是一般区位理论的一个重要分支。迄今为止,区位理论的发展经历了古典区位理论、近代区位理论、现代区位理论三个发展阶段。首先,在古典区位理论中,韦伯的工业区位理论提出的影响工业分布的集聚因素,让影响经济行为的区位研究首次突破静态视角,构建了从经济行为主体相互联系的角度分析工业分布的逻辑框架。而在近代区位理论的形成发展过程中,德国经济地理学者克里斯塔勒创建的中心地理论,开创了城市地理学、商业地理学研究的先河。克里斯塔勒将地理学的空间观点与经济学的价值观观点结合起来,利用抽象演绎的方法创立了以城市聚落为中心,以市场原则、交通原则和行政原

则等中心地区原则进行市场区域网络分析的理论。尽管克里斯塔勒创建的中心地理论的核心聚焦主要关注地方贸易枢纽、商业枢纽等等地方中心地分布的区位影响因素,但由于该理论植入了区域经济行为主体商贸联系、人员联系的思想,这一理论为从区域合作环境角度分析跨国公司对外投资的区位决定研究提供了借鉴。

一直到近代区位理论形成发展时,克鲁格曼提出的新经济地理学理论才真正打破了主要从区域绝对的要素供给数量角度,论述影响企业及其他经济行为主体区位因素的传统,开创了主要立足于区域集聚合作环境分析区域企业及其他经济行为主体区位决定的先河,只是该理论仍然没有跳出主要从区域内部经济行为主体合作环境的优劣角度,分析企业及其他经济行为主体区位分布影响因素的传统。按照克鲁格曼提出的空间报酬递增、技术外部性及货币外部性理念,新经济地理学的产生和发展为区域企业及其他经济行为主体的对外投资区位研究提供了新的理论借鉴。它提出的技术外部性、货币外部性及空间报酬递增概念,为从跨国公司对外投资的空间网络组织分工合作角度分析跨国公司对外直接投资的区位决定机制提供了概念支撑,是跨国公司对外投资区位研究克服传统企业对外直接投资理论束缚、获得新发展的重要推动力。在对区域企业及其他经济行为主体投资区位研究提供的实际研究借鉴方面,新经济地理学提出的一定量经济活动在某区域的集聚将产生空间报酬递增的理念,既符合跨国公司对外直接投资最终将以东道国国内一个个地区为布局据点的客观实际,又契合跨国公司将选择一国某区域(而不是相对空泛的某国)作为与其战略目标最为契合的投资空间对象的要求。遵循新经济地理学的空间报酬递增逻辑,一区域作为跨国公司对外投资的集聚地,其实与其先天存在的比较优势、地区性政策制度(包括优惠政策、开放程度、市场化程度等)无关,而更应该与大量企业在一定区域集聚形成的技术或货币外部性(包括企业产业联系及技术溢出产生的外部性等)有关。根据克鲁格曼等人创立的新经济地理学理论,为创造跨国公司对外投资的区位选择条件,应不断强化区域不同产业和企业的企业家、设计者和工程师之间有用技术信息的流动。发挥与需求(或供给)相联系的外部性,并将区域置于与外部的空间网络联系中,通过区域联动的极化与扩散矛盾运动,形成经济集聚协同发展带。克鲁格曼等人认为,企业(包括其他经济行为主体)对外投资选择在一区域入驻很有可能是该投资活动随机决策的结果,即各区域吸引企业对外投资入驻的第一自然条件(First nature)是相同的,但只要有投资活动入驻,那么该区域便拥有了吸引其他企业对外投资不断入驻的第二自然条件(Second nature），即源于先前已经选择定位于该地点的企业对外投资活动的出现，该区域将吸引其他投资活动源源不断地流入。

　　总结而言，新经济地理学理论由于地方化了区域企业及其他经济行为主体的组织分工，它从以下两方面进一步深化了传统古典区位理论、近代区位理论对跨国公司对外投资区位研究的借鉴。一是相对于过往将国家层面的跨国公司对外投资作为主要研究对象的跨国公司对外投资区位选择理论，新经济地理学以次于国家的空间尺度，让区域内的企业联系、中间品投入等地方化的集聚内生因素成为学者对企业对外直接投资区位研究的重要考量因素。二是相对于过往没有打破区域阻隔，主要从区域内部的要素禀赋角度分析区域企业及其他经济行为主体区位决定的文献，新经济地理学建立在要素集聚流动基础上的中心-外围模型，让学者看到对区域区位条件的分析应建立动态视角，区域源于先前已经选定位于该地点的企业及其他经济行为主体活动的出现，该区域将继续吸引其他区域的产业投资活动流入。新经济地理学对区域区位条件的分析，仍主要局限在区域对投资地其他区域要素的单向流入上，而不是区域为企业及其他经济行为主体提供的跨区域的投资合作环境上。

　　目前，在跨国公司对外投资的区位研究方面，国际上还没有形成一套完整的跨国公司对外投资区位选择理论，尽管如此，早在 20 世纪 30 年代，学界结合跨国公司对外直接投资动因理论，就对跨国公司对外投资区位决定因素做了探讨。作为一个独立的区位决定研究类型，20 世纪 30 年代产生的经典的跨国公司对外直接投资理论，比如垄断优势理论、内部化理论、国际生产折衷理论都或多或少地包含跨国公司对外投资区位决定思想。20 世纪 30 年代产生的垄断优势理论、内部化理论、国际生产折衷理论，分别借鉴不完全市场机制说的垄断优势论、国际贸易学说的比较优势论及产业组织学说的交易成本论，对跨国公司对外投资的区位决定机制作了间接论述。后续许多研究都遵循了跨国公司对外投资动因理论的研究思路，对跨国公司对外投资的区位决定因素作了不同解释。

　　总结而言，尽管传统跨国公司对外投资理论包含跨国公司对外投资区位选择思想，为后续研究提供了借鉴，并且邓宁所创的国际生产折衷理论在传统研究基础上，还首次把区位变量引入了其分析体系，但传统跨国公司对外投资理论仍主要集中于解释一国企业为什么要发展成为跨国公司，以及跨国公司进行对外直接投资所需具备的条件。由于研究目标及研究方法所限，这使得传统西方跨国公司对外投资理论在提供跨国公司对外投资区位研究借鉴时，说它存有瑕疵，决无抉瑕掩瑜之感。其一，对"一国企业为什么要发展成为跨国公司"的关注主题，必然导致传统跨国公司对外直接投资理论的区位借鉴，在空间尺度落在国与国之间，这很难让学者认识到从更为微观的产业或企业层面展开跨国公司对外投资区位决定研究的重要性；其二，即使有个别跨国公司对外投资理论比如垄断优势理论、内部化理论深入到了单个的微观跨国公司层面，分析垄断优势、内部化优势等对微观企业的对外投资决策包括区位选择的影响，这相对基于宏观国家层面的边际产业转移理论要微观很多，但现有跨国公司对外投资理论所强调的企业竞争优势是静态、"断联"的，很少有研究基于更微观的地区、企业层面分析跨国公司对外投资的分工合作对跨国公司对外投资在东道国流入与集聚的影响。为达到正确的研究目的，因此亟需结合现有理论发展，对跨国公司对外投资区位因素研究提供打破企业黑箱、回归跨国公司跨区域对外投资分工合作的研究借鉴。

　　跨国公司全球研发网络投资的空间组织也是一个典型的跨国公司对外投资的区位决定问题。与一般的企业对外直接投资相同，跨国公司对外研发直接投资也是资金、技术、人员、管理、信息等相关要素的跨国界转移，因此传统的跨国公司对外直接投资区位决定理论也能给跨国公司的对外研发投资的区位决定研究提供一定借鉴。但相比跨国公司一般的对外直接投资，跨国公司对外研发投资是经济全球化活动进入历史新水平之后出现的，它包含着更高的技术水平和更先进的组织、管理技能，并且这些技术、技能的密集程度远远高于跨国公司一般的对外直接投资。因此，跨国公司对外研发投资的区位决定研究应建立属于自己的理论体系。

　　在区位选择上，跨国公司对外研发投资的区位决定在保持与跨国公司一般的对外投资相同的特性基础上，尽管必将更多呈现自身固有的区位选择规律，但是借鉴新经济地理学的技术外部性及货币外部性思想，对跨国公司对外研发投资的区位决定研究是否也需要突破传统主要从投资地静态的要素供给数量角度分析跨国公司对外投资区位决定的框架体系，转而建立要素集聚互动视角，从投资地为跨国公司提供的跨区域（包括区域内）研发合作环境角度，对跨国公司全球研发网络投资空间组织的区位因素展开研究，这一点也尤其需要引起学者的重视。从跨国公司全球研发网络投资空间组织整合竞争国家研发创新要素及继续维持对竞争国家企业全球生产控制的目的而言，跨国公司全球研发网络投资空间组织多系统对接的空间结构特性，注定了跨国公司将尤其关注目的区位为其提供的对外研发投资合作环境对其区位决定的影响。投资地本身的研发创新要素影响可能式微。

本研究将借鉴克鲁格曼的新经济地理学理论及海默（Hymer,1960）、巴克莱（Buckley,1970）等人的国际直接投资理论，通过重构跨国公司对外投资区位决定的理论体系，主要从投资地为跨国公司提供的对外研发投资合作环境角度，对跨国公司全球研发网络投资的空间组织区位因素展开分析。

二、跨国公司全球研发网络投资空间组织区位决定研究的因素重构

目前，有关跨国公司全球研发网络投资空间组织区位决定因素的研究，主要来自基于空间暗箱的传统经济学领域。在传统经济学分析中，特别是在主流的新古典主义方法体系中，跨国公司对外投资区位决定发生在国家之间（或区域之间）的空间组织分工联系因素被完全忽视，甚至被置于理论与实证研究的框架之外（吴玉鸣,2005）。反映在跨国公司全球研发网络投资的空间组织区位研究中，传统基于空间暗箱的经典区位研究，研究的主要是投资地一个"点"上的研发创新要素供给或研发创新需求对跨国公司全球研发网络投资空间组织区位决定的影响，对于跨国全球研发网络投资空间组织区位节点内部的结构，或广域空间范畴下跨国全球研发网络投资空间组织区位节点与跨国全球研发网络投资空间组织区位节点之间的联系，则往往采取暗箱处理，不予研究。

根据上一章有关跨国公司全球研发网络投资的空间组织结构分析，由于没有正视跨国公司全球研发网络投资空间组织维持内部多系统对接的空间组织特性，现有研究主要根据传统的供求区位理论，对跨国公司全球研发网络投资空间组织在东道国的区位决定进行解释。从研究内容看，这些研究主要从投资地对跨国公司对外研发投资的技术服务需求角度，或从投资地本身的研发创新要素供给水平角度，对跨国公司全球研发网络投资空间组织的区位决定因素展开研究；认为跨国公司对外研发投资在一定区域的集聚规模，主要受跨国公司在当地生产经营活动对跨国公司对外研发投资的需要及当地研发活动要素及产出供给情况的综合影响；强调东道国的市场规模、生产要素（比如劳动力）禀赋、外商投资政策等是影响跨国公司全球研发网络投资空间组织区位选择的重要因素。跨国公司全球研发网络投资的空间组织区位选择尤其凸现了当地经济规模、人力资本、外国直接投资、知识产权保护等的重要性。由于没有正视跨国公司全球研发网络投资空间组织整合东道国研发创新要素，及保持与跨国公司传统全球生产网络投资空间组织对接的目的特性，过往研究主要立足于投资地内部的资源要素禀赋角度构建影响跨国公司全球研发网络投资空间组织区位选

择的因素体系。

　　本研究将结合跨国公司全球研发网络投资的空间组织目的变化来分析重构影响跨国公司全球研发网络投资空间组织区位决定的因素体系。跨国公司全球研发网络投资的空间组织发展是跨国公司传统全球生产网络投资的进一步深化。在跨国公司对外研发投资的初始发展时期,跨国公司对外研发投资更多是作为跨国公司的依附部门存在,主要为跨国公司在东道国的一般产业加工活动提供本地化的技术改造需求,此时跨国公司全球研发网络投资的空间组织区位主要受跨国公司在当地的一般性生产加工制造投资规模影响。为占领东道国市场,东道国较大的经济规模对跨国公司这种基于需求型的对外研发投资的区位决定影响更大,具有战略性。发展到后期,随着跨国公司对外研发投资的组织职能从技术输出型转变为知识与技术的获取型,跨国公司此时则更关注投资地人力资本、研发资金及研发配套等供给性因素的影响。只是此时跨国公司仍然将其对外研发投资的各空间网络组织节点作为一个被动的嵌入东道国地方创新系统的空间触点,在这里跨国公司全球研发网络投资各空间网络组织节点的联系是单向的和被动的,跨国公司全球研发网络投资的各空间网点组织节点只需向位于母国的跨国公司负责,跨国公司全球研发网络投资空间组织内部多系统对接的空间整合特点尚未建立。由于跨国公司全球研发网络投资各空间网络组织节点建立在多中心基础上的空间网络联系尚未建立,此时跨国公司可能仍然将其对外研发投资的各空间网络组织节点作为一个个相对孤立的点,主要从投资地内部的资源要素禀赋角度对跨国公司全球研发网络投资的空间组织区位因素展开研究。但随着跨国公司全球研发网络投资的空间组织分工发展,此时由于跨国公司对外研发投资的各空间网络组织节点不再作为一个个被动的触点存在,而是作为一个积极参与跨国公司全球研发网络投资分工的空间组织节点存在,跨国公司全球研发网络投资空间组织内部具有多系统对接的空间整合特性,此时对跨国公司全球研发网络投资的空间组织区位因素研究是否需要更加关注投资地对外研发投资合作环境因素的影响,这一点尤其值得学者注意。对于跨国公司而言,跨国公司设计一个覆盖全球的研发投资分工合作体系,可最大范围满足跨国公司整合东道国优势研发创新要素的需要。随着跨国公司构建覆盖全球的研发投资分工合作体系的通信及交通基础条件日益完善,预期跨国公司全球研发网络投资的空间组织区位将更加受到投资地对外研发投资合作环境因素的影响。

　　综合传统立足于单一区域思维,主要从投资地内部的资源要素禀赋角度分析跨国公司全球研发网络投资空间组织区位因素的文献,本研究最后把影响跨国公司全球研发网络投资空间组织区位因素分为三类:一类是基于满足投资地技术本地化改造服务的需求类因素,另一类是基于获取投资地研发创新要素资源的供给类因素,再一类就是投资地提供的与域外研发创新主体合作的环境因素。

根据对新时期跨国公司全球研发网络投资的空间组织目的分析,本研究最后将把跨国公司全球研发网络投资的空间组织布局作为一个内部有着有机联系的整体,重在测量投资地对外研发投资合作环境因素对跨国全球研发网络投资的空间组织区位影响;打算从跨国全球研发网络投资各空间网络组织节点承担的对外研发投资分工职能角度,重构跨国公司全球研发网络投资空间组织区位因素体系。

第二节　跨国公司全球研发网络投资空间组织区位决定因素的直观分析

站在跨国公司全球研发网络投资空间组织最大范围地整合东道国优势研发创新要素,并推动及时在跨国公司组织的传统全球生产网络分工中得到反哺应用的角度,跨国公司全球研发网络投资空间组织的核心目的,是在保证推动其在东道国的对外研发投资节点协同对接的基础上,推动跨国公司嵌入的东道国地方创新系统与其组建的全球创新系统的对接,以及推动跨国公司新兴全球研发网络投资的空间组织与跨国公司传统全球生产网络投资的空间组织对接。

针对跨国全球研发网络投资空间组织内部存在的从跨国公司全球研发网络投资各空间组织物理节点的对接,到跨国公司嵌入的东道国地方创新系统与其组建的全球创新系统的对接,及推动的与跨国公司传统的全球生产网络投资的空间组织对接,本研究拟把投资地提供的对外研发投资合作环境因素对跨国公司全球研发网络投资空间组织区位决定的影响分成两种:一种是为便利跨国公司全球研发网络投资各空间组织物理节点系统的对接,一种是为便利跨国公司全球研发网络投资空间组织嵌入的东道国地方创新系统与其组建的全球创新系统的对接,及跨国公司全球研发网络投资空间组织与跨国公司传统全球生产网络投资的空间组织对接。为相互区别,本研究将前一种通过便利跨国公司全球研发网络投资各空间组织物理节点的对接,而对跨国公司全球研发网络投资空间组织区位决定造成的影响,称作对跨国公司全球研发网络投资空间组织内生发展造成的区位决定影响;将后一种通过便利跨国公司全球研发网络投资空间组织嵌入的东道国地方创新系统与其组建的全球创新系统的对接,及跨国公司全球研发网络投资空间组织与跨国公司传统全球生产网络投资的空间组织对接而对跨国公司全球研发网络投资空间组织区位决定造成的影响,称作更为综合的对跨国公司全球研发网络投资空间组织外生发展造成的区位决定影响。

由于投资地对外研发合作环境的不同,本研究预期,出于综合便利跨国公司全球研发网络投资空间组织内部多系统对接目的,跨国公司全球研发网络投资空间组织唯有在一些对外研发投资合作环境优越城市密集布局才可行。为了提供跨国公司全球研发网络投资空间组织区位主要受投资地对外研发投资合作环境因素影响的直观证据,本研究在对跨国公司全球研发网络投资的空间组织区位因素进行模型检验以前,打算首先对跨国公司全球研发网络投资空间组织在中国区位分布的总体情况进行说明。

一、跨国公司全球研发网络投资空间组织区位因素直观分析方法

(一)区位基尼系数

对于跨国公司全球研发网络投资空间组织区位因素分析,过往研究主要基于传统供求区位理论,从供求要素比如人力资本、跨国公司一般的生产制造投资(FDI)等要素在中国非均衡分布的角度,对跨国公司全球研发网络投资空间组织在中国空间集聚分布的原因进行阐释。本研究将运用区位基尼系数等衡量经济创新活动地域分布格局的指标,首先对人力资本、跨国公司一般的生产制造投资等与跨国公司全球研发网络投资空间组织在中国区位分布的真实关系进行直观分析。目前,对于不同区域划分范围上经济创新活动地理分布格局的测度,已有文献提供了很多可供借鉴的方法,归纳起来有代表性的包括:嫡指数、胡弗系数、赫芬代尔系数、变异系数和基尼系数等。这些测度方法在技术设置上各有不同。其中,变异系数是反映标志值变异程度的相对指标,它以区域实际经济创新投入或产出水平的平均数作为衡量总体差距的标准,而基尼系数衡量总体差距的标准,则是理论上的累计经济创新投入或产出的平均水平,其首先按照经济创新投入或产出水平对区域进行由低到高的排序,然后通过计算一定百分比经济创新总量所对应的累计区域百分比即得区域经济创新差异的基尼系数值。本研究原本打算同时使用变异系数及区位基尼系数作为测度创

新非均衡地理分布的方法,以弥补使用单一指标可能存在的某些不足。但变异系数没有一个固定的取值范围,利用它不便直接对跨国公司全球研发网络投资差异分布程度作出相对判断,而基尼系数则不存在这方面的问题,它的取值在 0 到 1 之间波动,根据基尼系数值距离 0 或 1 的相对大小,可对区域跨国公司全球研发网络投资差异分布程度作出直接判断。为此,本研究最后只选用区位基尼系数 $Gini$ 作为区域跨国公司全球研发网络投资分布差异程度的测度方法。它的具体计算公式如下:

$$Gini = \frac{1}{2n^2 \bar{x}} \sum_{i=1}^{n} \sum_{j=1}^{n} \mid x_i - x_j \mid \tag{1}$$

区位基尼系数计算公式中,为区域样本总数,和分别表示 i 区域和各区域相应指标及平均值。当经济投资活动或创新活动在所有区域均匀分布时基尼系数值为 0,所有投资完全在某一区域集聚时则为 1。基尼系数的数值越大,反映区域的不平衡性越大,表明跨国公司全球研发网络投资的地理集聚度越高。

(二)城市的创新中心性测度

本研究打算通过提供跨国公司全球研发网络投资空间组织尤其倾向在中国少数中心城市密集分布或扎堆分布的区位倾向证据,证明对跨国公司全球研发网络投资空间组织区位因素的研究确实可能需要树立投资地对外的研发投资合作环境视角。对跨国公司全球研发网络投资的空间组织区位决定而言,所谓的经济或创新中心城市是指一些处于国家创新空间网络中心、对网络资源控制力及与其他城市节点空间联系能力均较强的城市。

目前,对东道国城市之间的空间网络等级结构及空间网络联系特征的测度,有多种不同的方法。主要可归为两大类。一类是城市基础设施法和企业组织法。其中,城市基础设施法包括以城市电信基础设施为基础的城市空间网络分析法,和以城市交通通信设施为基础的城市空间网络分析法。前者主要选用互联网信息数据来反映城市之间的空间网络关系,比如城市创新空间网络关系,后者则主要采用航空客流、铁路客流等来反映城市之间的空间网络关系。另一类方法是基于企业组织关系,强调利用企业总部与分支机构之间及分支机构与分支机构之间的联系,推演城市之间的空间网络关系。要么基于 GaWc 法,以高端生产性服务业公司的组织关系构建的"城市-公司服务价值矩阵"来测量城市构成的空间网络连接性及层级性,要么以所有权关联模型为基础,利用企业跨区域布局数据构建城市关系矩阵,对城市构成的载体网络的中心性及凝聚子群等展开分析。由于企业水平联系数据难以获得,需要花费大量的调研成本,因此在实际的分析过程中,这种基于企业组织关系的方法并不常用。本研究权衡各种测量方法,兼顾数据的可获得性,最后决定以"航空客运流"数据来反映东道国跨国公司全球研发网络投资空间组织地——城市构成的载体网络特征进行测度,主要分析中国跨国公司全球研发网络投资空间组织地——城市构成的载体网络的度中心性及介中心性差异。

本研究之所以选择航空客运流作为主要的分析数据,原因有二。其一,航空网及相关的基础设施是跨国公司全球研发网络投资的空间组织地——城市互动的可见证明。航空流能够直接反映跨国公司全球研发网络投资空间组织城市之间的交易流和连通流,它能较好地表征跨国公司全球研发网络投资空间组织城市之间的空间网络结构。其二,在当今航空运输时代,航空旅客运输是跨国公司全球研发网络投资空间组织城市社会经济交往特别是研发创新交往的重要载体。由于航空客运流与跨国公司研发投资要素流存在一定的关联性和一致性,为此可用城市之间的航空客运流数据,作为反映和判断目的城市能否为跨国公司提供较好的对外研发投资合作环境最好的指标。本研究航空客运流数据来自《从统计看民航》(历年)。由于《从统计看民航》中的数据并不包含客流量在 5 万人以下的跨国公司全球研发网络投资空间组织城市数据,故实际进入最后分析的空间样本,特指年客流量大于 5 万人次的城市。

本研究将运用社会网络分析对跨国公司全球研发网络投资空间组织地——城市之间的空间网络结构进行测度。社会网络分析作为一种测度城市空间网络结构的新兴计量分析方法,对东道国跨国公司全球研发网络投资空间组织地——城市之间的空间网络结构分析,主要包括整体测度与个体差异比较两个方面。首先,在整体测度方面,本研究将从整体规模及整体联系强度两个方面,对中国城市之间的整体创新空间网络结构特征进行测度。该部分内容重在判断中国城市之间的创新空间网络组织关系培育,是否已为来中国投资的外资研发企业构建跨区域的研发空间网络合作联系奠定必要的创新空间网络架构基础。其中,中国城市创新网络的整体发育情况,用进入中国城市创新网络组织关系的网络节点数、覆盖率及网络关系密度(包括绝对密度与相对密度)来测度。中国城市创新空间网络组织关系的整体发育情况用"关联度"和"网络效率"两个指标测度。"关联度"和"网络效率"指标主要从城市创新网络的关系模式角度,对城市创新网络的整体培育特征进行比较。它们的计算公式分别见式(2)和式(3):

$$C = 1 - v/[n(n-1)/2] \tag{2}$$

$$E = 1 - u/\max(u) \tag{3}$$

其中,v是网络中尚未抵达的点对数,n为网络中的节点数目,u是网络冗余关系的条数,$\max(u)$是最大可能网络冗余关系条数。一般认为,网络"关联度"低代表整个网络易受个别节点的影响,网络权利及网络信息传播集中,网络整体处于不平等关系之中。

其次,在城市创新网络的个体特征方面,拟从度中心性及介中心性差异角度,对中国城市创新网络的个体特征进行比较。其中,度中心性衡量与节点城市相连的城市数量,反映城市与其他节点城市进行交互联系的能力;介中心性刻画一个节点控制其他节点进行联系的能力,反映城市对东道国创新网络资源控制的程度。由于度中心性及介中心性差异对单个城市与其他城市建立联系的能力,和单个城市作为媒介对网络资源分配的影响力有较好的代表力和说明力,为此,使用这两个指标能较好地判断和证明跨国公司是否具有在东道国对外研发投资合作环境较好城市密集布局的区位倾向。本研究为综合比较投资地对外研发投资合作环境对跨国公司全球研发网络投资空间组织的区位决定影响,将侧重使用这两个指标对中国城市的个体差异进行比较。

借鉴金凤君对中国民航重组后机场体系枢纽度的变化情况分析,及肖(Shaw)对美国主要旅客航空公司机场枢纽度的分析,本研究拟用与节点城市直接相连的城市个数,即用节点城市与网络中其他城市发生直接联系的可能性,作为反映节点度中心性差异的指标;拟用所有节点对之间的最短路径经过给定节点的次数,作为反映节点介中心性差异的指标。

(三) 空间关联性检测

跨国公司全球研发网络投资空间组织内部存在的空间整合对接具有多系统特性。东道国目的城市提供的对外研发投资合作环境对跨国公司全球研发网络投资的空间组织区位造成的影响,一种是通过便利跨国公司全球研发网络投资各空间组织物理节点系统的协同对接而产生,一种是通过便利跨国公司全球研发网络投资空间组织嵌入的东道国地方创新系统与其组建的全球创新系统的协同,及跨国公司全球研发网络投资空间组织与跨国公司传统全球生产网络投资的空间组织系统协同对接而产生。由于跨国公司全球研发网络投资空间组织内部存在的多系统对接的空间整合特性,跨国公司除了具有在东道国少数中心城市密集布局的区位选择倾向外,跨国公司出于便利其在东道国的对外研发投资空间组织节点系统的协同对接目的,预估还具有在东道国少数相邻中心城市扎堆布局的倾向。在东道国相邻城市密集布局,将便于跨国公司构建的跨区域研发分工的开展。为证明本研究确立的从目的城市提供的对外研发投资合作环境的角度重构跨国公司全球研发网络投资空间组织区位选择因素体系的正确性,本研究将进一步采用探索性空间数据分析方法(ESDA)对跨国公司全球研发网络投资空间组织在中国少数相邻中心省市空间扎堆分布的区位特性进行检测。

　　探索性空间数据分析方法是利用统计学原理对空间信息的性质进行分析和鉴别的一系列空间数据分析方法与技术的集合,其本质是通过对事物或现象空间分布格局的描述和可视化,检测社会和经济现象的空间集聚,展示数据的空间结构,揭示空间现象之间的空间相互作用机制。一般来说,ESDA 空间关联分析分为全局和局部两种。全局空间关联分析是通过全局空间自相关统计量的估计,达到测度总体各观察值间空间自相关水平与性质。在此,可用它来反映跨国公司全球研发网络投资空间组织在中国相邻区域扎堆分布的平均关联度。

$$Moran's \ I = \frac{\sum\limits_{i=1}^{n}\sum\limits_{j=1}^{n}W_{ij}(Y_i - \bar{Y})(Y_j - \bar{Y})}{S^2 \sum\limits_{i=1}^{n}\sum\limits_{j=1}^{n}W_{ij}} \tag{4}$$

其中, $S^2 = \frac{1}{n}\sum\limits_{i=1}^{n}(Y_i - \bar{Y})^2$, $\bar{Y} = \frac{1}{n}\sum\limits_{i=1}^{n}Y_i$, Y_i 表示第 i 地区吸引的跨国公司全球研发网络投资空间组织额, n 为地区总数, W 为 $n \times n$ 的空间相邻矩阵,其目的是赋予周边不同省市的跨国公司全球研发网络投资空间组织影响力以不同的权重,为检验跨国公司全球研发网络投资空间组织在中国分省分布的空间关联作用,本研究参照国内众多学者的做法,规定若两个省市在地理上是接壤的,则在空间相邻矩阵中对应的值为 1,否则为 0(下同)。若相邻省域在空间区位上相似的同时有相似的跨国公司全球研发网络投资空间组织活动时, $Moran's \ I$ 大于其期望值 $E(I) = -1/(n-1)$。 $Moran's \ I$ 的空间含义十分明白,即系数 I 显著时,则说明跨国公司全球研发网络投资空间组织在中国相邻区域空间扎堆分布特征明显。目前,对于 $Moran's \ I$ 计算结果的显著性检验,可分别采用渐近正态分布假设和随机分布两种假设进行判断。通常使用 $Moran's \ I$ 的标准化统计量 Z 来检验,其公式如下:

$$Z = \frac{I - E(I)}{VAR(I)} \tag{5}$$

式中，$E(I)$、$VAR(I)$ 分别是 $Moran's\ I$ 的期望和方差。

尽管借助全局空间自相关分析方法可了解一国跨国公司全球研发网络投资空间组织关联分布的整体效果，但 $Moran's\ I$ 并未对空间自相关的区域结构进行评价，不能反映事物或现象在局部空间位置上的关联程度及其溢出格局。为反映单个区域与其周边区域的相互溢出关系，总结区域不同的外在关联环境对跨国公司全球研发网络投资空间组织在中国非均衡分布形成的贡献作用，还需要利用局部空间关联分析的 $Moran$ 散点图或局部 $Moran's\ I$ 作进一步分析。$Moran$ 散点图是指通过运用平面直角坐标系，对空间变量 z 与其空间滞后向量 Wz 即该观测值邻居值的加权平均之间的相关关系，进行可视化处理的一种空间散点图形式。该散点图以平面坐标系的方式识别一个地区与其邻近地区的空间溢出关系，其中横坐标对应变量，纵坐标对应其空间滞后变量。依据区域落在哪个象限，可以判断它与周边区域的相互溢出关系。其中，第一象限表示跨国公司全球研发网络投资空间组织高水平地区被高水平跨国公司全球研发网络投资空间组织地区包围，记为"高-高"象限，处于此象限的各区域相互之间表现为正向溢出关系，强强联合使得它们处于较好的外在关联环境。第二象限及第四象限表示低水平跨国公司全球研发网络投资空间组织地区被高水平跨国公司全球研发网络投资空间组织地区或者高水平跨国公司全球研发网络投资空间组织地区被低水平跨国公司全球研发网络投资空间组织地区包围，分别记为"低-高"或"高-低"，这一象限的各区域基本处于跨国公司全球研发网络投资空间组织发展的极化阶段，区域之间表现为负向溢出关系，表明这一区域群内跨国公司全球研发网络投资空间组织处于极化阶段。第三象限表示跨国公司全球研发网络投资空间组织低水平地区被跨国公司全球研发网络投资空间组织低水平地区包围。此外，还有少数区域会同时跨过两个象限位于坐标轴比如同时跨过第一象限和第四象限或者第二象限和第三象限，对于同时跨过两象限的区域，它们与周边区域的跨国公司全球研发网络投资空间组织溢出关系没有统一的特点，随周边区域的不同，相互溢出关系会随之变化；为与前述区域区别开来，将这样的区域称为两象限区域。本研究为更直观显示区域间不同的相互溢出关系，使用散点地图代替散点象限图。在散点地图中，位于同一象限的区域将标注为同一种颜色从而不仅可以依据区域的标注色直接判断该区域与周边地区的跨国公司全球研发网络投资空间组织的相关关系，而且也能反映与周边地区具有不同相互溢出特性区域的空间分布规律。

根据 *Moran's I* 的设计原理,它可用来测度吸引跨国公司全球研发网络投资空间组织不同规模等级的区域在空间上的分布格局及其差异特征。若 *Moran's I* 显著为正,表示高水平跨国公司全球研发网络投资空间组织区域在空间上呈集聚态势,说明因跨国公司全球研发网络空间组织内生发展的作用,跨国公司全球研发网络投资空间组织在中国的空间集群分布至少在统计意义上是显著的;若 *Moran's I* 为负,则表明吸引跨国公司全球研发网络投资空间组织规模不等的区域在空间上呈现分散格局;若 *Moran's I* 接近期望值 $-1/(n-1)$ 时,则说明跨国公司全球研发网络投资空间组织在中国的空间分布是随机的,表明跨国公司全球研发网络投资空间组织在中国的分布肯定不存在因跨国公司全球研发网络投资的空间组织内生发展而可能表现的空间扎堆分布现象。

二、跨国公司全球研发网络投资空间组织区位因素直观分析结果

过往研究大多立足单一区域思维,基于供需逻辑从投资地内部的资源要素禀赋角度,对跨国公司全球研发网络投资空间组织在东道国非均衡分布的因素展开分析。本研究拟首先通过比较 FDI、研发经费内部支出、研发人员全时当量与跨国公司全球研发网络投资空间组织在中国的非均衡分布水平,证明对跨国公司全球研发网络投资空间组织区位决定因素的研究确实应摆脱传统单一区域思维视角的束缚(表 5-1 至表 5-13)。基于供需逻辑,FDI、东道国的研发创新要素供给,是传统研究建立分析跨国公司全球研发网络投资空间组织区位决定框架最为主要的概念因素。

表 5-1　中国 31 个省市传统供求要素与跨国公司研发投资区位基尼对比

省际	2009	2010	2011	2012	2013	2014	2015	2016	2017
跨国公司全球研发网络投资	0.814	0.813	0.819	0.802	0.797	0.790	0.811	0.812	0.845
FDI	0.627	0.636	0.635	0.632	0.641	0.626	0.623	0.736	0.648
研发资金投入	0.543	0.551	0.550	0.547	0.547	0.550	0.536	0.557	0.591
研发人员全时当量	0.501	0.511	0.519	0.528	0.529	0.528	0.533	0.534	0.627

中国幅员辽阔,本研究之所以选择中国作为研究判断跨国公司全球研发网络投资的空间组织区位是否更受目的区位对外研发投资合作环境因

素影响的样本,原因在于以下两点:一是中国各省市自治区创新差异较大,跨国公司有在中国构建跨区域空间网络分工体系的要素禀赋基础;二是中国不断一体化的市场体系及交通基础设施体系,奠定了跨国公司可以在中国构建跨区域研发空间网络合作体系的外部条件。跨国公司在中国构建跨区域的研发网络合作体系的信息沟通、人员流通、资金融通的条件正日臻完善。

表 5-2　东部省市传统供求要素与跨国公司研发投资区位基尼对比

	2009	2010	2011	2012	2013	2014	2015	2016	2017
跨国公司全球研发网络投资	0.686	0.660	0.651	0.670	0.635	0.636	0.651	0.633	0.697
FDI	0.438	0.471	0.476	0.476	0.471	0.469	0.467	0.612	0.517
研发经费内部支出	0.408	0.416	0.416	0.418	0.419	0.425	0.434	0.442	0.450
研发人员全时当量	0.407	0.413	0.413	0.428	0.431	0.427	0.436	0.440	0.456

首先,对 FDI、研发经费内部支出、研发人员全时当量与跨国公司全球研发网络投资空间组织在中国大陆 31 个省市自治区分布的区位基尼系数进行比较①。然后,将中国大陆 31 个省市自治区按照地理临近情况的不同分组,对各分组省市 FDI、研发经费内部支出、研发人员全时当量及跨国公司全球研发网络投资空间组织的区位分布基尼系数进行比较。

目前,对中国大陆 31 个省市自治区的分组,国内外学术界有两分法、三分法、四分法、六分法、七分法和十分法等多种方法。特别地,同一名称的划分方法具体包含的子区域也有不同。本研究的分组省份比较,拟分为以下几个层次。其一,以传统的三大地带法(三分法)作为省域分组标准。其中,东部包括黑龙江、吉林、辽宁、北京、天津、河北、山东、上海、江苏、浙江、福建、广东、海南;中部包括江西、湖北、湖南、河南、山西、安徽;西部包括内蒙古、新疆、陕西、青海、甘肃、宁夏、四川、重庆、云南、西藏、贵州、广西。其二,以李晓西的六分法为省域分组标准,进一步对跨国公司全球研发网络投资空间组织在中国区位分布的直观特点进行分析。李晓西的六分法包括华北区、华中地区、东北四省、东部沿海、大西南、大西北。其中,华北区包括北京、天津、河北、山西、山东;华中地区包括江西、湖北、湖南、

① 数据缺失省份如西藏,直接赋零处理。第三章涉及的对比分析不包括西藏,故为 30 个省市自治区。

河南、安徽;东北四省包括内蒙古、黑龙江、辽宁、吉林;东部沿海包括上海、江苏、浙江、福建、广东、海南;大西南包括四川、重庆、云南、西藏、贵州、广西。本研究还将把各分组省市作为一个区域整体,对传统供求要素与跨国公司国际研发投资空间组织在中国东部、中部及西部的非均衡分布情况,或在中国华北区、华中地区、东部四省、东部沿海、大西南及大西北的非均衡分布情况进行对比。

　　表5-1的计算结果显示,2009年至2017年间,跨国公司全球研发网络投资空间组织在中国大陆31个省市自治区的非均衡分布程度远高于FDI在中国的非均衡分布,更高于研发资金投入、研发人员投入等在中国大陆31个省市自治区的非均衡分布程度。2009年至2017年共9年的样本观察期间内,FDI、研发经费内部支出、研发人员全时当量及跨国公司全球研发网络投资空间组织在中国大陆31个省市自治区分布的区位基尼均值依次为0.645、0.522、0.534、0.811。FDI、研发经费内部支出及研发人员全时当量在中国31个省市自治区分布的区位基尼系数均值,均小于跨国公司国际研发投资空间组织在中国大陆31个省市自治区的区位分布基尼系数均值。

表5-3　中部省市传统供求要素与跨国公司研发投资区位基尼对比

	2009	2010	2011	2012	2013	2014	2015	2016	2017
跨国公司全球研发网络投资	0.285	0.486	0.363	0.347	0.318	0.599	0.314	0.522	0.49
FDI	0.108	0.117	0.107	0.114	0.240	0.131	0.171	0.144	0.191
研发经费内部支出	0.197	0.211	0.215	0.209	0.205	0.216	0.229	0.225	0.221
研发人员全时当量	0.185	0.198	0.209	0.210	0.225	0.234	0.228	0.226	0.200

表5-4　西部省市传统供求要素与跨国公司研发投资区位基尼对比

	2009	2010	2011	2012	2013	2014	2015	2016	2017
跨国公司全球研发网络投资	0.562	0.605	0.605	0.710	0.652	0.702	0.685	0.646	0.592
FDI	0.494	0.502	0.497	0.499	0.509	0.508	0.472	0.472	0.420
研发经费内部支出	0.538	0.540	0.524	0.523	0.527	0.528	0.544	0.530	0.750
研发人员全时当量	0.469	0.459	0.447	0.457	0.467	0.473	0.464	0.472	0.795

表 5-5　华北地区传统供求要素与跨国公司研发投资区位基尼对比

	2009	2010	2011	2012	2013	2014	2015	2016	2017
跨国公司全球研发网络投资	0.708	0.660	0.701	0.675	0.644	0.649	0.620	0.598	0.632
FDI	0.270	0.271	0.265	0.278	0.348	0.286	0.364	0.364	0.363
研发经费内部支出	0.394	0.402	0.383	0.374	0.366	0.372	0.381	0.317	0.395
研发人员全时当量	0.313	0.309	0.316	0.324	0.323	0.312	0.317	0.317	0.325

　　基于传统的供求区位理论,若跨国公司全球研发网络投资空间组织在中国的区位分布主要由投资地内部的某些供求因素决定,那么跨国公司全球研发网络投资空间组织在中国大陆 31 个省市自治区的分布至少应该呈现与 FDI、研发经费内部支出及研发人员全时当量等在中国相对一致的分布。跨国公司全球研发网络投资空间组织应该主要分布在中国一些研发资金投入或研发人员投入较多的省份,或主要分布在跨国公司一般性的国际直接投资较多的省份,但是本研究表明它们之间的空间分布并不一致。区位基尼系数的计算结果表明,跨国公司全球研发网络投资空间组织在中国大陆 31 个省市自治区分布的地理集聚度,远高于 FDI、研发经费内部支出及研发人员全时当量在中国 31 个省市自治区分布的地理集聚度。

　　本研究进一步计算了跨国公司全球研发网络投资空间组织在中国少数省份空间集聚现象。结果显示,跨国公司尤其倾向于在中国北京、上海两市集聚分布,据统计,2009 年至 2017 年间,上海、北京引入的跨国公司国际研发投资合计占中国大陆 31 个省市自治区引入的跨国公司国际研发投资的 51.39%。北京、上海作为中国 GDP 首先破 4 万亿元的城市,它们引入的 FDI 及研发经费内部支出及研发人员全时当量均遥遥领先于其他城市,但也仅分别占全国的 18.08%、16.11%、11.34%。相对于国际研发投资占中国 51.39% 的比例,北京、上海占全国的 18.08%、16.11% 及 11.34% 的 FDI、研发经费内部支出及研发人员全时当量肯定不能完全解释跨国公司全球研发网络投资空间组织在中国的失衡分布。北京、上海之所以能够成为跨国公司国际研发在中国的主要集聚中心,可能还与上海、北京作为中国经济、文化、政治、交通中心,能够为跨国公司提供对外研发投资合作空间对接环境有关。

　　事实上,跨国公司全球研发网络投资空间组织比 FDI、研发经费投入及研发人员投入在地理分布上具有更高的地理集聚倾向,不仅体现在跨国公司全球研发网络投资空间组织在中国大陆 31 个省市自治区的空间分布上,也体现在跨国公司全球研发网络投资空间组织在中国各分组省市的空间分布上。首先做分组省市比较。然后将各三分省市或六分省市作为一个相对独立的整体,对跨国公司全球研发网络投资空间组织与 FDI、研发经费内部支出及研发人员全时当量在中国东部省份、中部省份及西部省份的区位基尼分布情况进行对比,包括对跨国公司全球研发网络投资空间组织在中国华北区、华中地区、东北四省、东部沿海、大西南及大西北的区位基尼比较。

表 5-2、表 5-3 及表 5-4 的计算结果显示,跨国公司全球研发网络投资空间组织在中国东部省份、中部省份及西部省份分布的空间集中度也明显高于 FDI、研发经费内部支出及研发人员全时当量在这些省份的分布。2009 年至 2017 年,跨国公司全球研发网络投资空间组织在中国东部省份、中部省份及西部省份分布的区位基尼系数均值分别为 0.657 7、0.414 1、0.639 8,而同期 FDI、研发经费内部支出、研发人员全时当量在中国东部省份、中部省份、西部省份分布的区位基尼系数均值分别为 0.488 5、0.425 2、0.427 9,0.147 1、0.214 2、0.212 9 及 0.486 1、0.555 9、0.500 4。此外,跨国公司全球研发网络投资空间组织在中国华北、华中、东北四省、东部沿海、大西南及大西北的分布,也同样呈现了相对较高的空间集聚倾向。

跨国公司全球研发网络投资空间组织只在东北四省及大西北五省的分布,呈现了比 FDI、研发经费内部支出及研发人员全时当量相对较低的地理空间集聚倾向,并只限 2009 年、2010 年、2011 年及 2012 年等少数年份。内蒙古、黑龙江、辽宁、吉林、新疆、陕西、青海、甘肃、宁夏等中国东北及西北省份是中国跨国公司全球研发网络投资空间组织较少省份,2017 年东北四省及大西北五省吸引的跨国公司全球研发网络投资空间组织,只占中国同期引入跨国公司全球研发网络投资空间组织的 1.36%。因此,直观分析跨国公司全球研发网络投资空间组织在中国东北四省及大西北五省分布特点的研究启示意义不大。跨国公司全球研发网络投资空间组织在中国东北四省及大西北五省呈现的相对较小的地理空间集聚倾向,可能只是由中国东北四省及大西北五省吸引的跨国公司全球研发网络投资空间组织普遍偏少所致。

按照三分法和六分法,将中国分成东部、中部、西部或华北、华中、东北四省、东部沿海、大西南、大西北等不同的大区,对跨国公司全球研发网络投资空间组织与 FDI、研发经费内部支出及研发人员全时当量在中国东部、中部、西部或华北、华中、东北四省、东部沿海、大西南、大西北的分布差

异进行对比。结果再次证明跨国公司全球研发网络投资空间组织在中国
分布的地理空间集聚倾向,同样高于 FDI、研发经费内部支出及研发人员
全时当量(见表 5-11、表 5-12 及图 5-1、图 5-2)。

表 5-6   华中地区传统供求要素与跨国公司研发投资区位基尼对比

	2009	2010	2011	2012	2013	2014	2015	2016	2017
跨国公司全球 研发网络投资	0.177	0.432	0.311	0.245	0.186	0.530	0.281	0.445	0.438
FDI	0.069	0.080	0.099	0.091	0.105	0.110	0.133	0.102	0.141
研发经费内部支出	0.167	0.176	0.177	0.166	0.161	0.164	0.159	0.144	0.136
研发人员全时当量	0.177	0.180	0.178	0.165	0.179	0.185	0.166	0.163	0.133

表 5-7   东北四省传统供求要素与跨国公司研发投资区位基尼对比

	2009	2010	2011	2012	2013	2014	2015	2016	2017
跨国公司全球 研发网络投资	0.253	0.428	0.320	0.309	0.503	0.302	0.484	0.475	0.553
FDI	0.448	0.452	0.464	0.478	0.470	0.462	0.462	0.440	0.491
研发经费内部支出	0.299	0.327	0.328	0.302	0.304	0.285	0.219	0.217	0.275
研发人员全时当量	0.245	0.226	0.207	0.194	0.193	0.204	0.162	0.165	0.197

为提供跨国公司全球研发网络投资空间组织区位主要受目的区位提
供的对外研发投资合作环境因素影响的直观证据,本研究将进一步检测跨
国公司全球研发网络投资空间组织尤其偏好在中国少数中心城市布局的
区位选择倾向,包括跨国公司全球研发网络投资空间组织尤其偏好在中国
少数相邻中心城市空间扎堆分布的区位选择倾向。

表 5-8   东部沿海传统供求要素与跨国公司研发投资区位基尼对比

	2009	2010	2011	2012	2013	2014	2015	2016	2017
跨国公司全球 研发网络投资	0.530	0.529	0.395	0.420	0.536	0.510	0.506	0.479	0.538
FDI	0.301	0.360	0.366	0.365	0.363	0.358	0.351	0.498	0.431
研发经费内部支出	0.364	0.365	0.365	0.368	0.371	0.370	0.370	0.369	0.367
研发人员全时当量	0.368	0.380	0.380	0.393	0.386	0.378	0.382	0.381	0.383

表 5-9 大西南传统供求要素与跨国公司研发投资区位基尼对比

	2009	2010	2011	2012	2013	2014	2015	2016	2017
跨国公司全球研发网络投资	0.506	0.539	0.584	0.631	0.609	0.606	0.607	0.570	0.504
FDI	0.428	0.443	0.430	0.426	0.419	0.417	0.396	0.388	0.377
研发经费内部支出	0.506	0.511	0.493	0.493	0.493	0.496	0.464	0.490	0.707
研发人员全时当量	0.445	0.422	0.403	0.414	0.416	0.428	0.412	0.419	0.751

表 5-10 大西北传统供求要素与跨国公司研发投资区位基尼对比

	2009	2010	2011	2012	2013	2014	2015	2016	2017
跨国公司全球研发网络投资	0.674	0.291	0.550	0.530	0.559	0.493	0.558	0.671	0.721
FDI	0.377	0.376	0.360	0.477	0.501	0.509	0.426	0.444	0.427
研发经费内部支出	0.587	0.579	0.565	0.564	0.575	0.571	0.581	0.572	0.564
研发人员全时当量	0.498	0.505	0.492	0.503	0.527	0.525	0.521	0.526	0.521

表 5-11 六分区域传统供求要素与跨国公司研发投资区位基尼对比

	2009	2010	2011	2012	2013	2014	2015	2016	2017
跨国公司全球研发网络投资	0.557	0.562	0.563	0.573	0.556	0.551	0.574	0.573	0.596
FDI	0.570	0.558	0.554	0.546	0.546	0.540	0.536	0.653	0.558
研发经费内部支出	0.404	0.409	0.417	0.419	0.420	0.425	0.412	0.441	0.384
研发人员全时当量	0.383	0.400	0.416	0.422	0.424	0.425	0.434	0.436	0.406

表 5-12 三分区域传统供求要素与跨国公司研发投资分布区位基尼对比

	2009	2010	2011	2012	2013	2014	2015	2016	2017
跨国公司全球研发网络投资	0.602	0.605	0.625	0.591	0.604	0.587	0.614	0.618	0.632
FDI	0.517	0.510	0.506	0.501	0.510	0.494	0.491	0.562	0.506
研发经费内部支出	0.404	0.407	0.411	0.408	0.407	0.406	0.369	0.400	0.312
研发人员全时当量	0.367	0.381	0.390	0.391	0.387	0.390	0.389	0.386	0.268

表 5-13　不同空间尺度跨国公司研发投资区位基尼对比

	2009	2010	2011	2012	2013	2014	2015	2016	2017
省际	0.814	0.813	0.819	0.802	0.797	0.790	0.811	0.812	0.845
三大地带	0.602	0.605	0.625	0.591	0.604	0.587	0.614	0.618	0.632
六分区域	0.557	0.562	0.563	0.573	0.556	0.551	0.573	0.572	0.596

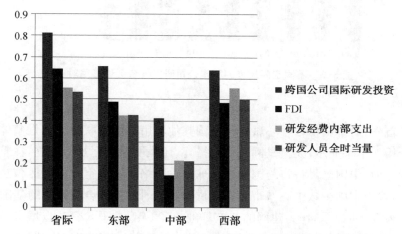

图 5-1　三分省市内传统供求要素与跨国公司研发投资区位基尼比较

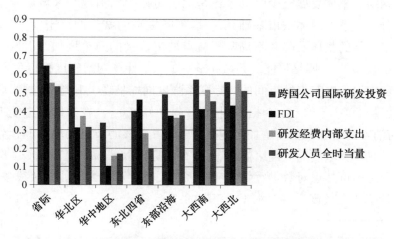

图 5-2　六分省市内传统供求要素与跨国公司研发投资区位基尼比较

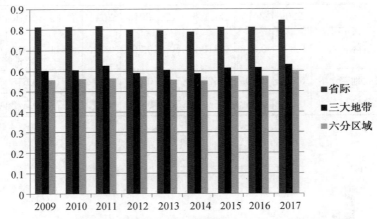

图5-3 不同空间尺度的跨国公司研发投资区位基尼对比

　　首先,对中国少数中心城市与全国其他城市的网络联系特征做整体解构分析。结果显示,无论是网络框架搭建,还是网络实际互动建立,在整体发展方面,中国已具备将跨国公司全球研发网络投资的空间组织区位决定研究,置于中国少数中心城市为其提供的对外研发投资合作环境的基础。

　　表5-14显示,作为建网的节点基础,2002年,中国入网节点城市数只有64个,但到2010年,这一数值突增到131个。在网络框架搭建过程中,不仅四个直辖市及省会城市早已处于网络中,很多中西部的非省会城市也已进入网络。2010年,中国城市网络的覆盖比例已达到45.6%,显示中国城市网络的整体发展至少已具备让跨国公司在中国构建跨区域研发空间网络分工联系的载体城市基础。并且,不断提高的城市网络密度,表明中国城市网络的整体发展并不局限于节点城市数量的简单增加。以网络实际关系数m除以网络可能关系数$n(n-1)/2$,计算网络密度指标值①,结果发现中国入网节点城市间的实际联系强度同样呈现上升趋势,网络联系密度已从2002年的0.026提高到2010年的0.0608。在整体融进能力方面,为消除网络联系密度增加可能只是通过几个核心节点的努力而达到的问题,引进"关联度"和"网络效率"这两个指标。以v、n、u、$\max(u)$分别代表网络不可达点对数、入网节点数、多余关系数及最大可能多余线条数,通过计算"关联度"与"网络效率"的指标算式$1-v/[n(n-1)/2]$、

――――――――――

　　① 假定入网节点城市数为n,则依据组合原理可知由节点城市构成的网络互动关系最多为$n(n-1)/2$。

$1-u/\max(u)$，就可有效衡量城市网络把各节点城市结合在一起的程度。如表 5-14 所示，2002 年，网络关联度指标值为 0.186 1，但到 2010 年快速发展到 0.762 0，结合总体增加的网络效率指标值，这说明作为一个网络整体，中国城市网络的整体发展已具备把更多节点城市融进网络的能力，很多非核心城市以新建互动节点的形式加入网络，进一步强化了中国城市间的协同与合作，抬高了中国少数中心城市构建覆盖全国的研发创新网络能力。这显示至少在总体流入方面，中国已具备吸引跨国公司全球研发网络投资空间组织加快入驻的网络整合基础。

表 5-14　城市网络整体特征测度指标值

	节点数（个）	覆盖比率（%）	网络密度	关联度	网络效率
2002	64	22.9	0.026 0	0.186 1	0.887 9
2004	84	29.3	0.033 4	0.304 5	0.912 4
2006	92	32.1	0.040 6	0.374 6	0.911 4
2008	101	35.2	0.048 0	0.451 9	0.911 9
2010	131	45.6	0.060 8	0.762 0	0.934 5

而就节点的个体位置而言，尽管中国城市网络联系的整体增强，已为来中国投资的外资研发企业构建对外研发投资分工合作奠定了必要的空间网络架构基础，为来华投资研发的跨国公司提供了以城市为据点，网络中国创新资源、收集中国前沿创新信息的机会，但并不是说任何一个节点城市都可以作为跨国公司在中国构建跨区域研发空间网络分工联系的载体。由于节点城市的位置差异，跨国公司出于掌握网络主导权的目的，通常将东道国一些网络位置较高的城市作为自身对外研发投资的据点。本研究为证明中国各节点城市存在的中心位置差异，说明跨国公司全球研发网络投资空间组织将主要集中在中国少数中心城市分布的区位决定影响，运用度中心性、介中心性及结构洞指标，进一步检测中国各节点城市的中心位置差异（表 5-15 至表 5-17）。这三个网络个体特征指标中，度中心性主要反映某节点城市与网络中其他节点发生直接联系的可能性，较高的度中心性可表示该节点城市位居网络中心，因此网络位置较高；介中心性主要用来反映某节点城市在网络中的中转和衔接功能，介中心性越大，则代表节点城市在网络中所处的中转位置越高；结构洞考察某节点城市传播信息不依靠其他节点城市的程度，可用城市受单一节点限制的程度来衡量。

表 5-15　城市度中心性前 10 名的城市

序号	2002 年		2004 年		2006 年		2008 年		2010 年	
	城市	得分	城市	得分	城市	得分	城市	得分	城市	得分
1	北京	0.698	北京	0.602	北京	0.593	北京	0.670	北京	0.715
2	上海	0.635	上海	0.518	上海	0.538	广州	0.530	上海	0.500
3	广州	0.603	广州	0.518	广州	0.538	上海	0.490	广州	0.446
4	深圳	0.460	深圳	0.470	深圳	0.462	深圳	0.420	成都	0.362
5	成都	0.381	昆明	0.349	成都	0.440	成都	0.410	深圳	0.346
6	西安	0.349	成都	0.337	昆明	0.374	昆明	0.350	西安	0.338
7	长沙	0.333	西安	0.313	长沙	0.330	重庆	0.350	昆明	0.323
8	昆明	0.333	长沙	0.301	西安	0.330	西安	0.320	重庆	0.300
9	杭州	0.302	杭州	0.301	重庆	0.319	长沙	0.310	武汉	0.277
10	杭州	0.302	厦门	0.277	杭州	0.297	武汉	0.310	长沙	0.277

说明：节点个体特征指标有具体的计算算式，受篇幅限制，本书略

　　表 5-15、表 5-16 及表 5-17 显示，随着中国城市空间网络联系的整体增强，中国城市间的网络位置差距也在加大。以度中心差距为例，表 5-15显示中国各城市所处的中心位置差异悬殊。北京、上海、广州、深圳、成都等城市对外联系密切，长期位居中国城市创新网络的中心，度中心性较高，它们作为中国城市创新网络的主要架构点，在构成跨国公司网络资源、收集信息及搭建合作的主要投资据点的同时，也必将引起跨国公司全球研发网络投资空间组织在中国少数关键节点城市密集布局。随着中国城市网络联系的整体增强，这些关键节点对外部资源的网络影响力很有可能已取代它们内部的投资基础，成为影响跨国公司全球研发网络投资空间组织在中国区位选择的首要因素。此外，在介中心性差异方面，中国各城市的介中心性差异同样明显。尽管近几年来西部的成都，特别是乌鲁木齐和昆明的介中心性表现也较为突出，但北京、上海、广州仍是长期占据中国介中心性前几名的城市（见表 5-16）。北京、上海、广州等城市在中国的中转优势得分，同样表明跨国公司全球研发网络投资空间组织在中国的非均衡分布很有可能是由中国中心城市不同的对外研发投资合作环境因素引起。

表 5-16　城市介中心性前 10 名的城市

序号	2002 年		2004 年		2006 年		2008 年		2010 年	
	城市	得分	城市	得分	城市	得分	城市	得分	城市	得分
1	北京	0.274	北京	0.247	北京	0.228	北京	0.320	北京	0.414
2	上海	0.197	广州	0.179	昆明	0.193	昆明	0.147	上海	0.134
3	广州	0.178	昆明	0.170	广州	0.162	广州	0.145	昆明	0.120
4	昆明	0.136	上海	0.147	上海	0.152	乌市	0.116	广州	0.099
5	深圳	0.075	乌市	0.139	乌市	0.133	上海	0.105	乌市	0.091
6	乌市	0.064	成都	0.105	成都	0.096	成都	0.101	成都	0.088
7	西安	0.058	深圳	0.077	深圳	0.082	深圳	0.053	西安	0.060
8	成都	0.051	西安	0.052	西安	0.059	呼市	0.041	深圳	0.027
9	厦门	0.015	兰州	0.024	武汉	0.025	重庆	0.034	武汉	0.024
10	长沙	0.014	长沙	0.022	重庆	0.024	武汉	0.028	石家庄	0.016

注：乌市、呼市分别是乌鲁木齐、呼和浩特的简称

表 5-17　城市结构洞前 10 名的城市

序号	2002 年		2004 年		2006 年		2008 年		2010 年	
	城市	得分	城市	得分	城市	得分	城市	得分	城市	得分
1	北京	0.088	广州	0.076	北京	0.072	北京	0.059	北京	0.046
2	广州	0.089	北京	0.077	广州	0.075	广州	0.071	成都	0.067
3	上海	0.096	昆明	0.085	昆明	0.076	昆明	0.077	昆明	0.069
4	深圳	0.100	上海	0.087	上海	0.080	上海	0.078	上海	0.070
5	昆明	0.117	深圳	0.091	深圳	0.084	成都	0.081	广州	0.070
6	西安	0.124	成都	0.098	成都	0.089	深圳	0.083	深圳	0.070
7	成都	0.128	西安	0.113	西安	0.101	重庆	0.094	西安	0.076
8	长沙	0.139	杭州	0.114	长沙	0.105	武汉	0.097	重庆	0.084
9	杭州	0.139	长沙	0.120	杭州	0.106	西安	0.097	武汉	0.085
10	厦门	0.146	厦门	0.120	南京	0.106	南京	0.099	长沙	0.086

注：结构洞为逆指标，指标值越小，则代表城市对外联系的节点依赖度越小

　　本研究将通过证明处于中国网络位置较高的城市同时也是中国跨国公司全球研发网络投资空间组织较多的城市，直接对跨国公司全球研发网络投资空间组织尤其偏好在中国少数中心城市布局的区位选择倾向展开检测。首先以网络节点数、网络密度、网络关联度及网络效率等指标作为反映中国城市网络整体发展特征的指标，分别与流入中国的跨国公司全球研发网络投资空间组织进行相关趋势分析。由于作用的滞后性，整体趋势分析使用滞后一年的跨国公司全球研发网络投资空间组织数据，而个体集聚分析则使用汇总数据。图示结果表明，除了网络效率指标外，城市网络节点数、城市网络密度及城市网络关联度均与跨国公司在中国的全球研发网络投资空间组织走势一致（见图 5-5、图 5-6、图 5-7、图 5-8）。2002 年以来，它们均表现出明显的上升趋势。

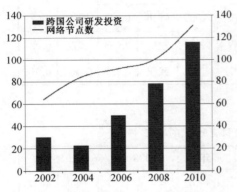

图 5-4　网络节点数与跨国公司全球研发

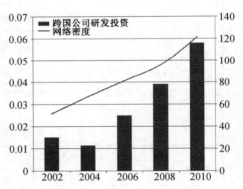

图 5-5　网络密度与跨国公司全球研发

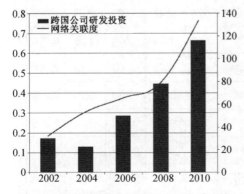

图 5-6　网络关联度与跨国公司全球研发

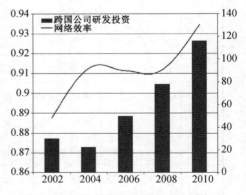

图 5-7　网络效率与跨国公司全球研发

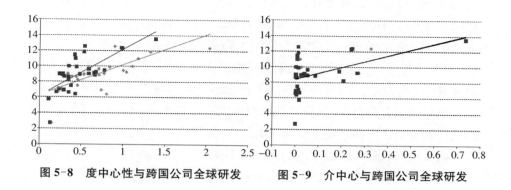

图 5-8　度中心性与跨国公司全球研发　　　图 5-9　介中心与跨国公司全球研发

　　尽管跨国公司在中国的全球研发网络投资空间组织肯定还受到其他因素影响，比如中国日益增强的自主创新能力因素等，但跨国公司全球研发网络投资空间组织与中国城市创新网络发展之间呈现的一致性，说明跨国公司还是比较看重东道国对外研发投资合作环境因素对其区位决定的影响。这表明即使从总体流入角度，由于跨国公司全球研发网络投资空间组织与中国城市创新网络发展的一致性，对跨国公司全球研发网络投资空间组织在东道国区位决定因素的研究，也应该关注投资地对外研发投资合作环境因素的影响。而至于网络效率与跨国公司全球研发网络投资空间组织在中国的布局关系，图 5-8 显示，不同于快速增长的跨国公司全球研发网络投资空间组织，2004 年至 2008 年间，城市网络效率基本不变，甚至还呈现些许下降趋势。这可能是由新进节点城市越级建立了过多网络关系所致，但经历了几年的调试期之后，2010 年城市网络效率又与跨国公司在中国的全球研发网络投资空间组织同时达到历史最高值。由于网络效率的短暂下降是以网络节点和网络关联强度增加为基础的，为此，在启示意义上，这同样显示随着中国城市网络联系的整体加强，对跨国公司全球研发网络投资空间组织在中国区位决定的研究尤其需要关注投资地对外研发投资合作环境因素的影响。

　　本研究将通过制作散点图的方式，进一步对跨国公司全球研发网络投资空间组织尤其偏好在中国少数中心城市布局的区位选择倾向进行分析。由于城市层面的跨国公司全球研发网络投资空间组织统计数据的缺失，因此将研究的空间尺度定在省级，打算既以省会城市为代表，分析某省省会城市的网络个体特征对某省整体集聚到的跨国公司全球研发网络投资的空间组织影响，同时又以某省所有已进节点城市为代表，通过计算某省已进节点城市的总和度中心性及总和介中心性，探讨某省所有已进节点城市的网络个体特征对某省集聚到的跨国公司全球研发网络投资的空间组织影响。在具体研究中,首先以横轴表示城市网络个体特征,纵轴表示各省域跨国公司全球研发网络投资空间组织,得到图5-8、图5-9、图5-10。其中,图5-8和图5-9的深浅两色散点分别是省会度中心性(或介中心性)和总和度中心性(或介中心性)与跨国公司全球研发网络投资空间组织组成的散点系列。直观来看,省会或其他城市度中心性越高的省区,其集聚的跨国公司全球研发网络投资空间组织越多,并且城市介中心性与跨国公司全球研发网络投资空间组织的省级集聚具有同样的关联趋势。而城市结构洞指标则与所在省区的跨国公司全球研发网络投资空间组织呈反向变动态势,即省会或其他城市的限制度越高,其所在省区吸引的跨国公司全球研发网络投资空间组织越少。总体来说,这已初步印证了节点城市的网络个体特征差异具有推动跨国公司全球研发网络投资空间组织在中国空间集聚的现实作用,表明随着跨国公司全球研发网络投资的空间组织发展,要完整阐释跨国公司全球研发网络投资空间组织在中国的区位选择机制,就必须把跨国公司全球研发网络投资空间组织目的地置于跨国公司与外部密集的空间网络联系之中。

相比而言,图5-8和图5-9还显示,省会城市的网络个体特征,特别是省会城市的度中心性,具有同跨国公司全球研发网络投资在中国空间集聚的更高相关性。作为网络联系节点,这不仅说明跨国公司倾向于以中国少数关键节点为其对外研发投资的集聚地,同时还进一步表明跨国公司全球研发网络投资空间组织在中国的区位分布,确实需要关注中国目的区位对外研发投资合作环境因素的影响。

当然,这种由散点图显示的城市网络与跨国公司全球研发网络投资空间组织在中国关键节点省市集聚间的线性关系可能并不十分严格。如图5-8、图5-9及图5-10所示,除结构洞散点图之外,城市网络个体特征与跨国公司全球研发网络投资空间组织在中国关键节点省市集聚组成的散点系列,均具有左侧点较松散而右侧点较集中的特点。城市网络个体特征与跨国公司全球研发网络投资空间组织在中国的空间集聚关系需要进一步的模型检验。

总体而言,跨国公司全球研发网络投资空间组织尤其偏好在中国少

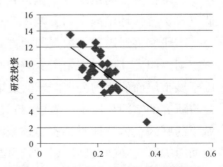

图 5-10　结构洞与跨国公司研发投资

数度中心性或介中心性较高省市布局的区位选择倾向,说明相对于投资地内部的某些资源要素禀赋因素,跨国公司可能更加关注投资地对外研发投资合作环境对其区位决定的影响。这表明随着跨国公司全球研发网络投资的空间组织发展,跨国公司全球研发网络投资的空间组织区位决定研究需要摆脱单一区域思维,尝试主要从投资地为跨国公司提供的对外研发投资合作环境角度,实现对跨国公司全球研发网络投资空间组织区位决定研究因素的重构。

在对跨国公司全球研发网络投资空间组织尤其偏好在中国少数中心城市布局的区位选择倾向进行检测之后,本研究进一步检测跨国公司全球研发网络投资空间组织偏好在中国少数省市扎堆分布的区位倾向。通过制作跨国公司全球研发网络投资空间组织在中国的空间分布分位图,结果发现,在空间分布格局上,吸引跨国公司全球研发网络投资空间组织规模较大或吸引跨国公司全球研发网络投资空间组织规模较小的区域呈集群发展态势。跨国公司全球研发网络投资空间组织已在中国东部沿海的上海、浙江、江苏、山东等省市构成连片的跨国公司全球研发网络投资空间组织密集区。而中国的广大中西部地区,跨国公司全球研发网络投资空间组织较少,基本都是跨国公司全球研发网络投资空间组织相对较少的地区。特别是中国西部的新疆、甘肃、内蒙古、青海等省市自治区,基本是中国跨国公司全球研发网络投资空间组织低组合连片区。

在研究启示上,这说明跨国公司全球研发网络投资空间组织在中国的区位决定不是相互独立的,跨国公司在中国相邻省市扎堆布局其对外研发投资的区位选择特性,表明从跨区域角度,跨国公司全球研发网络投资空间组织在中国的区位决定也需要将投资地对外的研发投资合作环境因素纳入分析考察的范畴。为便于与在中国投资的对外研发投资企业合作开展,跨国公司全球研发网络投资空间组织已呈现明显的在中国少数中心城市或中心省份扎堆分布的区位选择倾向。

特别地,若剔除单个年份跨国公司全球研发网络投资空间组织布局的空间偶然性及波动性,作跨国公司全球研发网络投资空间组织在中国分布的区位汇总图,可以发现跨国公司全球研发网络投资空间组织在中国空间扎堆分布的态势更加明显。结果发现,与单个年份跨国公司全球研发网络投资空间组织在中国展现的空间集群分布格局不同,2009年至2013年间跨国公司全球研发网络投资空间组织在中国的空间汇总分布,展现了更加明显的在中国少数中心省市空间集群分布态势。比如,与中国经济发展的总体布局一致,跨国公司全球研发网络投资空间组织在中国的空间汇总分布显示出了跨国公司全球研发网络投资空间组织聚集区与中国东中西三大经济带具有高度耦合度的空间分布格局,不仅中国东部沿海连片地带由于历史上较多跨国公司全球研发网络投资空间组织进入,由集聚形成的正反馈效应,已构成中国跨国公司全球研发网络投资空间组织成片集聚区;与此同时,中国中西部的江西、云南、贵州等全国经济发展水平较低区域则构成跨国公司全球研发网络投资空间组织局部低值集群区。这与单个年份跨国公司全球研发网络投资空间组织在中国的分布不同,在 2009 年至 2013 年共 5 年间,中国东部沿海地区尽管一直是中国引入跨国公司全球研发网络投资空间组织的密集区,但在集群发展角度,由于单个年份跨国公司全球研发网络投资空间组织布局的波动性,跨国公司全球研发网络投资空间组织主要在中国东部沿海临近省市空间集群分布的态势并不稳固,福建在 2009 年至 2013 年间都未进入中国跨国公司全球研发网络投资空间组织最多的第一层级省份。在研究启示意义上,这显示扣除单年度的数据波动性影响,跨国公司全球研发网络投资空间组织在中国临近省市扎堆分布态势实际上将表现得更加明显。跨国公司全球研发网络投资空间组织在中国大陆 31 个省市自治区相对较高的区位基尼系数,实际上已表明跨国公司全球研发网络投资空间组织在中国扎堆分布的区位倾向(由于篇幅限制,所作地图从略。下同)。

　　此外,本研究拟以跨国公司全球研发网络投资空间组织在中国江苏的省内分布为例,进一步在地级空间层面,证明跨国公司全球研发网络投资的空间组织扎堆分布特征。众所周知,江苏省是以上海为龙头的长三角经济板块的重要组成部分,省内的南京是长三角二级增长核心,苏州、无锡则是长三角向西辐射的重要通道,并且随着上海城市职能的转变,必然导致苏锡等城市的进一步发展。反映在对跨国公司全球研发网络投资空间组织的政策重视方面,根据江苏省"调轻、调优、调高"的产业结构政策,在新一轮招商引资以及现有企业经营结构的调整引导中,政府鼓励设立和发展外资研发机构,不断优化省市的经济结构成分。为此,随着跨国公司全球研发网络投资空间组织在江苏的增多,江苏省内的跨国公司全球研发网络投资空间组织分布无疑可以为研究地级层面的跨国公司全球研发网络投资空间组织分布格局提供较好的样本。

　　据江苏省科技厅公布的数据,截至 2013 年已有 188 家省级外资研发机构落户江苏。为总结跨国公司全球研发网络投资空间组织在中国地级空间层面的集群分布态势,本研究进一步对比跨国公司全球研发网络投资空间组织在江苏省内的空间分布图。结果显示,跨国公司全球研发网络投资空间组织在江苏省内的分布也具有典型的在少数临近区域扎堆分布态势；表现为在苏跨国公司全球研发网络投资空间组织主要扎堆分布在江苏省内经济发达的苏南地区（占 95.7%），并呈现以圈内一、二级核心城市为核心，跨国公司全球研发网络投资空间组织在江苏分布的空间集群态势。比如，苏州、无锡由于处在以上海为龙头的跨国公司全球研发网络投资空间组织核心集群分布层内，它们吸引的跨国公司全球研发网络投资空间组织相对较多，已分别拥有 112 家和 18 家外资研发机构，而南京作为二级核心城市，以其为核心的空间集群分布层内，跨国公司全球研发网络投资空间组织也相对较多，其中，南京 15 家，扬州 2 家，镇江 1 家，泰州 3 家，常州34 家。

本研究接下来以 Moran 提出的 Moran 指数，进一步检验跨国公司全球研发网络投资空间组织在中国邻近区域扎堆分布的统计显著性。首先利用公式计算衡量中国 2009—2017 年省级区域跨国公司全球研发网络投资空间自相关性及集聚的 $Moran's\ I$ 及其正态统计量 Z 值。结果显示基于一阶相邻矩阵的省级区域跨国公司全球研发网络投资空间组织的 Moran指数值都很显著，而且 Moran 指数值随年度变化还有逐渐增加的自我强化之势，且 $Moran's\ I$ 的正态统计量 Z 值（4.346 9）大于正态分布函数在 0.01水平下的临界值（1.96）。这表明在中国大陆省、直辖市和自治区当中，跨国公司全球研发网络投资空间组织在中国的分布具有正相关关系，说明跨国公司全球研发网络投资空间组织在中国的省域分布并不是处于完全的随机状态，而是具有较高跨国公司全球研发网络投资空间组织规模的省区倾向于和同样拥有较高规模的省区相靠近，或者较低跨国公司全球研发网络投资空间组织规模的省区倾向于和同样拥有较低规模的省区相靠近。跨国公司全球研发网络投资空间组织在中国相邻区域扎堆分布的区位特性明显。

以上分析说明，与跨国公司全球研发网络投资空间组织尤其偏好在中国少数中心城市布局的区位选择倾向一样，跨国公司尤其偏好在中国少数临近省市扎堆分布的区位选择特性，同样表明跨国公司全球研发网络投资空间组织最大范围地整合中国优势研发创新要素的特性明显，对跨国公司全球研发网络投资的空间组织区位决定的研究，确实需要摆脱单一区域思维，将投资地为跨国公司提供的对外研发投资合作环境因素纳入分析考察的范畴。跨国公司对目的区域区位要素的关注，很有可能已从区域内转向区域外，重点关注目的区位对外的研发投资合作环境因素的影响。

事实上，在我们对跨国公司在华研发投资机构的调研中，也观察到了许多跨国公司全球研发网络投资空间组织分工发展影响其区位决策的个案。比如,对于很多位于中国长江三角洲的对外研发投资企业的访谈发现,它们之所以选择在位于中国长江三角洲的上海、浙江、江苏密集投资研发,就是因为这三个省市地理位置临近,在这三个省市布局研发,便于外资研发企业构建跨区域的空间网络组织分工联系。在研究启示意义上,这除了可看作跨国公司全球研发网络投资空间组织分工发展的内生性对跨国公司全球研发网络投资空间组织在中国区位决定的影响外,肯定不能做它解。再比如,对分别位于北京、上海及天津的对外研发投资企业如微软亚洲研究院、汽巴精化中国研发中心及摩托罗拉研究院的调研发现,这些研发投资企业或研发投资机构非常注重与中国企业开展跨区域的研发合作关系,均与中国各地许多科研机构和国内企业有着广泛合作和业务联系,其中位于北京的微软亚洲研究院与中国各地企业建有稳定合作研究关系的企业数目达到 4 000 多家。在微软亚洲研究院、汽巴精化中国研发中心及摩托罗拉研究院看来,北京、上海、天津等城市固然能够为它们的研发投资提供较好的研发要素供给基础及研发政策环境基础,但相对于这些城市内部某些静态的优势属性因素,微软亚洲研究院、汽巴精化中国研发中心及摩托罗拉研究院同样看重北京、上海及天津等城市在中国所处的经济、科技及交通中心位置。它们认为,这些城市在中国所处的中心位置,便于它们与中国企业构建跨区域的研发空间网络分工联系,推动与跨国公司传统全球生产网络投资的空间组织反哺对接。在研究启示意义上,这同样可看作跨国公司全球研发网络投资空间组织分工发展的外生性对跨国公司全球研发网络投资空间组织在中国区位决定影响的反映。本研究接下来将把跨国公司全球研发网络投资空间组织分工发展的区位决定影响,分成跨国公司全球研发网络投资空间组织外生发展的区位决定影响及跨国公司全球研发网络投资空间组织内生发展的区位决定影响两种,直接检验投资地提供的对外研发投资环境因素对跨国公司全球研发网络投资空间组织区位决定的影响。

第三节　跨国公司全球研发网络投资空间
组织区位决定因素的实证分析

一、跨国公司全球研发网络投资空间组织区位因素实证设计

跨国公司全球研发网络投资空间组织在中国分布的总体特征分析虽

然可以直观证明,由于跨国公司全球研发网络投资空间组织内部存在的多系统对接特性,跨国公司出于便利其在东道国的研发投资节点对接,及推动与跨国公司传统全球生产网络投资的空间组织对接等的目的,跨国公司将日益重视投资地对外的研发投资合作环境因素影响,但跨国公司全球研发网络投资空间组织在东道国的区位分布,究竟在多大程度上受到投资地对外的研发投资合作环境因素及其他传统因素的影响,跨国公司全球研发网络投资空间组织在中国区位分布的直观分析并未能给出准确的定量判断。为此,有必要在已构建的跨国公司全球研发网络投资空间组织区位决定模型的基础上,采用空间计量经济法及多元线性回归模型法等实证检验方法,以中国大陆 30 个省市自治区(由于数据不完整,模型检验未考虑西藏的情况)为空间单元,对跨国公司全球研发网络投资空间组织在中国区位决定的各种成因机制进行系统的实证检验。

本研究将尝试主要从投资地提供的对外的研发投资合作环境因素角度,重新展开对跨国公司全球研发网络投资空间组织区位决定的实证研究。为达到系统研究目的,本研究将把投资地提供的对外研发投资合作环境,对跨国公司全球研发网络投资空间组织在中国的区位决定影响分成两种。一种是通过便利跨国公司全球研发网络投资各空间组织物理节点的对接,而对跨国公司全球研发网络投资空间组织区位决定造成的影响,本研究将此称作对跨国公司全球研发网络投资空间组织内生发展的区位决定影响。另一种是通过便利跨国公司全球研发网络投资空间组织嵌入的东道国地方创新系统与其组建的全球创新系统的对接,及跨国公司全球研发网络投资空间组织与跨国公司传统全球生产网络投资的空间组织对接,而对跨国公司全球研发网络投资空间组织区位决定造成的影响,本研究将此称作更为综合的对跨国公司全球研发网络投资空间组织外生发展的区位决定影响。

为设计反映对跨国公司全球研发网络投资空间组织内生发展的区位决定影响指标,一种方法可以目的区位比邻地区的跨国公司全球研发网络投资空间组织规模来衡量。因普通模型估计难以处理变量的空间自相关问题,这种方法可能存在估计失准。为提高估计的准确性,本研究打算仍以与目的区位比邻地区的跨国公司全球研发网络投资空间组织规模,作为衡量投资地提供的对外的研发投资合作环境因素对跨国公司全球研发网络投资空间组织内生发展的区位决定影响指标,但在引入方式上,拟以空间计量经济模型的空间滞后项或空间误差项的方式引入。相对普通模型对该变量因素的引入,这种模型的引入方法由于充分考虑了空间关联性问题,模型估计的准确性在此可以得以保证。

　　模型(6)、模型(7)中,Y 为因变量;X 为除投资地提供的对外研发投资合作环境因素之外的由其他解释变量组成的变量因素矩阵。比照跨国公司传统对外直接投资的区位决定模型,将跨国公司全球研发网络投资的空间组织区位决定设置成为由投资地人力资本、资金投入、研发配套供给、市场规模、FDI、市场竞争程度、优惠政策等多因素影响的一个综合过程。表 5-18 列出了传统影响跨国公司全球研发网络投资空间组织区位决定的因素体系。 ρ 和 λ 分别为空间回归系数和空间误差系数。如果 ρ 和 λ 为正,则说明目的区位跨国公司全球研发网络投资的空间组织受其周边地区跨国公司全球研发网络投资的空间组织规模影响,显示跨国公司出于便利其在东道国的各研发投资节点的系统对接目的,跨国公司全球研发网络投资空间组织在中国具有在临近区域扎堆分布倾向,暗示跨国公司全球研发网络投资的空间组织区位确实受到投资地为其提供的与在东道国的外资企业开展跨区域研发投资合作环境因素的影响。 ξ 和 μ 为随机误差向量。

$$Y = \rho WY + \beta X + \xi \qquad (6)$$

$$Y = \beta X + \xi \qquad \xi = \lambda W \xi + \mu \qquad (7)$$

　　为反映目的区位提供的对外研发投资合作环境因素对跨国公司全球研发网络投资组织外生发展的区位决定影响,本研究还将对跨国公司全球研发网络投资空间组织倾向在中国少数中心城市密集布局的区位决定影响进行实证测度。与以空间滞后项或空间误差项,反映跨国公司全球研发网络投资空间组织倾向在中国少数相邻城市扎堆分布的区位决定影响不同,为反映跨国公司全球研发网络投资空间组织尤其倾向在中国少数中心城市分布的区位决定影响,本研究将以各省市自治区省会城市的"度中心性(DEG)""介中心性(BET)""结构洞(CONS)"等作为反映城市个体特征差异的变量,或以各省市自治区已进节点城市的总和度中心性、总和介中心性、总和结构洞等为解释变量。

　　对于投资地提供的对外研发投资合作环境因素的区位影响,本研究将构建包含 2008 年、2010 年的面板数据模型予以分析。由于中国以城市为统计口径的跨国公司全球研发网络投资空间组织数据缺失,本研究将以跨国公司在中国各省市自治区的跨国公司全球研发网络投资的空间组织为被解释变量。为控制传统供求因素的影响,同时将"外商投资企业投资总额""每万人研发人员全时当量""研发支出经费占各省域 GDP 比例"等变量因素作为传统控制变量引入模型中。在模型中,外商产业投资、研发人员投入、研发资金支出等变量分别用字母符号 *FDI*、*RES*、*RDS* 等表示，而"度中心性""介中心性""结构洞" 等反映城市个体特征差异的变量则分别用 *DEG*、*BET*、*CONS* 等字母符号表示。

关于跨国公司全球研发网络投资空间组织区位决定因素的实证研究，目前国内外学者还没有形成一个共识性的样本空间尺度。尽管许多学者认为，在研究投资地对外研发投资合作环境因素对跨国公司全球研发网络投资空间组织在东道国区位决定的影响时，州（省）作为一个地理研究单元太大，但是过往的研究主要还是选取州一级甚至国家级的数据。事实上，国内外学者之所以更多地选取省级层面的数据而不是城市甚至更次一级的数据，不仅仅是因为省一级的数据更容易获得，还在于省级区域作为一个完整的社会地理单元，在某些社会关系上比如为跨国公司全球研发网络投资空间组织提供的对外研发投资合作关系上，省内各次级区域之间基本具有统一性特点，而省际之间通常却差异较大。因此选择省级区域作为研究的空间尺度样本，不仅在数据获得上具有可行性特点，从中国的实际而言，选择省级空间尺度作为分析的空间样本单元，中国各省市为跨国公司提供的对外研发投资合作环境，比如为跨国公司提供的与中国民族企业展开对外研发投资合作的环境方面，还具有差异较大的特点。为此，考虑到数据的可获得性及地理单元选择的合理性，本研究不管是研究跨国公司全球研发网络投资空间组织内生发展的区位决定影响，还是研究跨国公司全球研发网络投资空间组织外生发展的区位决定影响，均选择以省（市）作为研究的地理空间单元。

由于西藏的数据缺失比较严重，本研究实证检验部分最终选择了中国大陆 30 个省市自治区作为分析的空间样本。同时选取 2004 至 2006 年三年平均数据组成的空间横截面数据及 2008 年与 2010 年面板数据进行实证分析[①]。按照传统的供求区位理论，研究投资地提供的对外研发投资合作环境对跨国公司全球研发网络投资空间组织内生发展的区位决定影响，引入的控制指标变量包括："地区人口密度（*Mar*）""地区大中型工业企业新产品产值占工业总产值比重（*Com*）""地区外商投资企业投资总额（*FDI*）""地区从业人员中科学家和工程人数（*Hum*）""地区科研经费占GDP 比重（*Cap*）""地区每万人国际互联网用户（*Inf*）""地区进出口贸易

---

① 对跨国公司全球研发网络投资空间组织区位决定因素的实证研究，本研究是早年分时段完成的。本研究早年完成的相关研究成果已分别刊发在《地理科学》《科学学研究》《软科学》等刊物上。本研究基于目的区位对外的研发投资合作环境视角，已对这些研究成果作重新的系统整合。

总额占国内生产总值比重(Pol)"；研究投资地提供的对外研发投资合作环境对跨国公司全球研发网络投资空间组织外生发展的区位决定影响，引入的控制指标变量包括："地区外商投资企业投资总额(FDI)""地区每万人研发人员全时当量(Res)""地区研发支出经费占各省域 GDP 比例(Rds)"。本研究的全部数据都来自当年的《中国统计年鉴》《中国科技统计年鉴》。鉴于中国现有统计资料中没有直接专门针对跨国公司全球研发网络投资空间组织数据，本研究用地区研发经费支出中来自国外的资金度量。

表 5-18 跨国公司全球研发网络投资空间组织传统区位决定因素

一级因素	二级因素	因素作用
供给因素	人力资本因素	众多学者研究指出，是研发人员、研发资金等研发要素因素造成了跨国公司国际研发投资非均衡的布局决策。他们认为，跨国公司全球研发网络投资的空间组织目的，是利用投资地当地的研发要素以为跨国公司的全球研发目标服务。据此认为，跨国公司全球研发网络投资的空间组织，在某地的布局与该地的人力资本、研发资金投资等供给因素有关。
供给因素	资金投入因素	
供给因素	研发配套供给因素	
需求因素	市场规模因素	跨国公司全球研发网络投资空间组织目的，既有利用东道国资源要素及跟踪东道国领先技术目的，也有实现技术本地化、开发设计出适合当地的市场产品目的。这样，出于技术本地化目的，其在东道国的研发投资流量应该还与其在当地的研发技术创新服务需求有关。东道国市场规模越大，竞争越激烈，跨国公司在当地的技术改造型需求越大。
需求因素	FDI 因素	
需求因素	市场竞争程度因素	
政策因素	—	一方面政府出台的税收、土地、特殊区域优惠待遇政策，有利于降低跨国公司研发投资成本。目前许多国家和地区为达到引入跨国公司全球研发网络投资的空间组织目的，它们给予的研发投资优惠政策极其广泛。除了常态的税收优惠政策外，还有包括科研资助、人才培训、使用本国研究设施等的优惠政策。另一方面，东道国的优惠政策更体现了它们对待跨国公司全球研发网络投资空间组织态度。优惠政策因素预期对跨国公司全球研发网络投资空间组织在中国的区位决定有重要影响作用。

说明：根据相关文献整理

二、跨国公司全球研发网络投资空间组织区位因素实证结果

（一）对跨国公司全球研发网络投资空间组织内生发展的区位决定影响检测

对于多元回归模型，其基本假设之一是引入模型的各解释变量相互独立。如果两个或多个解释变量之间出现了相关性，即多重共线性时，会给

回归模型的估计带来严重的后果。严重的多重共线性会使得参数估计的精确性大幅降低,同时使得参数估计的稳定性变得很差。因此,在多元回归分析中,对于易于产生相关性现象的解释变量,必须首先对它们之间的相关性大小进行判断,而且,在初步确定各解释变量之间存在较大相关性的基础上,还要进一步进行多重共线性诊断。

表 5-19　空间组织内生发展区位决定因素变量说明

	子因素	解释变量
需求因素	市场规模	地区人口密度
	市场竞争程度	地区大中型工业企业新产品产值占工业总产值比重
	跨国公司 FDI 流向	地区外商投资企业投资总额
供给因素	人才资源	地区从业人员中科学家和工程人数
	科技投入	地区科研经费占 GDP 比重
	研发配套设施	地区每万人国际互联网用户
政府政策因素		地区进出口贸易总额占国内生产总值比重

　　在本研究所构建的衡量投资地提供的对外研发投资合作环境因素对跨国公司全球研发网络投资空间组织内生发展区位决定影响的模型中(模型 1),由于被解释变量跨国公司全球研发网络投资的空间组织在中国的区位分布受众多因素的共同影响,需要由多个解释变量解释,于是很有可能出现引入模型的多个解释变量之间存在多共线性问题(引入的解释变量见表 5-19)。为此,本研究拟先用 Spss 软件对决定跨国公司全球研发网络投资空间组织内生发展的区位因素变量进行 Parson 相关分析。由于本研究所选变量指标的量纲千差万别,在后续分析之前要先对变量指标数据进行无量纲化的标准化处理,在此运用极差公式对各解释指标进行转换(见公式 8)

$$CC_{ij} = (C_{ij} - CC_{j\min}) / (CC_{j\max} - CC_{j\min}) \tag{8}$$

式中,CC_{ij} 为区域 i 指标 j 转换后的无量纲化值,C_{ij} 为区域 i 指标 j 标准化的原值,$CC_{j\min}$ 为各区域中指标 j 的最小值,$CC_{j\max}$ 各为区域中指标 j 的最大的原值。

　　按照相关分析的统计构建原理,相关分析以数值方式精确地反映两个变量间线性相关的强弱程度,其统计系数的取值范围在-1 到+1 之间,大于 0 说明两个变量存在正的线性相关关系,小于 0 说明两个变量存在负的相关关系,等于 1 表示两个变量存在完全正相关,等于-1 表示两个变量存在完全负相关。一般而言,相关系数的绝对值大于 0.7 的话表示两个变量之间具有较强的线性关系,介于 0.4 至 0.7 之间为中度相关,小于 0.3 的话表示两个变量之间线性相关关系较弱。

　　Pearson 相关分析结果显示,在本研究所构建的衡量投资地提供的对外研发投资合作环境因素对跨国公司全球研发网络投资空间组织内生发展区位决定影响的空间多元计量模型中,所选的 7 个解释变量之间存在较强的相关性。其中,相关系数在 0.7 以上、呈高度相关的有 6 项,介于 0.4 与 0.7 之间、中度相关的有 11 项,相关系数小于 0.3、相关关系较弱的只有 1 项,所占比例极小。据此,可以断定由这些解释变量构建统计分析模型,极易产生多重共线性问题。在进一步的分析中,必须展开多重共线性诊断,并在确定存在多重共线性问题时,采取必要的修正措施。一般来说,当多重共线性严重存在时,会直接影响到最小二乘法的估计效果,降低回归方程的应用价值(林乐义,2008)。实际上,当多重共线性严重存在,且不对其修正时,回归分析就无法进行下去。无法修正的多重共线性,将使得变量的显著性检验失去意义,造成模型拟合检验的困难,并使得模型的预测功能失效。

　　前文的 Pearson 相关分析显示,模型中的解释变量并不是完全独立,而是存在显著的较高程度的相关性。因此,在进行模型估计以前,必须进行共线性诊断,以判断变量之间共线性存在的严重程度,并根据判断结果,确定下一步应采取的补救措施。

　　目前,对样本数据进行共线性诊断,可供选择的指标包括病态指数(CI)、容忍度(Tolerance)及方差膨胀因子(VIF)等。据相关统计教材,容忍度的取值范围在 0~1 之间,越接近于 0 表示多重共线性越强;越接近于 1 表示多重共线性越弱。方差膨胀因子则是容忍度的倒数,如果方差膨胀因子大于或等于 10,说明解释变量 x_i 与回归方程中其余解释变量之间有严重的多重共线性,此外,就病态指数而言,如果该指标大于 30,说明解释变量之间有严重的多重共线性,在 10~30 之间,则有中等程度的多重共线性,小于 10,说明多重共线性不明显。

　　本研究以各区域跨国公司全球研发网络投资的空间组织为被解释变量,其他变量为解释变量,运用 Spss13.0 软件对样本数据做共线性诊断。

诊断结果显示,模型存在中等程度的多重共线性。模型个别变量的病态指数小于 10,其余大都介于 10~30 之间。这就表明进入该回归方程的这些自变量各自反映的信息有相互重叠部分,如果不加修正统统直接进入回归方程,则很容易导致多重共线性问题。

由于在前文的分析中,已经证明本研究所选 7 个解释变量存在较严重的相关性。因此,在进行模型估计之前,必须对多重共线性问题进行修正。目前,解决多重共线性问题的常用方法包括:利用外部或先验信息;横截面与时间系列数据并用。相对而言,由于操作上的简单性,剔除一些高度共线性的变量为学者常用的方法,但是这会造成一些重要数据信息的丢失。对于那些对因变量贡献作用较大的解释变量,我们不能采取这种简单的消除多重共线性的方法。最好的方法是既尽可能保留同类变量的绝大部分数据信息,又能把引起多重共线性的同类变量转化为互相独立的变量。

为了既达到不丢失原始变量信息,又消除多重共线性的目的,本研究选择因子分析方法对模型进行修正。之所以选择因子分析方法而不是常用的分组作为消除模型估计多重共线性问题的方法,这是因为尽管采取分组的方法,通过将在模型中依次加入供给变量、需求变量、政策变量以及投资地为跨国公司提供的与在东道国外资企业开展跨区域研发合作的环境变量,这样也能较大程度上化解因一次性加入所有变量所引起的严重多重共线性问题。但相对于因子分析方法,分组方法一个致命的缺陷是由于各解释变量的估测系数不是由同一模型算得,致使系数大小的比较失去了意义。而因子分析方法则不同,这种方法能以最少的信息丢失,将原始的因子变量综合成较少的互相独立的因子变量,而且根据因子回归模型和各解释变量在因子中的承载率,能在最终回归模型中将各解释变量与被解释变量的相关系数同时给出,从而相对于前一种方法,这种修正方式还能比较各解释变量对因变量的贡献大小。

在确定使用因子分析法对模型进行修正之后,首先通过取样适宜性检验判断本研究的模型数据是否适合因子分析法。该检验统计量为 KMO (Kaiser-Meyer-Olkin Measure of Sampling Adequacy)和巴特利特球形检验指标(Bartlett's Test of Sphericity)。KMO 统计量的取值在 0 和 1 之间,KMO 值越接近 1,原有变量越适合作因子分析;KMO 值越接近 0,原有变量越不适合作因子分析。据 Kaiser 给出的 KMO 度量标准:0.9 以上表示非常适合;0.8 表示适合;0.7 表示一般;0.6 表示不太适合;0.5 以下表示极不适合。经过计算,结果发现两项指标的统计结果都表明模型适合使用因子分析法进行修正。

因此有必要运用因子分析方法，对以上 7 个解释变量进行整合，找出主要的区位决定因素。在分析过程中提取了 3 个主因素，共解释了原有变量总方差的 89.6%，根据各变量在 3 个主因素中的相对载荷大小（见表5-20），可将以上跨国公司研发投资的 7 个解释变量重新分为两大组别、三类变量，即需求因素组别——主因素 1（FDI 流向、政府政策）与主因素 3（市场规模、市场竞争程度和供给因素）；及供给因素组别——主因素 2（人才资源与研发配套）。

表 5-20 空间组织内生区位决定因素旋转装载矩阵

因素	主因素 1	主因素 2	主因素 3
地区人口密度	0.476	0.306	0.667*
地区大中型工业企业新产品产值占工业总产值比	0.053	0.135	0.913*
地区外商投资企业投资总额	0.962*	0.124	0.188
地区从业人员中科学家和工程人数	0.578	0.652*	−0.012
地区科研经费占 GDP 比重	0.137	0.946*	0.246
地区每万人国际互联网用户	0.402	0.684*	0.547
地区进出口贸易总额占国内生产总值比重	0.678*	0.520	0.444

说明：＊标出各主因素的载荷大于 0.6 的指标

在空间实证分析中，本研究用形成的 3 个因子变量代替上述 7 个解释变量进行数据建模。在不考虑投资地提供的对外研发投资合作环境因素对跨国公司全球研发网络投资空间组织内生发展的区位决定影响时，所得的在华跨国公司全球研发网络投资空间组织内生发展的区位决定影响模型即为：

$$\ln RDI = c + \beta_1 f_1 + \beta_2 f_2 + \beta_3 f_3 + \xi \tag{9}$$

其中，因变量 RDI 是在华跨国公司全球研发网络投资空间组织，c 是常数项，f_1、f_2、f_3 是提取的 3 个因子变量，这 3 个解释变量可代表跨国公司在华全球研发网络投资空间组织的两个不同层次的战略诉求。

表 5-21　空间组织内生区位决定因素的 OLS 估计结果

变量	回归系数	标准差	T 统计值	小概率 P 值
c	11.480 9	0.373 2	30.758 5	0.000 0
f_1	1.417 1	0.379 6	3.732 8	0.000 9
f_2	0.866 7	0.379 6	2.283 1	0.030 8
f_3	1.004 4	0.379 6	2.645 7	0.013 7
Adjusted R^2	0.443 8			
Log L	$-61.875\ 1$			
DW	1.213 6			

　　本研究实证检验部分的空间样本为中国大陆除了香港、澳门特别行政区、台湾省和西藏自治区外的 30 个省、自治区和直辖市（简称为区域或省市），所有数据均来源于 2004—2006 年的《中国统计年鉴》和《中国科技统计年鉴》，实证数据均为 2004—2016 年三年的算术平均数，以消除年度波动影响，为同一般的截面回归（OLS）比较，同时进行传统的一般截面模型估计。

　　由表 5-21 的 OLS 回归结果可知，3 个因子变量的回归系数均为正，虽然模型整体是显著的，但是，3 个因子变量只有 f_1 通过了 1‰ 水平的显著性检验，同时模型的拟合优度 R^2 仅为 44.3‰，这说明本研究选择的变量对跨国公司全球研发投资空间组织在中国区位决定问题的解释力度还不够。从原因上分析，这有可能是由于模型遗漏了重要解释变量，或者因为未能考虑截面单元空间关联性等模型设定错误所造成的。

　　实际上，前文对跨国公司全球研发网络投资空间组织在中国分布的直观分布检验，比如 Moran 指数检验已经在省域空间层面证明跨国公司出于方便其在东道国的对外研发投资节点系统协同对接目的，跨国公司具有在中国相邻省市扎堆布局其全球研发网络投资空间组织的区位选择倾向，由于临近区域引入的跨国公司全球研发网络投资空间组织成为目的区域能否引入跨国公司全球研发网络投资空间组织的重要条件，经典线性回归模型因为忽视了跨国公司全球研发网络投资空间组织在中国少数相邻省市空间扎堆分布的区位关联性，它在解释跨国公司全球研发网络投资空间组织在中国的空间集聚机制时，模型的解释力度肯定不会太高，模型因此可能存在设定不当的问题。为准确衡量投资地为跨国公司提供的对外研发投资合作环境因素对跨国公司全球研发网络投资空间组织内生发展的区位决定影响,本研究将引入重点考察了变量空间关联性的空间计量经济学模型。

　　为研究方便,省去了空间计量模型的甄别过程,同时选用了空间滞后模型(模型1)和空间误差模型(模型2)对跨国公司全球研发网络投资空间组织在中国的区位决定因素进行分析。比较表5-21和表5-22的检验结果发现,空间误差模型表现出对跨国公司全球研发网络投资空间组织在中国区位决定更高的解释力度,模型拟合优度(69.9%)明显高于OLS模型拟合优度检验值,也高于空间滞后模型的拟合优度检验值。

表5-22　SLM和SEM模型估计结果

变量	SEM			SLM		
	相关系数	t 值	P 值	相关系数	t 值	P 值
c	9.755 6	14.225 7	0.000 0	8.781 4	11.961 3	0.000 0
f_1	1.240 4	4.012 4	0.000 0	1.309 3	4.638 1	0.000 0
f_2	0.898 3	3.096 1	0.001 9	0.998 4	3.515 7	0.000 4
f_3	1.126 3	3.700 8	0.000 2	1.325 6	4.501 8	0.000 0
λ	0.152 9	7.460 2	0.000 0			
ρ				0.051 9	3.981 0	0.000 0
Adjusted R^2	0.678 3			0.669 9		
Log L	-47.381 1			-44.874 9		

　　本研究基于空间计量经济模型的实证结果显示,除了传统供求及政策类因素之外,由于跨国公司全球研发网络投资空间组织内部存在的多系统对接特性,跨国公司出于便于其在东道国的各对外研发投资空间网络组织节点协同对接目的,将尤其关注目的区域为其提供的对外研发投资合作环境因素对其区位决定的影响(见表5-22)。首先在传统区位因子中,空间计量经济学模型估计再次显示,跨国公司全球研发网络投资空间组织在中国的区位决定与中国各地的研发人员供给及政府的财税优惠政策关系密切,在人力资本及政策供给上的差异可引起跨国公司全球研发网络投资空间组织在中国的非均衡分布,而且随着跨国公司全球研发网络投资空间组织分工在中国的等级提高,跨国公司全球研发网络投资空间组织在中国大陆30个省市自治区的非均衡分布,预期还将呈现更加受中国大陆30个省

市自治区研发人员供给因素影响的倾向。不过,比较起来看,在样本区间内,中国大陆 30 个省市自治区跨国公司全球研发网络投资的空间组织规模的影响因素中,市场规模等需求因素(f_1、f_3)还是占据主导地位。在研究启示意义上,这显示尽管伴随着大量的跨国公司全球研发网络投资的空间组织入驻,中国在跨国公司全球研发网络投资的空间组织分工中的地位有逐渐上升的势头,但是中国人力资源等供给因素(f_2)对跨国公司全球研发网络投资空间组织的引力作用还不够,目前仍居于次要地位。这说明受高素质人才缺乏等因素的影响,跨国公司在中国的全球研发投资活动主要还是以针对中国市场进行适应性的技术开发为主,其第一目的是在生产性投资后跟进研发投资,以促使产品与技术的本地化。总体而言,鉴于需求、供给及政府政策因素对跨国公司全球研发网络投资空间组织在中国区位选择的重要作用,中国地方政府需要进一步制定改善中国区域研发引资环境的计划,不断提高人力资本供给水平,出台对外资研发的优惠倾斜政策,并适当增加中国区域市场竞争水平,大力吸纳针对中国市场的改造性研发投资。唯有如此,中国才能最终达到改善外资引资结构,提高对外开放水平目的。

但总体上,如果只强调这些传统因素,在解释跨国公司全球研发网络投资空间组织在中国非均衡分布的形成原因上,难免有失偏颇。本研究基于检验目的区位提供的对外研发投资合作环境因素对跨国公司全球研发网络投资空间组织在中国区位决定影响的空间计量模型估计结果表明,在所有影响跨国公司全球研发网络投资空间组织在中国非均衡分布的形成因素上,目的区位为跨国公司提供的与同在东道国的外资企业开展跨区域研发空间网络合作的因素,也与跨国公司全球研发网络投资空间组织在中国的非均衡分布表现出较大的相关性。SEM 和 SLM 回归结果表明,空间误差项和空间滞后项系数均显著为正,分别为 0.152 9 和 0.051 9,通过了 1‰ 的显著性检验。在研究启示意义上,这就说明由于跨国公司全球研发网络投资的空间组织内生发展,跨国公司全球研发网络投资空间组织在中国的非均衡分布将日益重视投资地为其提供的对外研发投资合作环境因素的影响。这表明随着中国区域合作的软硬环境不断改善,跨国公司在中国少数相邻省份如长三角两省一市之间相互作用,极易与在中国的外资企业构成跨区域的研发空间网络分工合作,有利于跨国公司全球研发网络投资空间组织在中国各空间网络组织节点的系统对接。结合跨国公司全球研发网络投资空间组织在中国区位分布的直观分析,这再次表明跨国公司全球研发网络投资空间组织在中国的区位决定,确实可能受到目的区位为其提供的对外研发投资合作环境因素影响。跨国公司全球研发网络投资空间组织内部存在的多系统对接特性，决定了跨国公司将尤其关注目的城市为其提供的对外研发投资合作环境对其区位决定的影响。本研究接下来将进一步对目的区位提供的对外研发投资合作环境对跨国公司全球研发网络投资空间组织外生发展的区位决定影响进行检测，以再次证明本研究确定的目的城市提供的对外研发投资合作环境视角的正确性。

（二）对跨国公司全球研发网络投资空间组织更为综合的外生发展的区位决定影响检测

出于更加完整地了解目的城市提供的对外研发投资合作环境对跨国公司全球研发网络投资空间组织区位决定的影响，进一步构建的面板数据模型，将仍以跨国公司在中国大陆 30 个省市自治区的全球研发网络投资空间组织额为被解释变量。解释变量中将引入反映中国大陆 30 个省市自治区省会城市中心性差异的"度中心性""介中心性"及"结构洞"等变量，或反映中国大陆 30 个省市自治区已进节点城市中心性差异的总和度中心性、总和介中心性及总和结构洞等变量。本研究预期，跨国公司即使出于便利其在东道国的研发投资节点系统对接目的，也将出现主要集中在中国度中心性、介中心性等相对较高城市的趋势。目的城市的度中心性、介中心性及结构洞环境对跨国公司全球研发网络投资空间组织的区位决定影响因此是综合的。为了对这种影响进行评测，进一步的研究放弃了仅对跨国公司全球研发网络投资空间组织在东道国少数相邻城市扎堆分布的关注，引入了更能综合反映目的地对外研发投资合作环境的度中心性、介中心性、结构洞等变量。

为规避多个解释变量进入模型可能出现的多重共线性问题，对跨国公司全球研发网络投资空间组织外生发展的区位决定影响研究，本书对"地区外商投资企业投资总额（FDI）""地区每万人研发人员全时当量（Res）""地区研发支出经费占各省域 GDP 比例（Rds）"等控制变量采取了分别进入模型的处理方法。其中，表 5-23、表 5-24 与表 5-25 中的模型 1 为只考虑了度中心性或介中心性及结构洞变量的固定效应模型，模型 2、模型 3 及模型 4 则是控制变量两两组合后，分别同 3 个反映城市网络个体特征变量混合而成的固定效应模型，模型 5 则是所有解释变量同时引入后组成的固定效应模型。各模型估计结果分别见表 5-23、表 5-24 和表 5-25。据 Hausman 检验，将以固定效应模型作为面板数据分析结果。

表 5-23　城市度中心性与在华研发投资空间集聚因素的模型估计结果

自变量	模型 1		模型 2		模型 3		模型 4		模型 5	
	总和	省会	总和	省会	总和	省会	总和	省会	总和	省会
FDI			−0.212	−0.040	−0.238	−0.117 3			−0.335	−0.159
RES			0.998	1.445 *			−1.069	−0.564	−1.117	−0.613
RDS					2.538 **	2.930 **	4.087 *	3.742	4.188 *	3.801
DEG	2.574 **	2.213 *	2.361 **	2.489 *	2.019 *	1.959	1.864 *	1.755	1.963 *	1.771
R^2	0.871	0.862	0.872	0.8707	0.884	0.881	0.886	0.882	0.883	0.878
F	14.33	13.25	13.54	13.41	15.04	14.71	15.36	14.79	14.48	13.84
P 值	0.000	0.000	0.000	0.000	0.000	0.000	0.000	0.000	0.000	0.000

说明：＊＊＊、＊＊、＊分别表示在 1％、5％、10％水平上显著

　　表 5-23 的估计结果显示,度中心性变量的估计系数尽管在个别模型中不显著,但在作用方向上该变量的估计系数都为正。而基于传统供求区位理论加入的控制变量"地区外商投资企业投资总额(FDI)""地区每万人研发人员全时当量(Res)""地区研发支出经费占各省域 GDP 比例(Rds),它们的估计系数只有研发资金变量在几个模型中显著为正,其他两个控制变量如创新服务变量的系数估计值甚至全部为负。这说明在省级空间尺度,城市作为跨国公司全球研发网络投资的空间组织据点,它们在网络中所处的与外部联系的中心位置差异对跨国公司全球研发网络投资空间组织在中国的区位决定的确有较大影响。这表明由于跨国公司全球研发网络投资空间组织内部存在的多系统对接特性,跨国公司确实比较看重中国少数中心城市为其提供的便利的对外研发投资合作环境因素的影响。结合前文对跨国公司全球研发网络投资空间组织内生发展区位决定影响的分析,这再次说明,与一国的整体投资基础相比,目的区位相对有限的创新要素供给及产业服务对象,对跨国公司全球研发网络投资空间组织的最终流向不具有决定作用。为达到方便其内部多系统对接目的,跨国公司具有在中国少数网络中心节点高位城市或少数相邻网络中心节点高位城市密集布局其对外研发投资的内在动力。这表明因跨国公司全球研发网络投资空间组织的内生及外生的发展,对跨国公司全球研发网络投资在东道国的区位决定研究确实需要摆脱单一区域思维,从目的区位为跨国公司提供的对外研发投资合作环境角度入手,对此展开分析。

表 5-24　城市介中心性与在华研发投资空间集聚因素的模型估计结果

自变量	模型 1		模型 2		模型 3		模型 4		模型 5	
	总和	省会	总和	省会	总和	省会	总和	省会	总和	省会
FDI			0.021	−0.193	−0.033	−0.183			−0.126	−0.315
RES			0.948	0.230			−1.037	−1.356	−1.080	−1.466
RDS					2.455*	1.290	3.950*	3.198**	4.002	3.318**
BET	0.349**	4.22	0.299*	4.144***	0.234	3.862***	0.218	3.859***	0.218	0.389***
R^2	0.871	0.940	0.869	0.936	0.880	0.941	0.882	0.945	0.878	0.796
F	14.25	31.86	13.22	28.23	14.46	30.48	14.79	32.90	13.83	14.22
P 值	0.000	0.000	0.000	0.000	0.000	0.000	0.000	0.000	0.000	0.000

说明：＊＊＊、＊＊、＊分别表示在1％、5％、10％水平上显著

表 5-25　城市结构洞与在华研发投资空间集聚因素的模型估计结果

自变量	模型 1	模型 2	模型 3	模型 4	模型 5
FDI		−1.476*	−1.100		−1.360*
RES		−1.001		−1.339	−1.847
RDS			−0.126	2.786	2.166
CONS	−3.611***	−5.468***	−4.368**	−3.016**	−4.747**
R^2	0.893	0.899	0.894	0.891	0.899
F	17.44	17.46	16.68	16.11	16.91
P 值	0.000	0.000	0.000	0.000	0.000

说明：＊＊＊、＊＊、＊分别表示在1％、5％、10％水平上显著

　　此外，以检验介中心性、结构洞等变量作用的模型估计结果显示（见表 5-24 及表 5-25），基于传统供求区位理论创新要素供给、产业服务需求等控制变量的系数估计，同样没有出现统一的预期正值。在与结构洞变量构成的实证模型中，反映投资地内在属性的变量，甚至出现了基本为负的系数估计，并且 FDI 变量为负的系数估计值在个别模型中还通过了10％水平下的显著性检验。鉴于跨国公司全球研发网络投资空间组织与跨国公司在中国一般性产业投资（FDI）规模间总体为正的皮尔逊相关系数（见表 5-26），这并不能说明跨国公司技术改造型国际研发投资在中国的宏观

区位选择,不受跨国公司在中国一般性产业投资规模的正向影响,只是为满足跨国公司一般的产业投资的技术改造需求,跨国公司也可能通过在中国网络高点城市投资构建技术服务中心的形式完成,而并不是依据跨国公司在中国各地的一般的产业投资规模,通过分散研发投资的方式实现。跨国公司全球研发网络投资的空间组织与跨国公司传统的全球生产网络投资的空间组织对接,有相对独特的空间对接方式。在微观区位选择上,这不仅说明考虑跨国公司全球研发网络投资的空间组织因素,跨国公司全球研发网络投资空间组织在东道国的区位决定,不能由东道国目的区位内在的某些属性因素如研发要素禀赋因素完全解释,介中心、结构洞等变量显著为正的系数估计,再次说明了将目的区位提供的对外的研发投资合作环境因素,纳入影响跨国公司全球研发网络投资空间组织在东道国区位决定的因素体系的重要性。总体上,不管对跨国公司全球研发网络投资空间组织内生发展的区位影响分析,还是对跨国公司全球研发网络投资空间组织外生发展的区位影响分析,基于对跨国公司全球研发网络投资空间组织在中国大陆 30 个省市自治区区位决定因素的实证检验结果均表明,从跨区域角度,跨国公司全球研发网络投资在中国的区位决定都不是相互独立的和无区际关联的。由于跨国公司全球研发网络投资空间组织内部存在的多系统对接特性,跨国公司尤其偏好在中国少数中心城市密集分布或尤其偏好在中国少数临近省市扎堆分布的区位选择倾向,这说明跨国公司为达到便利其内部多系统对接目的,将特别关注投资地提供的对外研发投资合作环境因素对其区位决定的影响。这说明在跨国公司构建跨区域的研发空间网络分工的目标趋势下,跨国公司在目的区位的研发投资将尤其受到投资地在东道国交通、创新等网络合作中的位置因素影响。由于以往研究大多基于单一区域思维,假定跨国公司全球研发网络投资空间组织在某一区域的区位选择相互独立,主要受目的区域内部的资源要素禀赋因素影响,所得的研究结论因此不够完整,需要加入投资地提供的对外研发投资合作环境因素。

表 5-26　在华研发投资与区位影响因素的 Pearson 相关系数

	FDI	*RES*	*RDS*
在华研发投资	0.945	0.986	0.879
P 值	0.000	0.000	0.001

第四节　小　　结

有什么样的组织动力及系统构成,就有什么样的组织区位。由于跨国公司全球研发网络投资空间组织内部存在的多系统对接特性,跨国公司出于便利其内部多系统空间对接目的,跨国公司全球研发网络投资的空间组织,是不是将更加重视目的区位提供的对外研发投资合作环境因素对其区位决定的影响?本章利用中国省级空间尺度的区域截面数据及城市网络数据,通过建立空间计量经济学模型及多元回归模型,重点探讨了目的区位为跨国公司提供的对外研发投资合作环境因素对跨国公司全球研发网络投资空间组织在中国区位决定的影响。

首先从跨国公司全球研发网络投资的空间组织分工合作链条的进一步深化和裂解方面,确定了本研究跨国公司全球研发网络投资空间组织在东道国区位决定的对外研发投资合作环境视角。与许多现有文献忽视目的区位提供的对外研发投资合作环境因素对跨国公司全球研发网络投资空间组织在东道国区位决定的影响不同,本研究强调了突破传统立足单一区域思维,主要从投资地内部静态的要素供给数量角度,分析跨国公司全球研发网络投资空间组织区位决定因素的重要性。并针对跨国公司全球研发网络投资空间组织内部存在的多系统对接特性,将目的城市提供的对外研发投资合作环境对跨国公司全球研发网络投资空间组织区位决定的影响分成了两种,一种称作对跨国公司全球研发网络投资空间组织内生发展的区位决定影响,一种称作对跨国公司全球研发网络投资空间组织外生发展的区位决定影响同,从而研究的系统性更足。

首先对跨国公司全球研发网络投资空间组织在中国分布的情况进行说明。跨国公司全球研发网络投资空间组织在中国分布的地理集中度明显高于 FDI、研发经费内部支出、研发人员全时当量等。跨国公司全球研发网络投资空间组织在中国相对更高的地理集中度,说明跨国公司全球研发网络投资空间组织在中国的非均衡分布可能确实不能由 FDI、研发经费内部支出、研发人员全时当量等一些地理集中度相对较小的变量来解释。跨国公司全球研发网络投资空间组织尤其偏好在中国少数中心省市密集分布或尤其偏好在中国少数临近省市扎堆分布的区位选择倾向说明,相对于中国目的区位内部的 FDI、研发经费内部支出、研发人员全时当量等传统的供求区位因素,跨国公司可能更加关注目的区位提供的对外研发投资合作环境因素对其区位决定的影响。

　　本研究构建的空间计量经济模型及多元回归模型，直接给出了跨国公司全球研发网络投资空间组织主要受目的区位提供的对外研发投资合作环境因素影响的实证证据。根据实证研究结果，尽管目的区位的要素供给、创新需求及优惠政策等因素仍可解释跨国公司全球研发网络投资空间组织在中国区位决定的部分原因，但如果只强调这些传统因素，不按照跨国公司全球研发网络投资空间组织内部存在的多系统对接特性，分析目的区位提供的对外研发投资合作环境因素对其区位决定的影响，在解释跨国公司全球研发网络投资空间组织在中国非均衡分布形成的原因上，就难免有失全面性。

第六章 跨国公司全球研发网络投资的
空间组织嵌入及位置因素

根据过往对跨国公司传统全球生产网络投资的空间组织研究,跨国公司为达到控制竞争对手的目的,跨国公司在世界各国构建的全球生产网络等级结构明显。跨国公司往往会根据投资地的要素禀赋情况,安排与投资东道国相适合的空间等级分工职能。那么,与跨国公司传统全球生产网络投资的空间组织一样,跨国公司新兴全球研发网络投资的空间组织是否也等级结构明显?如果明显,那么中国在跨国公司新兴全球研发网络投资的空间组织中的位置怎样?是不是也会像跨国公司传统的全球生产网络投资空间组织一样,中国在跨国公司新兴全球研发网络投资的空间组织中也可能存在位置较低,甚至出现被低端锁定的问题?遵从对跨国公司全球研发网络投资空间组织总体组织动力、内部系统结构(区位)与外部嵌入的逻辑分析顺序,本章将跳出对跨国全球研发网络投资空间组织分析的微观企业视角,转而开始重点关注跨国公司全球研发网络投资的空间组织国家嵌入问题,分析影响中国在跨国公司全球研发网络投资空间组织中的嵌入位置因素。

第一节 跨国公司全球研发网络投资的
空间组织国家嵌入分析

一、理论研究基础

国际发展环境的改变引导国家创新方式改变。面对知识更新周期的不断缩短,及知识存在形式发生的变化,国际分工进一步朝单个研发价值增值环节深化发展的变化,让学者逐渐形成了全球研发价值等级分工的概念。跨国公司全球研发网络投资的空间组织等级嵌入的研究,逐渐取代跨国公司传统的全球生产网络投资的空间组织研究,成为一个新兴的研究领域。学者在整体关注跨国公司全球研发网络投资的空间组织国家嵌入动力时,也在关注跨国公司全球研发网络投资的空间组织国家嵌入位置及影响因素的研究。

在研究跨国公司全球研发网络投资的空间组织国家等级嵌入的问题之前,学者大多以研究企业、科研院所、大学等微观主体的跨国公司全球研发网络投资的空间组织等级嵌入的位置问题为主,对宏观国家嵌入问题的研究,学者主要局限在跨国公司传统全球生产网络投资的空间组织国家嵌入问题分析。

国家是企业、科研院所、大学等微观研发主体的综合。本研究在基于微观企业视角分析单个企业对外研发投资的空间组织动力等问题之后,将转而重点开始关注跨国公司全球研发网络投资的空间组织国家嵌入问题。之所以开始重点关注跨国公司全球研发网络投资的空间组织国家嵌入问题,而不是跨国公司全球研发网络投资的空间组织企业、科研院所、大学等嵌入问题,主要基于以下两方面的考虑:一是,国家是由领土、人民、文化及政府等各种组织组成的综合体,研究企业、科研院所、大学等对跨国公司全球研发网络投资的空间组织嵌入及位置因素,本身就是研究一国对跨国公司全球研发网络投资空间组织等级嵌入及位置因素问题,它们之间是代表与被代表之间的关系;二是,从支撑因素角度,企业、科研院所、大学等对跨国公司全球研发网络投资的空间组织等级嵌入位置,并不是由企业、科研院所、大学等这些微观创新主体自身因素单独决定的。企业、科研院所、大学等对跨国公司全球研发网络投资的空间组织等级嵌入位置,最终由它们所在国家的综合研发实力等因素综合决定。东道国的知识产权保护水平、对外开放政策等对企业跨国公司全球研发网络投资的空间组织等级嵌入位置都有决定影响。因此,从总体角度,研究一国的跨国公司全球研发网络投资的空间组织等级嵌入位置,最好的样本尺度是宏观的国家而不是微观的企业、科研院所、大学。

对于跨国公司全球研发网络投资的空间组织国家嵌入问题,现有研究大多还停留在现状描述阶段,主要限于国家跨国公司全球研发网络投资的空间组织嵌入位置描述。对于影响国家跨国公司全球研发网络投资的空间组织等级嵌入的位置因素,现有研究涉及不多。在研究中,大多数研究以具体的国际研发合作项目比如欧盟框架计划项目为研究样本,对影响一国跨国公司全球研发网络投资的空间组织嵌入位置因素展开研究。由于样本的偶然性,现有研究的代表性不强。现有研究存在的关键问题,主要体现在对影响跨国公司全球研发网络投资的空间组织嵌入位置因素分析的不完整上。现有研究尚未形成一个从外部动力到内部结构,对跨国公司全球研发网络投资空间组织国家嵌入等展开分析的完整框架。

本研究认为,从完整与系统性角度,影响跨国公司全球研发网络投资空间组织国家嵌入的位置因素是多维的,既包括东道国内部的主观意念性因素,也包括东道国内部的客观基础性因素,同时还包括东道国不可控的外部环境性因素。它们共同构成影响一国跨国公司全球研发网络投资空间组织嵌入位置的复合因素体系。首先,东道国的主观意念是前提。面对开放创新的时代需求,世界各国出于整合获取遍布世界各地的研发创新要素的目的,都有嵌入到跨国公司全球研发网络投资空间组织中的主观意念,但是对跨国公司全球研发网络投资空间组织的嵌入,也可能遭受知识产权外泄及被发达国家跨国公司研发控制的问题,并不是百益而无一害的。不仅发达国家会担心开展过多的国际研发合作可能会动摇它们赖于控制竞争伙伴国的研发创新基础,发展中国家也会担心过多地开展国际研发合作,与狼共舞,会出现研发被发达国家跨国公司低端锁定的问题。面对两难的决定,东道国开放的主观态度因此对该国跨国公司全球研发网络投资空间组织嵌入的位置具有决定作用。其次,东道国开放的主观意念是一方面,东道国是不是具有嵌入到跨国公司全球研发网络投资空间组织的基础能力是另一方面。打铁还需自身硬,一国要嵌入到跨国公司全球研发网络投资的空间组织中,并占据中心位置,该国务必拥有较强的研发合作能力,包括多样协同整合的系统研发能力及较强的专业技术研发能力等。同时,由于担心合作的知识产权维护风险,东道国的知识产权保护水平对该国嵌入跨国公司全球研发网络投资空间组织中的高端位置也有影响。最后,从外部环境因素角度看,不管是东道国主观意念性因素,还是东道国客观基础性因素,这些因素都属于东道国内部可控因素。但影响一国跨国公司全球研发网络投资空间组织嵌入的位置因素,还有一些不可控的外部因素,比如东道国与全球研发创新中心国家的地理、文化距离等因素,就是对跨国公司全球研发网络投资空间组织国家嵌入位置有影响,同时又是东道国不可控的一些因素,因为这些因素是不以国家自身的主观努力改变而改变的,故将它们称为外部环境因素。本研究接下来将重构影响跨国公司全球研发网络投资空间组织国家嵌入位置的因素体系。

二、位置因素选取

综合以往研究,本书最后构建了如下覆盖东道国内部的主观意念、客观基础和外部的语言临近、地理临近等环境类因素,综合交互影响跨国公司全球研发网络投资空间组织国家嵌入的位置因素体系,详见图 6-1。

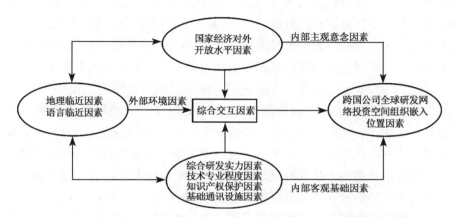

图 6-1　跨国公司全球研发网络投资空间组织国家嵌入的位置因素

　　(1)国家经济开放水平,这一因素属于国家内部的主观意念因素。国家经济开放水平反映了一国参与国际分工的诉求。全球化是一把双刃剑,尽管参与国际研发合作意味着本国技术有泄漏风险,但对于在开放中率先获得经济、科技发展的国家而言,它们保持国家经济、科技领先的秘诀从来就不在对本国少数关键核心技术静态的绝对控制方面,而在于对它的动态发展的过程领先方面。为保持本国关键核心技术长期的动态过程领先,经济开放水平较高的国家通常对本国企业的跨国研发合作持开放态度,鼓励本国企业占据全球研发合作的高位,因此作为反映国家主观意念的因素,我们认为国家经济开放水平对该国跨国公司全球研发网络投资空间组织嵌入的位置具有重要作用。

　　(2)综合研发实力,这是与专业技术因素相对应的影响东道国跨国公司全球研发网络投资空间组织嵌入位置的客观基础因素。打铁还需自身硬,开放式创新时代背景国家或企业参与国际研发创新合作的根本目的,在于为自身的研发创新获得互补性知识。只有综合研发实力较强的国家,才可能具备为合作国家或企业提供互补性知识的合作宽度基础,从而有利于它们把握国际研发合作的主动权,占据跨国公司全球研发网络投资空间组织的中心嵌入位置。越来越多的学者已关注到技术多样性给一国跨国公司全球研发网络投资空间组织嵌入带来的惊喜。伊里丝和海勒(Iris and Heller-Schuh,2014)认为具有技术优势的国家(地区),往往拥有良好的网络声誉,更有可能吸引到不同的国家合作,有利于它们占据跨国公司全球研发网络投资空间组织嵌入的中心位置。伊里丝等(Iris et al.,2015)认为综合研发实力较强的国家,创新资源结构多样,和它们合作,更有可能接触到网络中优质的异质资源,它们具有占据跨国公司全球研发网络投资空间组织嵌入中心位置的天然潜力。因此,具有一定的综合研发实力对一国占据跨国公司全球研发网络投资空间组织嵌入的中心位置至关重要。

(3)技术专业化程度。跨国公司全球研发网络投资空间组织的国家嵌入位置,既决定于东道国的创新宽度,也决定于东道国的创新深度。跨国公司全球研发网络投资空间组织的国家嵌入,是国家或企业全球择优选择研发合作伙伴的结果。成为一国或一家企业全球研发合作伙伴的条件,一是合作伙伴的技术是互补的,二是合作伙伴的技术是具有一定优势的。因为合作方的技术互补要求,前文引入的综合研发实力指标,就是为反映东道国的创新宽度。由于综合研发实力较强的国家通常涉猎的知识领域较宽,综合研发实力较强的国家越容易嵌入跨国公司全球研发网络投资空间组织的中心位置,这是从知识互补性要求角度,设置的影响跨国公司全球研发网络投资空间组织国家嵌入位置的指标。其次,从合作伙伴提供的优势知识角度,由于拥有单独技术优势的国家更可能被当作优势合作的国家,跨国公司全球研发网络投资空间组织的国家嵌入位置可能不仅受到东道国广泛的综合研发实力因素的影响,还受到东道国专而精的专业化的研发实力因素影响。闻道有先后、术业有专攻,鉴于技术的多样性是以牺牲一定的技术深度为代价的,本研究在客观的基础研发因素方面,继续加入反映一国技术专业化水平的技术专业化程度因素。

(4)知识产权保护。跨国研发合作以产生直接的知识产品为目的,良好的知识产权保护可以降低合作方对直接产生的知识产品产权受到侵犯的担心。由于各国知识产权制度不一,合作方偏好选择知识产权制度建设健全的国家或企业合作。知识产权保护水平将直接决定一国跨国公司全球研发网络投资空间组织嵌入位置。从夯实一国跨国公司全球研发网络投资空间组织嵌入的客观基础角度,知识产权保护是一把双刃剑。加强知识产权保护,模仿创新与原创创新的政策操作空间将受限,企业模仿创新的维权风险将加大,国家将很难通过模仿创新实现技术进步,短期内肯定将不利于一些国家自主创新能力的提高,削弱跨国公司全球研发网络投资空间组织国家嵌入的自主创新基础。但是从国家的长远发展角度考虑,模仿创新毕竟不是长久之计,一国长久的技术进步一定要建立在自主创新能力不断发展的基础之上。知识产权保护对一国跨国公司全球研发网络投资空间组织嵌入的位置可能起重要的决定作用。

（5）基础通信设施。基础通信设施是影响跨国公司全球研发网络投资空间组织国家嵌入位置的又一重要的客观基础性因素。因为需要与来自不同国家、地区的合作伙伴进行交流，基础通信设施建设情况因此是合作方选择合作伙伴需要重点考虑的一个条件。一些基础通信设施条件优越的国家，因为能够快速地与其他国家的企业、科研院所、大学等建立联系，将抢得国际研发合作的先机（先发效应），成为其他国家企业、科研院所、大学国际研发竞相合作的对象。由于赢者通吃效应，本研究认为通信基础设施建设情况，可能是一国跨国公司全球研发网络投资空间组织嵌入的先决条件，决定一国跨国公司全球研发网络投资空间组织嵌入位置。

（6）地理临近。世界任何一个国家都处于一定的历史地理方位中。从一国所处的地理位置而言，国家有中心国和边缘国之分。目前，随着交通、通信技术的发展，绝对的地理空间距离对人类经济社会发展的阻碍作用在变小，但地理空间距离可能仍是一个不能轻易改变的经济地理规则，国际经济科技合作在地理临近国家之间仍可能更易发生，创新发达国家往往更愿意与地理临近国家进行国际科技合作。即使在一国疆域范围内，创新也通常会因为地理空间距离的阻碍作用，极化分割成几大相对独立的创新空间群落，一国的区域创新合作也通常发生在临近的少数省域之间。本研究从东道国内部因素角度，提出影响东道国跨国公司全球研发网络投资空间组织嵌入位置的主观意念及客观基础因素之后，拟同时将地理临近作为影响一国跨国公司全球研发网络投资空间组织嵌入位置重要的外部环境因素予以研究。本研究认为，与创新中心国家临近，将有利于一国跨国公司全球研发网络投资空间组织嵌入位置的提高。

（7）语言临近。交通通信技术的发展，只能缩短人与人之间外显的时空距离。国家之间的合作，特别是国家之间的创新合作，更加依赖国家之间文化距离及语言距离的缩短，因为国家之间的创新合作涉及内嵌于国家文化当中的缄默知识的传递。由于语言国家文化外显的作用，语言临近便于拉近国家之间的心理距离，有利于内嵌于东道国文化、习俗等当中的一些不可意会性知识的传递。语言临近的作用不只消除国家之间创新合作的直接沟通障碍。故此，与地理临近因素一样，与创新中心国家的语言临近，也可能是影响一国跨国公司全球研发网络投资空间组织嵌入位置的一个重要因素。语言临近对其他因素对一国跨国公司全球研发网络投资空间组织等级嵌入位置的影响，可能还具有正向的交叉调节作用。本研究接下来将构建实证检验模型对上述影响因素的作用进行检验。

三、跨国公司全球研发网络投资空间组织国家嵌入位置因素实证设计

跨国公司全球研发网络投资空间组织国家嵌入的位置因素研究,第一步涉及国家嵌入的位置刻画。专利合作数据作为国家科技创新合作重要的外显成果,可以真实、客观地反映国家之间的创新联系及合作状态。本研究主要基于 OECD 专利国际合作数据库欧洲专利局提交的申请与外国合作者共为发明人的专利数据,作为反映一国跨国公司全球研发网络投资空间组织嵌入位置的样本数据。依据数据可获得性,最后构建了覆盖 63 个国家(地区)(详见表 6-1),1980—2015 年的合作专利数据。本研究实证检验模型用的是 2002 年到 2015 年共 14 年的面板数据。个别缺失数据使用插值法补全。

表 6-1　构建跨国公司全球研发网络投资空间组织的 63 个国家(地区)

分类国家	样本国家
欧洲国家	爱尔兰、马耳他、英国、爱沙尼亚、奥地利、保加利亚、北马其顿、比利时、波兰、波斯尼亚和黑塞哥维那、丹麦、德国、法国、芬兰、荷兰、捷克共和国、克罗地亚、拉脱维亚、立陶宛、卢森堡、罗马尼亚、摩尔多瓦、挪威、葡萄牙、瑞典、塞尔维亚、塞浦路斯、斯洛伐克共和国、斯洛文尼亚、土耳其、乌克兰、希腊、匈牙利、意大利
非欧国家	澳大利亚、菲律宾、加拿大、美国、南非、新加坡、新西兰、中国香港、阿根廷、埃及、巴基斯坦、巴拿马、巴西、俄罗斯联邦、厄瓜多尔、哥伦比亚、哥斯达黎加、哈萨克斯坦、韩国、马来西亚、墨西哥、日本、泰国、突尼斯、危地马拉、委内瑞拉、乌拉圭、智利、中国

本研究采用度中心性和介中心性作为反映一国跨国公司全球研发网络投资空间组织嵌入位置的指标变量。一国跨国公司全球研发网络投资空间组织嵌入的位置差异,表现为一国与跨国公司全球研发网络投资空间组织其他国家发生研发直接联系的能力及中介联系能力差异,分别用度中心性和介中心性指标衡量。其中,度中心性通过一个国家(地区)在跨国公司全球研发网络投资空间组织中与其他国家(地区)发生直接联系的可能性来衡量。介中心性通过一个国家(地区)在跨国公司全球研发网络投资空间组织中承担的中转和衔接功能状况来衡量。由于在网络中的控制力越强,嵌入国(地区)越容易获得符合自己要求的互补性的研发创新资源,本研究首先将度中心性和介中心性作为反映一国跨国公司全球研发网络投资空间组织嵌入位置差异的两个重要的指标变量。将一国跨国公司全

球研发网络投资空间组织嵌入的等级位置差异,限定为一国与跨国公司全球
研发网络投资空间组织其他国家发生研发直接联系包括研发中介联系能力
的差异方面。后文对中国跨国公司全球研发网络投资空间组织嵌入位置的
分析,将直接从跨国公司在中国安排的研发等级分工内容角度展开。

这当中,度中心性的计算公式为:

$$C_D(n_i) = d(n_i)/(m-1) \tag{1}$$

其中,$d(n_i)$ 表示节点 n_i 的所有节点联结数量,m 为网络节点总数。

介中心性的计算公式为:

$$C_B(n_i) = \frac{2\sum_{j}^{m}\sum_{k}^{m} g_{jk}(n_i)}{g_{jk}(m^2 - 3m + 2)} \tag{2}$$

其中,$g_{jk}(n_i)$ 表示节点 j 到节点 k 之间的联结的捷径中,经过节点 i 的途
径数量。g_{jk} 表示节点 j 到节点 k 之间的最短联结数量。

在选取的位置因素中,国家技术专业化强度的测度最为复杂。本研究
对国家(地区)技术专业化强度的测量,采用学者 Iris Wanzenböck 等
(2015)对欧洲区域研发网络分析中使用的技术专业化指标进行度量。其
计算公式如下:

$$\ln(C_{it}) = \ln\left(\frac{1}{2}\sum_{p} |S_{ip} - \bar{S}_p|\right) \tag{3}$$

其中,i 表示国家(地区);p 表示该专利所属技术领域,$p=1$ 为信息通信
领域,$p=2$ 生物技术领域,$p=3$ 医疗技术领域,$p=4$ 纳米技术领域,$p=$
5 环境技术领域,$p=6$ 制药领域;t 表示研究年份。

在其他因素的量化过程中,选用国家(地区)贸易和进出口总额衡量一
个国家的经济开放水平。采用恒大研究院与世界银行数据库中"知识产权
费用支付"数据衡量各国的知识产权保护水平。选择专利数据作为衡量各
国综合研发实力的指标。选取互联网用户数量度量各国的基础通信设施完
善程度。至于地理临近与语言临近指标,目前大部分学者采用两个研究主体
之间的绝对距离来衡量地理临近,也有部分学者通过研究主体之间交通往
来的时间和成本来衡量地理距离。由于本研究构建的全球研发网络数据
来自 OECD 数据库中收纳的欧洲专利局数据,本研究拟根据研究对象国
(地区)是否属于欧洲国家设置虚拟变量,来衡量地理临近对国家嵌入全球
研发网络位置的影响:属于欧洲国家为 1,不属于为 0。鉴于英语在各国

的普及率和影响力,本研究选取一个国家(地区)的官方语言或国家语言,以及该国至少 20%的人口使用的语言是否为英语作为语言临近的指标。

为控制其他变量的影响,根据相关研究结果(曹霞等,2020;谢里和张敬斌,2016;罗军和陈建国,2014),继续选取人力资本、国家经济水平、制度质量等作为影响一国跨国公司全球研发网络投资空间组织等级嵌入位置的控制变量。与用研发投入、专利总数等反映一国的综合研发实力不同,继续把对一国综合研发实力即期难影响甚至无影响,长期却具有战略影响的人力资本纳入模型的控制变量中,并选用人均受教育年限法来衡量各个国家(地区)的人力资本存量;选择人均 GDP 表示一国经济能力;使用世界银行发布的全球治理指数(Worldwide Governance Indicators)反映一国的制度质量。通过主成分分析法,把世界银行发布的全球治理指数中,反映一国制度质量的 6 个指标(腐败控制能力、民主化程度、政府治理效率、管制质量、法律制度、政局稳定性)降维构成一个综合反映一国制度质量的变量指标。

表 6-2 变量测度说明及数据来源

变量		变量名称	变量解释或计算方法	数据来源
被解释变量		度中心性	其中,表示节点 n_i 的所有节点联结数量,m 为网络节点总数	Ucinet6 计算所得,参见刘军[15](2009)
		介中心性	其中,表示节点 j 到节点 k 之间的联结的捷径中,经过节点 i 的途径数量。表示节点 j 到节点 k 之间的最短联结数量	
解释变量	内部主观意念因素	国家对外开放水平	国家(地区)贸易进出口总额	世界银行数据库
	内部客观基础因素	综合研发实力	国家专利总数	世界银行数据库
		技术专业程度	技术专业化指数,计算方法为:$$C_{it} = \frac{1}{2} \sum_p | S_{ip} - \bar{S}_p |$$ 其中,i 表示国家(地区);p 表示该专利所属技术领域;t 表示研究年份	经合组织图书馆(根据欧洲专利局的专利申请统计数据计算而得)
		知识产权保护	知识产权费用支付	世界银行数据库
		基础通信设施	互联网固定宽带接入用户数	国际电信联盟(ITU)
	外部环境因素	地理临近性	虚拟变量,欧洲国家=1	CEPII 数据库
		语言临近性	虚拟变量,官方语言为英语或至少20%的人口使用英语的国家=1	CEPII 数据库

（续表）

变量	变量名称	变量解释或计算方法	数据来源
控制变量	人力资本	人均受教育年限	联合国教科文组织统计—人文发展指数
	国家经济水平	人均 GDP	世界银行数据库
	制度质量	用主成分分析将世界银行发布的全球治理指数中,反映一国制度质量的 6 个指标降维构成一个综合反映一国制度质量的变量指标	全球治理指数

　　本研究的样本数据主要来自经合组织（OECD）和世界银行。受数据可获得性及完整性的限制,本研究最终选择的样本包括中国、美国、德国、法国、英国等 63 个国家（地区）。由于制度质量数据的非连续性发布问题,样本研究的时间跨度包含 1996 年、1998 年、2000 年及 2002 到 2015 年共 17 年。世界银行发布的全球治理指数自 2002 年开始改为每年发布一次,此前是每两年发布一次。此外,国家基础设施完善程度数据仅包括 2000 年至 2012 年共 13 年的数据。在缺漏数据的处理上,本研究根据该数据的整体增长趋势进行补空。本研究涉及的各个主要变量测量方式与数据来源如表 6-2 所示。

　　根据研究设计,本研究的具体模型如下：

　　模型 1：$y_{it} = \beta_0 + \beta_1 \ln(edu)_{jt} + \beta_2 \ln(gdp)_{jt} + \beta_3 sys_{jt} + \beta_4 \ln(spe)_{jt} + \beta_5 \ln(tra)_{jt} + \beta_6 \ln(tpa)_{jt} + \beta_7 \ln(net)_{jt} + \beta_8 \ln(zsc) + \beta_9 eur + \beta_{10} eng + u_{jt}$

　　模型 2：$y_{it} = \beta_0 + \beta_1 \ln(edu)_{jt} + \beta_2 \ln(gdp)_{jt} + \beta_3 sys_{jt} + \beta_4 \ln(spe)_{jt} + \beta_5 \ln(tra)_{jt} + \beta_6 \ln(tpa)_{jt} + \beta_7 \ln(net)_{jt} + \beta_8 \ln(zsc) + \beta_9 eur + \beta_{10} eng + \beta_{11} eng * \ln(spe)_{jt} + \beta_{12} eng * \ln(tra)_{jt} + \beta_{13} eng * \ln(tpa)_{jt} + \beta_{14} eng * \ln(net)_{jt} + \beta_{15} eng * \ln(zsc)_{jt} + u_{jt}$

　　以上模型中,y 代表一国跨国公司全球研发网络投资空间组织嵌入的位置,分别使用度中心性或介中心性指标来衡量；j 表示国家（地区）；t 表示年份；u_{it} 为随机误差项；其他变量表示参见表 6-2。模型 1 是为检验国家经济开放水平、知识产权保护、国家综合研发实力、技术专业化程度、国家基础设施等东道国内部因素,以及地理临近、语言临近等东道国外部环境因素对跨国公司全球研发网络投资空间组织国家嵌入位置的影响。模型 2 重点检验语言临近与其他因素叠加对跨国公司全球研发网络投资空间组织国家嵌入位置的综合交互影响。

四、结果与讨论

(一) 跨国公司全球研发网络投资空间组织国家嵌入的位置结构

跨国公司全球研发网络投资空间组织国家嵌入位置因素分析的第一步,首先必须对跨国公司全球研发网络投资空间组织国家嵌入的位置结构有一个整体认识。本研究选取 OECD 专利国际合作数据库中,欧洲专利局提交的申请与外国合作者共为发明人的专利数据,作为刻画跨国公司全球研发网络投资空间组织国家嵌入位置结构的来源数据。由于国与国之间真实的国际研发合作关系肯定早于专利的国际联合合作申请,并可能在专利的国际联合合作申请之后继续存在,本研究为真实地反映跨国公司全球研发网络投资空间组织国家嵌入关系,将建立分时段测度跨国公司全球研发网络投资空间组织国家嵌入位置结构的方法,对自然年份的国际合作专利数据进行汇总,重点关注 1980—1982 年、1990—1992 年、2000—2002 年、2013—2015 年等 4 个时间阶段的跨国公司全球研发网络投资空间组织国家嵌入的位置结构。

(1) 跨国公司全球研发网络投资空间组织国家嵌入的整体特征分析。首先运用 Ucinet6 对世界各国借由由近及远的研发合作,通过紧密交织,最终在全球范围内形成的新的跨国公司全球研发网络投资空间组织国家嵌入的整体特征展开分析。平均度、成分数量、度中心势、密度、传递性都是用来衡量跨国公司全球研发网络投资空间组织国家嵌入整体特征的指标。其中,平均度度量一个节点国家平均连接的嵌入国家数。成分数量是用来刻画衡量国家跨国公司全球研发网络投资空间组织等级嵌入的子网络个数。发展不完全的跨国公司全球研发网络投资空间组织国家嵌入可分成若干个内部嵌入国家相互联系但跨网络之间却毫无联系的子网络,成分数越少,则说明跨国公司全球研发网络投资空间组织国家嵌入的整体性越强。此外,网络密度、传递性等指标也是侧重从跨国公司全球研发网络投资空间组织嵌入国家之间的整体网络联系强度角度,构建衡量国家跨国公司全球研发网络投资空间组织嵌入整体特征指标的。它们分别是指现有嵌入国家连接在所有可能嵌入国家连接中的占比及一个嵌入国家与相邻嵌入国家连接的可能性。

分析结果显示,越来越多的国家已嵌入跨国公司全球研发网络投资的空间组织中。从图 6-2 的结果可以看出,跨国公司全球研发网络投资空间组织国家嵌入的整体性不断增强。不管是一个节点国家平均连接的嵌入国家数(平均度),还是现有嵌入国家连接在所有可能嵌入国家连接中的占比

（网络密度）均呈上升之势。跨国公司全球研发网络投资空间组织国家嵌入的成分数指标检测结果进一步表明，跨国公司全球研发网络投资空间组织的国家嵌入不是以小空间范围内的国家之间的研发创新合作的增加为基础的。跨国公司全球研发网络投资空间组织国家嵌入不断减少的子网络数（成分数），说明世界各国之间的研发创新合作的子网络边界日趋模糊。世界各国之间的研发创新合作既有传统某小空间集团范围内的，也有跨越传统小空间集团范围限制、发生在传统子网络与子网络之间的。这显示顺应时代的发展，跨国公司全球研发网络投资空间组织的国家嵌入已经成为一个密不可分的整体，世界各国之间的研发创新合作已作为一个整体存在。

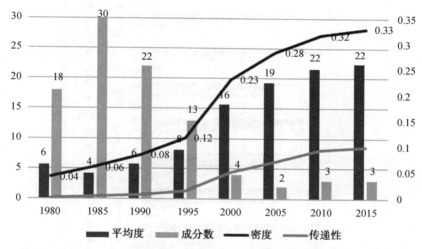

图 6-2　1980—2015 年跨国公司全球研发网络投资空间组织整体嵌入特征

（2）跨国公司全球研发网络投资空间组织国家嵌入的位置结构分析。采用度中心性、介中心性衡量跨国公司全球研发网络投资空间组织国家嵌入的位置结构。结果显示，在跨国公司全球研发网络投资空间组织国家嵌入总体规模及整体性不断增强的同时，跨国公司全球研发网络投资空间组织国家嵌入的位置相差悬殊、等级结构森严。以 2015 年度中心性排名前 20 的国家为例，本研究计算了这 20 个国家自 1980 年开始，每 5 年的平均度中心性及平均介中心性（见图 6-3、图 6-4）。结果显示，跨国公司全球研发网络投资空间组织国家嵌入的位置差异悬殊，主要体现在两个方面。一是跨国公司全球研发网络投资空间组织国家嵌入的静态位置差异方面。美国、德国等国家长期占据跨国公司全球研发网络投资空间组织国家嵌入

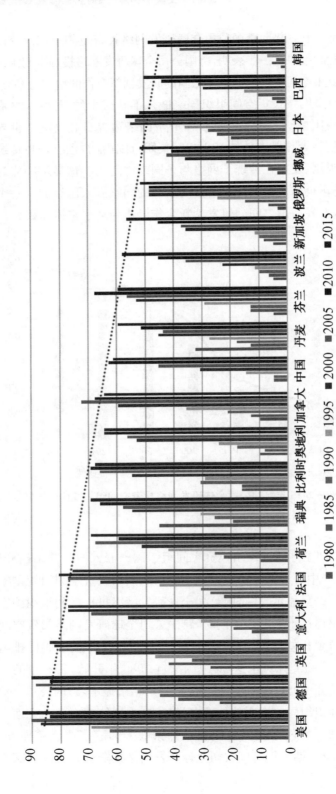

图6-3　前20位国家跨国公司全球研发网络投资空间组织嵌入度中心度

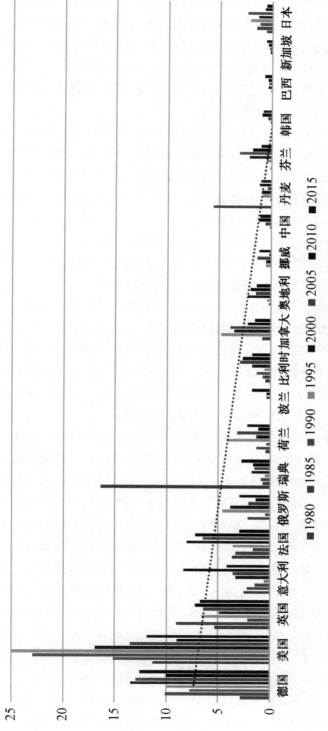

图 6-4 前 20 位国家跨国公司全球研发网络投资空间组织嵌入中间中心度

的度中心位及介中心位,美国、德国等国家的度中心性及介中心位呈逐年上升之势。凭借在跨国公司全球研发网络投资空间组织国家嵌入中所处的核心位置,美国、德国等国家能够轻易从外部整合到更多的优质研发创新资源。二是跨国公司全球研发网络投资空间组织国家嵌入的动态位置差异方面。处于中部特别是尾部的国家,跨国公司全球研发网络投资空间组织国家嵌入的位置急剧变化。

1996 年至 2000 年这个时间段是跨国公司全球研发网络投资空间组织国家嵌入的度中心位分化阶段。在这之前,样本国家的跨国公司全球研发网络投资空间组织国家嵌入位置变化较小,之后进入大幅波动阶段,加拿大等国家的嵌入位置提升迅速,2000 年接连赶超瑞典、荷兰等国家。此外,波兰、巴西等国家也有不错表现。

本研究利用 Gephi 软件,进一步作 1980—1982 年、1990—1992 年、2000—2002 年、2013—2015 年等 4 个时间阶段的跨国公司全球研发网络投资空间组织国家嵌入的位置结构 Gephi 图(详见图 6-5),将跨国公司全球研发网络投资空间组织国家嵌入的位置结构分析进行可视化处理。在跨国公司全球研发网络投资空间组织国家嵌入的位置结构 Gephi 图中,跨国公司全球研发网络投资空间组织国家嵌入的整体规模,可以用进入网络的嵌入国家数及连接数来反映。跨国公司全球研发网络投资空间组织国家嵌入的位置结构,可以用节点标注的颜色及距离图片中心的远近来反映,颜色越深代表该国在网络中所处的位置越高。

比较跨国公司全球研发网络投资空间组织国家嵌入的位置结构 Gephi 图,可以再次发现,随着时间的推移,跨国公司全球研发网络投资空间组织国家嵌入的规模确实在扩大。1980—1982 年间,跨国公司全球研发网络投资空间组织的国家嵌入处于刚起步阶段,嵌入国家数及嵌入国家的研发合作连接数均不多,跨国公司全球研发网络投资空间组织国家嵌入的位置结构 Gephi 图给人稀疏之感。随后,随着嵌入的国家数及嵌入国家的研发合作连接数不断增加,跨国公司全球研发网络投资空间组织国家嵌入的位置结构 Gephi 图日趋饱满,显示嵌入国家的研发合作连接日益频繁。在内部的等级结构方面,跨国公司全球研发网络投资空间组织国家嵌入的位置结构 Gephi 图同样显示,跨国公司全球研发网络投资空间组织国家嵌入的位置相差悬殊。跨国公司全球研发网络投资空间组织国家嵌入的位置结构 Gephi 图中,既有长期处于网络外围即边缘位置的委内瑞拉、巴基斯坦等国家,也有长期占据跨国公司全球研发网络投资空间组织国家嵌入颜色较深的、中心位置的美国、德国(图中方框圈出)等国家。

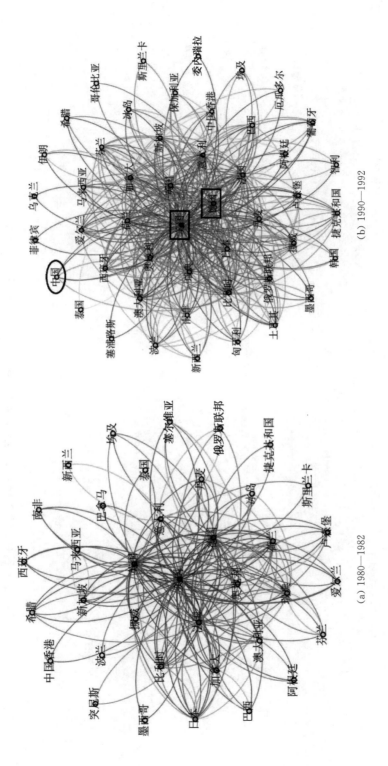

（a）1980—1982

（b）1990—1992

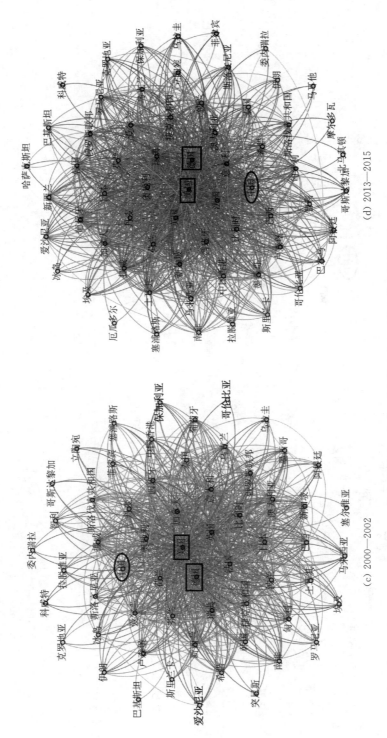

(c) 2000—2002

(d) 2013—2015

图 6-5　国家跨国公司全球研发网络空间组织嵌入的位置结构 Gephi 图

　　就中国跨国公司全球研发网络投资空间组织国家嵌入的位置而言,与美国、德国等长期处于跨国公司全球研发网络投资空间组织国家嵌入中心位置的国家相比,中国长期处于跨国公司全球研发网络投资空间组织国家嵌入的边缘位置。近年来,中国出现了向跨国公司全球研发网络投资空间组织国家嵌入核心位置嵌入的积极势头,变化可喜。

　　1980—1982年间,中国仅香港地区实现了对跨国公司全球研发网络投资空间组织国家(地区)嵌入,嵌入位置不高,属边缘嵌入。香港背靠中国内地,是改革开放前很长一段时间中国对外联系的桥头堡。香港在中国所处的独特的历史地理位置,为香港跨国公司全球研发网络投资的空间组织嵌入奠定了基础。在香港嵌入跨国公司全球研发网络投资的空间组织之后,中国广大的内地地区也相继被推向国际舞台。早期中国与国外的合作以一般经济领域的国际合作为主。随后,随着中国对外开放程度的进一步提高,中国才出现与国外的科技合作。在早期,中国以嵌入跨国公司全球研发网络投资空间组织的边缘位置为主。一直到2000—2002年间,中国对跨国公司全球研发网络投资空间组织的等级嵌入才出现了从网络外围位置到网络核心位置的演变趋势。总结中国跨国公司全球研发网络投资空间组织嵌入位置变迁的原因,可以归纳为以下几个方面。一是由于中国不断增强的综合研发实力。跨国公司全球研发网络投资空间组织发轫之初,中国刚启动对外改革开放的进程。在此阶段,中国处于国际分工加工组装环节的低端位置,决定了中国很难开展实质性的对外研发科技合作。但改革开放之后,中国经济发展并非一成不变。过去四十多年中,中国经济在规模和效益、数量和质量方面实现的双增长,改变了中国参与国际分工的内容,中国开始广泛参与国际科技合作。中国综合研发实力的增强,奠定了中国企业参与国际研发分工的基础。二是与中国不断优化完善的对外开放政策有关。中国对跨国公司全球研发网络投资空间组织国家嵌入位置的提高,与中国不断扩大的对外开放基本保持了同步发展态势。1980—1982年间,中国刚启动对外开放,受对外开放水平的限制,中国只有香港地区实现了对跨国公司全球研发网络投资空间组织的国家嵌入,即使到1990—1992年间,中国对外开放的政策重点仍主要限于对国际加工制造业投资的引入,结果导致在此阶段中国对跨国公司全球研发网络投资空间组织的国家嵌入仍以低位嵌入为主。一直到21世纪,随着中国自主创新战略的确立,中国对外开放的政策着力点,已转向通过国际合作促进中国自主创新实力的提升,中国确定的"引进来"与"走出去"相结合的双向对外开放战略,奠定了中国跨国公司全球研发网络投资空间组织国家嵌入位置提高的对外开放基础。进入 21 世纪之后,受国家政策支持,中国同世界各国的人才交流合作不断加大,中国不断增多的出国留学及回国的人数(见图 6-6),架起了中国参与国际研发创新合作的沟通渠道。2013—2015年间,中国跨国公司全球研发网络投资空间组织国家嵌入的位置开始向中部核心位置嵌入。

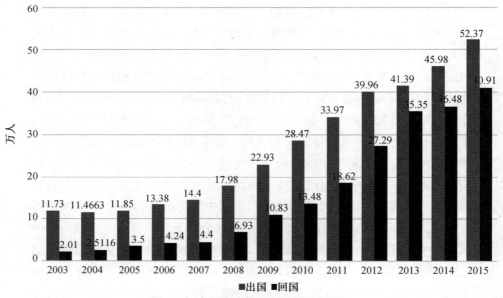

图 6-6　中国出国人数与回国人数统计

(二)跨国公司全球研发网络投资空间组织国家嵌入的位置因素

在已阐明跨国公司全球研发网络投资空间组织国家嵌入的位置结构之后,接着对影响跨国公司全球研发网络投资空间组织国家嵌入的因素展开分析。表 6-3 为研究所选的刻画跨国公司全球研发网络投资空间组织国家嵌入位置结构及影响因素变量的描述性统计分析结果。除基础通信设施、知识产权保护变量以外,各变量的观测值包括 63 个国家(地区)、17年的 1 071 个数据;表 6-4 为变量的相关系数矩阵。结果显示,本研究所选的解释变量均与被解释变量度中心性显著相关,说明本研究所选的解释变量对跨国公司全球研发网络投资空间组织国家嵌入的位置有积极的影响,值得做进一步的模型估计。除控制变量以外,个别解释变量之间也存在较高程度的相关性,警示在后续的模型估计中应注意避免出现多重共线性问题(见表 6-4)。

表6-3 描述性统计分析

Variable	Obs	Mean	Std.Dev.	Min	Max
deg	1 071	30.541 25	23.667 82	0	93.548 39
bet	1 071	1.046 729	2.597 111	−1.1E−15	23.028 08
ln_edu	1 071	2.259 892	0.267 272	1.064 711	2.646 175
ln_gdp	1 071	0.095 691	1.192 047	−3.341 03	2.475 058
sys	1 071	0.680 672	0.466 434	0	1
ln_spe	1 071	1.867 686	0.701 662	−1.372 91	5.113 041
ln_tra	1 071	2.562 969	1.608 659	−1.845 16	6.272 877
ln_tpa	1 071	4.681 871	2.665 523	0	10.641 32
ln_net	756	12.190 38	4.339 81	0	19.008 47
ln_ipp	630	20.392 07	2.110 903	15.204 3	25.059 83
eur	1 071	0.539 683	0.498 656	0	1
eng	1 071	0.174 603	0.379 805	0	1

表6-4 相关性分析

	deg	ln_gdp	ln_edu	sys	ln_tra	ln_tpa	ln_spe	ln_net	ln_ipp	eur	eng
deg	1										
ln_gdp	0.67*	1									
ln_edu	0.49*	0.67*	1								
sys	0.42*	0.68*	0.58*	1							
ln_tra	0.86*	0.61*	0.35*	0.28*	1						
ln_tpa	0.92*	0.69*	0.52*	0.45*	0.82*	1					
ln_spe	0.31*	0.13*	0.16*	0.03	0.34*	0.32*	1				
ln_net	0.49*	0.45*	0.26*	0.14*	0.56*	0.42*	0.14*	1			
ln_ipp	0.70*	0.49*	0.29*	0.26*	0.77*	0.68*	0.21*	0.36*	1		
eur	0.14*	0.28*	0.40*	0.32*	−0.12	0.17*	0.16*	0.01	−0.09	1	
eng	0.25*	0.26*	0.23*	0.23*	0.26*	0.26*	0.07	0.14*	0.32*	0.25*	1

　　由于解释变量之间存在高度的相关性,为消除多重共线性,本研究决定将解释变量分组,对模型进行分组回归,根据分组变量,得到主效应模型3个,交互模型5个。本研究选取的数据是由63个国家在连续17年的不同时间点上的取值集合组成的面板数据,由于面板数据相对于横截面数据多了一个时间维度,为了使面板数据的估计结果更加稳健,需要在是否考虑时间固定效应模型和随机效应模型之间进行选择。本研究的Hausman检验结果拒绝了随机效应模型,最后选择了时间固定效应模型。此外,由于本研究选择的面板数据属于大N(样本横截面个数)小T(连续年份数)型,截面数据中总体各单位的差异让大N小T型的面板数据估计之前,必须先进行异方差检验。由于检验是否存在异方差的Wald检验结果在1%的水平上显著,本研究最终决定采用pooled OLS方法对模型进行估计。

　　表6-5与表6-6分别给出了主效应模型和交互效应模型的估计结果。在主效应模型中,模型1、模型2、模型3均加入了外部的地理临近及语言临近变量,所不同的是,根据解释变量之间相关程度的不一样,为消除多重共线性影响,分组变量中模型1重在于检验国家经济开放水平、技术专业化变量的等级嵌入影响,模型2检验综合研发实力、技术专业化、基础通信设施变量国家跨国公司全球研发网络投资空间组织嵌入的位置差异影响,模型3检验东道国知识产权保护、基础通信设施、技术专业化变量对一国跨国公司全球研发网络投资空间组织嵌入的位置影响。不管是以度中心度为被解释变量的主效应模型,还是以中间中心度为被解释变量的主效应模型,模型估计结果均显示,东道国跨国公司全球研发网络投资空间组织的嵌入位置,确实受东道国内部的主观意念、客观基础及外部的地理临近等因素的影响。以主效应模型1的估计结果为例,模型估计结果显示,国家经济开放水平$\ln(tra)$每提升1个单位,则国家网络度中心度位置上升11.92个单位,中间中心度提高0.692个单位;国家技术专业化$\ln(spe)$每提升1个单位,则国家网络度中心度位置上升1.670个单位,中间中心度会提高1.659个单位;地理临近每提升1个单位,国家网络度中心度位置上升10.28个单位,中间中心度提高1.009个单位。这说明一国跨国公司全球研发网络投资空间组织嵌入位置的提升或下降,确实是由国家经济开放度、综合研发实力、技术专业化、基础通信设施、语言临近、地理临近等因素决定的。这显示本研究尝试从东道国内部的主观意念、客观基础及外部的环境因素角度,构建影响一国跨国公司全球研发网络投资空间组织中心嵌入的位置因素框架体系是正确的。

　　相对而言,经济开放度、综合研发实力等因素在保持对一国跨国公司全球研发网络投资空间组织嵌入位置的总体正向作用的同时,这些因素对一国跨国公司全球研发网络投资空间组织嵌入位置的正向影响作用在稳定性及大小等方面也表现出一定的个体差异。以主效应模型 2 为例,模型 2 同时纳入了综合研发实力与技术专业化两个因素。结果显示综合研发实力因素作用效果更加稳定:不管是在以度中心度为被解释变量的模型中,还是在以中间中心度为被解释变量的模型中,综合研发实力因素变量的估计系数都显著为正。但与此相反,技术专业化因素的作用则略显不稳定,在以度中心度为被解释变量的模型中,技术专业化因素的作用系数甚至为负,尽管不显著。技术专业化因素相对不稳定的原因,说明国家或企业之间的研发创新合作将越来越注重合作国家或企业的创新广度,而不是深度,并且拥有一定研发创新宽度的综合研发实力较强的国家通过合作,也易在某专攻领域形成具有一定研发深度的国家,结果导致不管是从宽度角度,还是从深度角度,综合研发实力国家都易成为其他国家竞相合作国。其次,相对于语言临近因素,地理临近因素作用的不稳定,则说明随着交通通信技术的发展,相对于承载东道国文化、习俗等在内的语言临近因素,绝对的时空距离因素更容易突破,结果导致与全球创新中心国家地理距离的远近不是决定一国跨国公司全球研发网络投资空间组织嵌入位置差异最为主要的因素,并且地理临近的国家本身也可能意味着它们的研发创新资源将趋同,它们之间构建国际研发合作关系的可能性反而将降低,结果影响了与全球研发创新中心临近国家跨国公司全球研发网络投资空间组织嵌入位置的提高。

一国跨国公司全球研发网络投资空间组织嵌入的位置因素是综合的和交互影响的。一国跨国公司全球研发网络投资空间组织嵌入位置的提高,不是由某一方面的因素单独决定的。比如从影响国家跨国公司全球研发网络投资空间组织嵌入位置提高的内部因素看,国家跨国公司全球研发网络投资空间组织嵌入位置的提高,并非仅仅有提高的主观意念就行,而且即使有攀高的较强的综合研发实力等客观的基础支撑,没有嵌入的主观意念也不够。它们对一国跨国公司全球研发网络投资空间组织嵌入位置的影响是综合的。为检验对外开放水平等因素对一国跨国公司全球研发网络投资空间组织嵌入位置的综合影响,本研究将把这些因素两两相乘,再次构建交互模型对影响国家跨国公司全球研发网络投资空间组织嵌入位置的因素做进一步的实证。限于篇幅,将重点检验语言临近与其他因素交互对国家跨国公司全球研发网络投资空间组织嵌入位置的影响。

表 6-5　主效应回归分析结果

	模型 1		模型 2		模型 3	
	I	II	I	II	I	II
人力资本	4.773*** (1.749)	−0.365 (0.313)	0.372 (1.812)	−0.359 (0.336)	0.270 (4.062)	−0.271 (0.473)
经济能力	0.055 3 (0.505)	−0.014 (0.445)	−0.700 (0.532)	−0.016 (0.509)	7.657*** (1.078)	0.498*** (0.126)
制度质量	3.546*** (0.980)	0.261 (0.175)	1.679 (1.037)	−0.114 (0.192)	3.820* (2.149)	−0.130 (0.250)
技术专业化	1.670*** (0.490)	1.659*** (0.087 7)	−0.579 (0.531)	1.681*** (0.098 6)	5.999*** (1.055)	2.032*** (0.123)
经济开放度	11.92*** (0.284)	0.692*** (0.050 8)				
地理临近	10.28*** (0.813)	1.275*** (0.145)	−0.289 (0.809)	0.695*** (0.150)	2.474 (1.680)	0.840*** (0.196)
语言临近	3.883*** (0.941)	1.009*** (−0.168)	0.726 (0.969)	0.752*** (0.180)	0.590 (1.960)	0.645*** (0.228)
综合研发实力			7.831*** (0.183)	0.477*** (0.034 0)		
基础通信设施			0.702*** (0.088 1)	0.044 9*** (0.016 3)	2.883*** (0.289)	0.270*** (0.033 7)
知识产权保护					3.864*** (0.375)	0.076 9* (0.043 7)
常数项	−22.57*** (3.751)	−4.028*** (0.671)	−15.34*** (3.986)	−4.592*** (0.739)	−104.5*** (11.33)	−8.323*** (1.321)
观测值	1 071	1 071	756	756	441	441
R^2	0.811	0.497	0.860	0.582	0.682	0.564

说明：* $p<0.1$，** $p<0.05$，*** $p<0.01$。其中 I 表示被解释变量为度中心度，II 表示被解释变量为中间中心度

　　表 6-6 给出了语言临近与经济开放水平、技术专业化、基础通信设施、知识产权保护、综合研发实力等变量交互的回归分析结果。为规避多重共线性问题，交互模型中不再单独引入语言临近变量。结果显示，除知识产权保护因素之外，其他因素与语言临近组成的交互项，系数估计均显著为正。在政策启示意义上，这一方面说明一国跨国公司全球研发网络投资空间组织的嵌入位置，确实不是由该国的经济开放度等某单个因素影响的，

表6-6 交互效应回归分析结果

	模型4		模型5		模型6		模型7		模型8	
	I	II	I	II	I	II	I	II	I	II
技术专业化	-1.043* (0.541)	1.434*** (0.096 9)	-0.700 (0.524)	1.614*** (0.095 0)	-0.587 (0.528)	1.658*** (0.097 2)	5.987*** (1.054)	2.030*** (0.123)	1.465*** (0.484)	1.605*** (0.085 4)
基础通信设施	0.697*** (0.087 4)	0.041 5*** (0.015 6)	0.706*** (0.087 1)	0.045 3*** (0.015 8)	0.691*** (0.087 8)	0.039 4** (0.016 2)	2.886*** (0.289)	0.270*** (0.033 7)		
综合研发实力	7.778*** (0.182)	0.459*** (0.032 5)	7.728*** (0.182)	0.450*** (0.033 0)	7.798*** (0.182)	0.472*** (0.033 6)				
知识产权保护							3.869*** (0.377)	0.071 2 (0.043 9)		
经济开放度									11.71 (0.284)	0.635*** (0.050 1)
语言临近* 技术专业化	1.442*** (0.429)	0.713*** (0.076 7)								
语言临近* 综合研发实力			0.624*** (0.149)	0.229*** (0.027 0)						

（续表）

	模型 4		模型 5		模型 6		模型 7		模型 8	
	Ⅰ	Ⅱ	Ⅰ	Ⅱ	Ⅰ	Ⅱ	Ⅰ	Ⅱ	Ⅰ	Ⅱ
语言临近*基础通信设施					0.171** (0.070 7)	0.0757*** (0.013 0)				
语言临近*知识产权保护							0.013 6 (0.090 9)	0.032 0*** (0.010 6)		
语言临近*经济开放度									1.552*** (0.254)	0.424*** (0.044 8)
其他变量	控制	控制	控制	控制	控制	控制	控制	控制	控制	控制
常数项	−13.23*** (3.997)	−3.740*** (0.715)	−13.16*** (3.960)	−4.026*** (0.717)	−14.19*** (3.992)	−4.293*** (0.735)	−104.8*** (11.39)	−8.186*** (1.325)	−20.54*** (3.744)	−3.449*** (0.660)
观测值	756	756	756	756	756	756	441	441	1 071	1 071
R^2	0.862	0.617	0.863	0.610	0.861	0.591	0.682	0.565	0.814	0.521

说明：* $p<0.1$，** $p<0.05$，*** $p<0.01$。其中 Ⅰ 表示被解释变量为中心度的模型，Ⅱ 表示被解释变量为中间中心度的模型

一国跨国公司全球研发网络投资空间组织的嵌入位置还受该国的经济开放度、综合研发实力、技术专业化、语言临近等因素的综合匹配情况影响。经济开放水平、综合研发实力、语言临近等对一国跨国公司全球研发网络投资空间组织嵌入的位置影响是综合交叉的。另一方面则说明作为交叉项,语言临近与其他因素组成的交叉项,它们差不多都显著为正的系数估计显示语言临近可能是最为重要的中介调节因素。至于其中的原因,本研究认为,作为一国文化、风俗习惯等的外显载体,语言临近在众多的国际合作伙伴中,总会给合作方带来天然的亲切感和信任感,因而更容易与其他因素对一国跨国公司全球研发网络投资空间组织的等级嵌入位置产生叠加的交互影响。

第二节   中国跨国公司全球研发网络投资空间组织嵌入位置分析

中国作为最大的发展中国家,近年来顺应国内经济转型发展的需要,国家引资政策的重点已转向对跨国公司全球研发网络投资的空间组织引资上。跨国公司全球研发网络投资空间组织国家嵌入位置差异,除了表现为嵌入的中心位置差异外,还表现在嵌入的研发等级分工内容差异上。为顺应跨国公司研发全球化的浪潮,中国政府的目的就是想通过加大对处于跨国公司全球研发网络投资空间组织等级分工高位的概念设计、产品计划等类型的研发投资引入,推动中国在国际分工中的位置攀升。由于中国更希望吸引到处于跨国公司全球研发网络投资空间组织分工高位的概念设计、产品计划,本研究将进一步对中国跨国公司全球研发网络投资空间组织的嵌入位置进行分析。进一步的分析将主要从中国嵌入的跨国公司全球研发网络投资的空间组织等级分工内容角度,而不是简单的嵌入的中心位置角度,展开中国跨国公司全球研发网络投资空间组织的嵌入位置分析。

一、中国对外引资政策优惠体系的历史演变

中国对外资的优惠政策制定肇始于 1979 年。在 1979 年到 1985 年的外资引资优惠政策体系形成的初始阶段,中国开始取消外资进入限制,鼓励外资企业来华投资,制定《中外合资经营企业法》(1979 年 7 月),走出利用外资的一步。但在实际利用外资的过程中,中国在外资引资优惠政策体

系形成的初始阶段,总体上对外资进入地区和行业进行全面限制,对外资采取"谨慎利用"的态度,外资活动仍受到国家严格限制。这一阶段的主要特点是：第一,中国中央政府集中外资审批权力；第二,税收优惠有限且不尽合理,为鼓励合作、保证对外资的控制,合资、合作企业比外商独资企业享受优惠得多的所得税税率；第三,利用外资的区域政策倾斜明显,其中广东省享有特殊优惠政策；第四,最为关键的是,此阶段中国政府形成的对外引资政策体系产业导向不明确。由于过分注重利用外资的规模,中国政府制定的对外引资政策体系只是笼统规定允许企业进入的行业,尚未有区别地形成针对特殊产业的税收激励政策体系。

1986—1996 年是中国外资优惠政策体系全面形成阶段。与外资引资体系形成的初始阶段不同,在这一阶段,中国政府对外商投资的所有制限制有所放松,颁布了一系列旨在统一各类外资企业税制的法律。这让外资打破了所有制顾虑,能以更加"中性"的态势选择进入中国的方式。并且,为强化外商引资政策的产业导向,中国政府在这一阶段首次引入了"产业优惠为主、区域优惠为辅"的新税收优惠体系,开始从产业角度考虑政策设计,明确规定给予外资的税收优惠必须限定在生产性外商投资企业范围内。但在这一阶段,中国政府对外资数量绝对增加的过热追求,导致对外引资优惠政策的重点仍然局限在如何弥补自身的资金缺口问题方面。中国政府对外资数量上的追求,导致 1998 年颁布的《关于进一步扩大开放提高利用外资水平的若干意见》及 2000 年发布的《中西部地区外商投资优势产业目录》等政策文件,均以强化中国吸引外国投资的区位优势为重点,旨在扩大外资在中国的投资领域和投资区域范围。

2001—2007 年是中国外商引资优惠政策体系战略调整阶段。在这一阶段,中国最终加入了世界贸易组织。加入世界贸易组织后,随着中国经济对世界经济融入的不断加深及外资大规模涌入给中国带来的环境问题、挤出效应问题等不断凸现,中国政府开始对外资政策进行适应性调整。在此阶段,中国政府提高了外资进入门槛,明确规定技术水平落后项目及不利于节约资源和改善环境的项目,为中国限制类外商投资项目。中国政府在此阶段推出和颁布的政策文件《指导外商投资方向规定》(2002 年 2 月颁布)及《外商投资产业指导目录》(2002 年 3 月颁布),保证了中国政府对待外资由数量为主到以质量和效益为主的转变。中国政府在此阶段的引资优惠政策经历了从注重弥补资金缺口到弥补资金和技术缺口并重,再到弱化资金缺口,强化技术、管理等多重缺口的演变。

一直到 2008 年,中国政府才最终取消了外资在华的超国民待遇。中国政府在 2008 年后实行的新税制中(可见中国政府 2008 年颁布实施的《企业所得税法》),统一了内、外资企业的所得税标准,未来将不再以税收优惠及城镇土地使用上的超国民待遇对待外资。中国政府的战略指导思想,是通过给予国内外企业相同的竞争环境,引导外资企业强化在中国的研发技术投资,以公平地应对在中国的市场竞争。它们的战略目的是以产业优惠为导向,通过设置鼓励国内外企业加大在中国研发投资的税收优惠政策,引导国内外资金进入符合中国国家产业政策及区域发展政策的产业研发领域中(中国外商引资政策的历史演变见表 6-7)。中国对外引资政策出现了集中产业技术研发投资的转变,强调与国外企业的产业技术合作。

中国尝试嵌入跨国公司新兴全球研发网络投资空间组织的努力,还体现在中国各地方政府对跨国公司研发引资政策的重视上。随着跨国公司国际研发投资规模的扩大,上海已在科技发展"十二五"规划中,明确提出将上海建设成为亚太研发中心,并由上海市科委领衔,制定了外资研发机构认定办法,对符合条件的外资研发机构,出台了系列的财税优惠政策。此外,北京、苏州等城市分别以建成中国科技创新中心、国家创新型城市为目标,出台了外资研发机构认定办法,规定了外资研发机构财税优惠条件,出台了外资研发机构财税优惠措施(见表 6-8)。

表 6-7　中国支持外商研发投资政策的历史演变

制定时间	政策名称	政策内容
2007 年	企业所得税公布	中国长期执行内外资企业所得税"双轨制"取消,终结了外资企业在中国税收上享受"超国民待遇"的历史。引资重点开始朝高新技术产业资本转移。
2007 年	关于 2007 年全国吸收外商投资工作指导性意见	引资重点导向细化,明确提出鼓励外商投资研发中心、高新技术产业、先进制造业和节能环保产业;强调鼓励外商投资现代农业、现代服务业和服务外包产业、传统产业的技术改造和升级;此外,提出继续鼓励跨国公司在中国设立地区总部、采购中心、物流中心、营运中心等。
2010 年	国务院关于进一步做好利用外资工作的若干意见	在前述引资重点导向变化的基础上,进一步细化了研发引资的政策安排,强调鼓励中外企业加强研发合作,支持符合条件的外商投资企业与内资企业、研究机构合作申请国家科技开发项目、创新能力建设项目等,申请设立国家级技术中心认定。并规定在 2010 年 12 月 31 日以前,对符合要求条件的外资研发中心确需进口的科技开发用品免征进口关税和进口环节增值税、消费税。

（续表）

制定时间	政策名称	政策内容
2015 年	李克强总理发表中国外贸要从"大进大出"转向"优进优出"的指导性意见	提出改变过去中国"大进大出"的外贸方式，强调促成"优进优出"的开放型经济新格局。并首次提出不仅要出口高档次、高附加值产品，还要推动产品、技术、服务的"全产业链出口"。政策支持重点因此呈现鼓励本国企业"走出去"展开技术研发投资的倾向。

　　随着对外商引资政策体系的转变，中国见证了国内外跨国公司在华研发投资的迅猛增长。据统计，自 1994 年加拿大北方电讯公司在中国设立第一家研发机构以来，外资企业在中国的研发投资增长迅速，已从 2004 年的 25.2 亿元，增加到 2017 年的 113.3 亿元，年平均增长 34.5％（见图6-7），增速高于同期跨国公司在华投资总额的增加。跨国公司在中国国际研发直接投资的增加，除了在早期 2004—2005 年间有短暂波动之外，自 2005 年开始，基本呈现逐年增加态势。目前，众多外商在电子、交通运输、医药制造、化学原料等行业以多种方式在中国设立了研发中心，中国已成为微软等国际知名企业的亚太研发中心。与此同时，中国政府政策还出现了重点支持中国本土企业对外研发走出的倾向。中国政府总理李克强 2015 年 4 月发表的中国外贸要从"大进大出"转向"优进优出"的指导性意见，首次提出不仅要出口高档次、高附加值产品，还要推动产品、技术、服务的"全产业链出口"。政策支持重点因此呈现鼓励本国企业"走出去"展开技术研发投资的倾向（见表 6-9）。受国内支持政策影响，中国民营企业对外研发投资的空间网络组织已渡过初期摸着石头过河的阶段，进入了加快发展阶段（见表 6-9 对中国民营企业对外研发投资空间网络组织发展阶段的总结）。中国政府意图通过鼓励跨国公司全球研发网络投资的空间组织引入及推动中国本土企业对外研发投资的走出，来达到带动中国企业自主创新能力提升的目的。

表 6-8　中国部分城市外资研发支持政策

城市	建设目标	支持政策
北京	建设中国科技创新中心	2014 年出台了《北京市鼓励企业设立科技研究开发机构实施办法》，规定符合条件的内资研发机构和外资研发中心采购国产设备、符合条件的外资研发中心进口科技开发用品，可根据有关规定享受相关优惠政策。跨国公司在京地区总部设立市级企业研发机构自建或购买办公用房的，也可按照相关规定享受补助。

（续表）

城市	建设目标	支持政策
上海	建设亚太研发中心	2012 年印发了《上海市关于鼓励外商投资设立研发中心的若干意见》的通知。由上海市科委领衔,制定了外资研发机构认定办法。对符合条件的外资研发机构,出台了系列的财税优惠政策。
苏州	建成国家创新型城市	2006 年,苏州市出台了市级外资研发机构认定办法。对达到市级研发资格认定资格的企业,苏州市规定了相关的财税优惠政策。

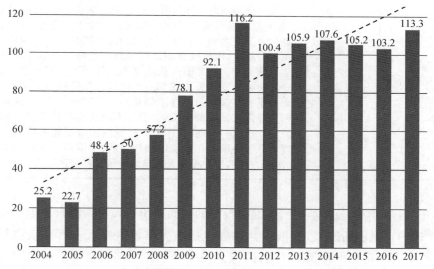

图 6-7 2004—2017 年跨国公司在中国的国际研发直接投资(单位:亿元)

表 6-9 中国民营企业对外研发投资空间组织发展的阶段特点

	阶段年度	阶段特点
第一阶段	1997—2001 年	在这一阶段,中国民营企业设立境外研发机构的主要特点是摸着石头过河,境外研发机构的定位不清楚,研发方向不太明确。当时中国民营企业主要是在境外建立研发联络点,其职责是收集信息、整合项目、锻炼队伍。也就是说,在这一阶段,中国民营企业境外研发工作总体上是缺乏体系的。中国民营企业境外研发投资起步较早,主要是因为部分投资领先者华为、创维、华立等公司率先在境外进行研发投资起到了带动和示范作用,形成过一小波境外研发投资浪潮。在潮头过后,除华为公司外,多数民营企业对境外研发投资采取了收缩的策略。

（续表）

	阶段年度	阶段特点
第二阶段	2002—2006 年	这是中国入世后第一个发展的五年,这期间是中国家电、机械、服装、机电等行业出口快速增长,占据世界市场份额迅速增加。与此同时,许多出口导向的民营企业强化了境外研发投资。华为、海尔、联想等民营或采用民营机制的企业借势强化了境外研发投资。从行业结构看,中国汽车、纺织、医药、机床机械等行业的民营企业设立境外研发机构逐步增多,以新建方式建立境外研发机构为主,而以并购方式建立境外研发体系则比较少见。
第三阶段	2007 年至今	由于中国综合国力的进一步上升,与周边世界的不和谐开始出现。而当遍及世界范围的针对中国制造业进行的反倾销、反补贴措施形成浪潮时,中国民营企业占重要地位的制造业出口战略遇到了巨大的挑战。与此同时,国家调整了加工贸易战略,传统的低附加值的加工贸易不再享受国家优惠政策支持。加之国内劳动成本上升等因素的影响,民营企业面临转变增长方式的巨大挑战。在这种情况下,国家出台了有关鼓励企业自主创新的一系列政策措施,这是民营企业未来发展的新机遇,也是实现转变增长方式的重要方向。在这一时期,由于世界范围内出现了能源价格大幅度上涨及中国医疗事业的较快发展,中国民营企业在能源、医药方面的研发投资尤其是境外研发投资迅速增长。

　　但是,跨国公司全球研发网络投资的空间组织进入是否能自动地推进中国的自主创新发展,目前社会各界包括学界与政府界人士对此众说纷纭、莫衷一是。一种观点认为,跨国公司全球研发网络投资的空间组织对中国的自主创新发展是有利的,因为它可以为中国提供技术和管理技能,并且这些技术和管理技能反过来还可以较低的成本为中国创造其他间接的正面影响;而另一种观点则认为跨国公司全球研发网络投资的空间组织对中国的作用可能是以中国本来的自主创新发展基础为条件的。因为中国自主创新发展的基础条件限制,如果跨国公司全球研发网络投资的空间组织以在中国的外围部件研发为主,则跨国公司全球研发网络投资的空间组织不仅难以带给我们预想的知识及技术溢出,而且还很容易产生对中国的研发低端锁定的问题。本研究拟以中国作为跨国公司全球研发网络投资的空间组织样本,进一步从中国嵌入的跨国公司全球研发网络投资的空间组织等级分工内容差异角度,展开中国跨国公司全球研发网络投资空间组织国家嵌入的位置分析。

二、中国跨国公司全球研发网络投资空间组织等级嵌入位置结构

首先对跨国公司全球研发网络投资在中国的空间组织特性进行判断。跨国公司对外研发投资的目的多样。跨国公司全球研发网络投资的空间组织目的,是重组跨国公司传统的国际分工格局,将跨国公司全球研发创新生产要素的空间整合对象进一步深入到原来相对独立的研发创新活动内部。按照对跨国公司全球研发网络投资空间组织目的定义,如果跨国公司在中国的对外研发投资以与在中国投资的生产机构合作为主,专职从事生产支撑型研发服务,那么跨国公司在中国这种类型的对外研发投资,就不能称作为跨国公司空间网络组织型对外研发投资,也就没有必要对其内部结构展开分析。本研究在分析中国在跨国公司全球研发网络投资空间组织中的位置之前,首先对跨国公司在中国对外研发投资的空间网络组织特征进行判断。

目前,现有研究很少涉及跨国公司全球研发网络投资空间组织等级结构的分析。借鉴波特的价值链理论,即使有研究尝试片断化跨国公司对外研发投资的空间网络组织过程,但这些研究大多从基础研究、应用研究、开发到最后生产经营与创新的纯知识生产过程角度,分析跨国公司全球研发网络投资的空间组织过程。过往对跨国公司全球研发网络投资空间组织等级结构的划分,是非等级化的。

本研究将借鉴陈信宏等人对跨国公司全球研发网络投资空间组织等级结构的划分方法,侧重从发达国家跨国公司如何继续维持自身在国际分工中的控制位置角度,对跨国公司全球研发网络投资的空间组织等级结构进行划分;认为跨国公司特别是发达国家跨国公司对全球生产的控制特别是对全球研发生产的控制,可能与其仍掌握的产品核心技术有关;强调发达国家跨国公司为维持自身的控制,它们可能仍选择把概念设计、产品计划及关键部件研发等一些核心技术研发环节留在母国完成。

本研究将通过问卷调查,确定中国在跨国公司全球研发网络投资空间组织中的嵌入位置。目前,随着跨国公司对中国的对外研发投资增多,中国很多地方政府比如上海、苏州出于进一步扩大对外开放水平、提高利用外资质量与水平的目的,针对跨国公司在中国的对外研发投资出台了特别登记制度,这为本研究调研跨国公司在中国的研发投资活动提供了很多便利。本研究根据上海、苏州等地方政府提供的外资研发机构目录,及根据企业官网提供的外资研发机构信息,最终确立了多家外资研发机构调研对象。

采用问卷调查,为确定跨国公司对中国的研发投资活动是否具有空间网络组织特性,本研究请研发机构负责人员判断下列活动对其研发机构的重要性:(1)技术本地化改造;(2)获得中国消费技术信息;(3)与在中国投资的生产机构合作;(4)开发全球技术;(5)与中国企业等科技社团关系;(6)建立研发节点。为以示区分,本研究将前三种目的投资称作断点型投资,将后三种称作空间网络组织型投资。

调查结果显示,目前利用跨国公司母国已有的科研成果、技术条件,仅针对中国市场和用户需求、技术差别、材料性能差异等对原有技术进行改良和革新目的的对外研发投资越来越少。跨国公司对中国的研发投资活动,更多是本着开发服务其全球市场技术的目的,将在中国的对外研发投资作为一重要的时空节点,发展与中国企业等科技社团的关系。在研究启示意义上,这表明跨国公司对外研发投资在中国的空间网络组织特征明显。

进一步调查中国在跨国公司全球研发网络投资空间组织中的位置。为判断中国的位置,首先把跨国公司在中国的研发投资活动分成四个附加值不同的相对独立的阶段或环节,包括概念设计及计划环节、设计调整及原型设计环节、过程管理(确认)及关键部件设计环节、外围部件开发及试验生产环节。结果显示,跨国公司对中国的研发投资,主要以在中国布局企业产品技术研发的外围部件、试验生产环节为主。据商务部资料,目前西门子、爱立信、微软等世界 500 强公司已将中国作为其在亚太甚至全球的研发中心来打造。

三、中国跨国公司全球研发网络投资空间组织嵌入的位置因素

跨国公司全球研发网络投资的空间组织,是跨国公司面对知识更新周期不断缩短及科技新兴国家不断崛起的挑战,主动或被动选择的结果。中国是否能嵌入跨国公司全球研发网络投资空间组织的较高位置,除了取决于中国能为跨国公司提供怎样的环境条件,还取决于跨国公司本身面临的竞争压力环境状况。

这些因素基本可以分为:(1)总体需求环境因素;(2)要素供给因素;(3)外部环境因素。其中,总体需求环境因素是指跨国公司面对新兴科技国家竞争及知识更新周期不断缩短等的挑战,而被迫在海外设立高级别研发投资节点的因素。要素供给因素是指影响跨国公司在海外设立高级别研发投资节点的东道国要素供给类因素,包括研发人才、专业知识和技术发展信息等因素。外部环境因素是指影响跨国公司在海外设立高级别研发投资节点的东道国财税政策、知识产权保护等方面的因素(见表 6-10)。

表 6-10　影响跨国公司设立高层级全球研发网络投资空间组织节点因素

影响因素分类	总体需求环境因素	东道国个体因素	
		东道国要素供给因素	东道国政策环境因素
具体内容	新兴科技企业竞争压力不断加大；知识更新周期不断缩短	当地高素质人才；当地创新成果；当地科学系统	东道国财税政策；东道国知识产权保护体系

为确定影响跨国公司在中国设立高级别对外研发投资空间网络组织节点的因素，首先请在华研发机构主要负责人回答各方面因素在跨国公司确立在华研发投资机构层级决策中的影响程度。这些因素包括：(1)跨国公司面对的同行竞争压力水平；(2)跨国公司面对的知识更新压力水平；(3)中国研发人才供给情况；(4)中国研发机构合作意念情况；(5)中国研发机构合作诚信水平；(6)中国财税支持情况；(7)中国知识产权保护情况。

其次，了解跨国公司升级在中国的研发投资级别，对中国外部研发环境的评价。跨国公司对中国研发投资环境的评价在一定意义上能反映哪些因素对于跨国公司在中国设立高级别研发投资节点有直接影响。请跨国公司研发机构的负责人判断，为升级在中国的研发投资等级，中国的研发投资环境可能还存在哪些问题：(1)高素质研发人才短缺；(2)企业研发人才忠诚度不够；(3)研发整合性成本过高；(4)知识产权保护不力；(5)政府干预过多；(6)研发综合配套环境不佳。

(1)需求环境因素。本研究的实证成果证明了跨国公司全球研发网络投资空间组织在中国的等级结构受跨国公司总体面对的竞争压力影响。有多家被调研研发结构认为，跨国公司面对的同行竞争压力影响最大；觉得知识压力因素重要的跨国公司也不少。

(2)要素供给因素。本研究对跨国公司在华研发机构的重点案例及文献调研研究，证明了中国人才供给情况对跨国公司确定在中国研发投资层级的影响。以美国苹果公司在中国的研发投资为例，2017年，苹果公司受特朗普担任美国总统后不断收紧的移民政策影响，决定升级在中国研发投资等级，将集聚中国人才的研发投资区位节点由2016年的两个区位节点即北京和深圳，扩大到现在的4个区位节点即北京、深圳、上海和苏州。据调查，目前跨国公司在华研发总部高度集聚在中国的北京、上海。作为中国高校、研究机构密集城市，北京、上海既有大量研发信息流，又有密集的研发人才流，这是吸引跨国公司在中国这两大城市密集布局更高级别研发总部的重要原因。

从跨国公司对外研发投资在中国的行业分布来看,电子和信息领域的跨国公司是在中国设立从事概念设计、关键部件研发等高级别研发机构的主体。本研究认为,正是因为中国在信息技术领域所具备的人才供给优势,才是吸引跨国公司不断调整在中国研发投资空间组织等级及内容的重要原因。中国信息技术领域的人才供应优势主要体现以下两个方面:一方面,中国留学人员和华裔科学家在信息技术领域的工作成绩,特别是这些人才中在国际著名企业和机构担任的高职,是促使跨国公司在华设立更高级别研发投资机构的重要原因。美国苹果公司总裁库克曾表示:之所以在中国投资服务全球市场的研发投资中心,最重要的原因就在于中国在信息技术领域拥有大量接受过跨国教育的综合性人才。库克认为,中国的国际性人才是中国的实力所在。另一方面,中国近年来在信息科技领域人才的培养,国内培养成绩同样斐然,中国本土培养的信息技术人才,甚至让中国诞生了足以与发达国家跨国公司相抗衡的电子信息企业,比如华为、小米等通信企业。据报道,在中国 7 大高技术群的人才分布中,信息技术人才是中国现有研发科技机构中研发人才储备最大的高技术人才群,规模是中国高技术人才中最大的。现阶段,中国在信息技术人才供给方面所具有的比较优势,已足以让很多跨国公司在中国构建其服务全球市场的区域性的甚至全球性研发服务中心。例如,微软已经把公司的亚太研发中心布局在中国,微软中国研究院曾提出在 3 年内拥有 100 位优秀的研究员,并在提供国际培训和交流的情况下,使人员不断本地化。目前,微软亚洲研究院仍然是微软在美国本土以外最大的基础研究机构,聚集了 200 多名全球顶尖的研究和开发人员以及 300 多名访问学者和实习生。目前,跨国公司对中国高新技术人才供给情况总体是满意的。

相对于中国研发人才供给情况,"中国研发机构合作意念情况"及"中国研发机构合作诚信水平"则不是主要影响因素。从提高中国企业自身的研发实力角度考虑,中国企业研发机构的合作意念应该是最为强烈的,中国企业等科技社团的合作意念不应成为跨国公司在中国建立包括核心技术研发在内的研发空间组织节点的阻碍因素。跨国公司比较担心的是合作研发机构的科研诚信问题,最后引发的企业科研成果被篡夺或被外泄的问题。

(3)外部环境因素。首先,在财税支持政策方面,中国简单的财税支持政策在跨国公司确定在中国的研发等级分工中的影响是较低的,较少跨国公司认为中国相关的财税支持政策对其确定在中国的研发分工等级有重要影响。其次,在中国知识产权保护政策方面,中国知识产权保护不力被视为阻碍跨国公司在中国设立高级别跨国公司研发网络投资节点最主要的因素。至于研发综合配套环境,调研发现信息基础设施环境比生活环境对跨国公司确定在中国的国际研发投资更有影响。目前,随着知识更新周期缩短,跨国公司尤其是处于世界顶端位置的技术领先的跨国公司的竞争,在一定程度上主要表现为技术开发赢者通吃的先机,表现为获得先行者优势的竞争。因此,对于对外研发投资的跨国公司来说,信息传递特别是核心技术传递的延误是致命的。跨国公司在确定关键研发环境的区位时,将特别注意信息基础设施对其区位决定的影响。

综上,跨国公司全球研发网络投资在中国的空间组织等级明显。跨国公司将根据中国人才及政策供给情况,确定在中国的跨国公司全球研发网络投资空间组织等级。在研究启示意义上,这说明对跨国公司全球研发网络投资空间组织对中国作用的研究,应把研究的核心放在中国自主创新发展的基础、知识产权保护等是否达到跨国公司在中国构建高级别的对外研发投资空间网络组织节点的条件问题分析上。本研究将进一步对中国是否已具备跨国公司全球研发网络投资空间组织的自主创新发展基础做进一步检测。

第三节　中国跨国公司全球研发网络投资空间组织的自主创新发展基础检测

本研究将在已论述跨国公司全球研发网络投资空间组织等级结构及影响因素的基础上,效仿传统对跨国公司全球研发网络投资空间组织内部等级结构不加区分,从总体角度对跨国公司全球研发网络投资对中国自主创新发展作用进行研究的文献,侧重对跨国公司全球研发网络投资空间组织对中国自主创新发展作用的互动性及条件性进行检验。本研究将引入考虑变量作用内生性及条件性的模型,对跨国公司全球研发网络投资空间组织对中国自主创新发展的作用进行再检验。本研究认为,由于没有注意到跨国公司全球研发网络投资空间组织的等级性及其受东道国自主创新发展基础决定的影响性,传统上主要从总体角度研究跨国公司全球研发网络投资空间组织对东道国作用的研究文献,容易出现因变量作用的双向性而引发的模型估计失效的问题。

一、跨国公司全球研发网络投资空间组织对中国作用的检验模型

本研究为达到判断中国是否达到跨国公司全球研发网络投资空间组织作用的条件目的，特从强调加强中国创新自主发展的基础角度，构建如下的联立方程组进行实证研究。本研究认为，随着跨国公司全球研发网络投资的空间组织发展，由于跨国公司全球研发网络投资对东道国综合影响的判断，很有可能是以东道国的创新自主发展比如东道国本身的研发人才供给状况为基础的，为此，如果仅以跨国公司对外研发投资为解释变量、以东道国的自主创新发展为被解释变量，仅以单方程方法对跨国公司全球研发网络投资空间组织对东道国自主创新发展的作用进行估计，则不仅极易因内生性问题产生回归偏差，而且在实践启示意义上也无法让东道国认识到通过加强创新自主发展力度，以在跨国公司全球研发网络投资的空间组织与东道国自主创新发展间形成良性互动关系的基础上，达到提高中国在跨国公司全球研发网络投资空间组织分工中位置的重要性。

$$\begin{cases} \operatorname{Ln} PAT_{it} = \beta_0 + \beta_1 \operatorname{Ln} R\&D_{it} + \beta_2 \operatorname{Ln} PEOP_{it} + \beta_3 \operatorname{Ln} EXP_{it} + \delta_t \\ \operatorname{Ln} R\&D_{it} = \gamma_0 + \gamma_1 \operatorname{Ln} PAT_{it} + \gamma_2 \operatorname{Ln} PEOP_{it} + \gamma_3 \operatorname{Ln} EXP_{it} + \varepsilon_t \end{cases}$$

模型中，$\operatorname{Ln} PAT_{it}$ 为反映中国 i 省 t 年的创新自主发展水平变量。目前，度量区域创新自主发展水平的变量方法有多种，但用专利数据作为衡量区域创新自主发展水平的指标是一种惯常做法，本研究为更好地度量中国的创新自主发展水平，拟使用每万人专利授权数据作为研究中国区域自主创新发展变化及技术变革的重要资源。尽管跨国公司全球研发网络投资的空间组织有满足本地技术改造及实现跨国公司全球研发战略目标等两种动机，但只有服务跨国公司全球研发战略目标的跨国公司全球研发网络投资的空间组织，跨国公司才会更加关注东道国的创新自主发展因素对其区位决定的影响。以此作为解释变量，通过确定创新自主发展变量在跨国公司全球研发网络投资方程中的正负显著性，就能够反映中国的自主创新发展基础是否足以支撑和保证中国占据到跨国公司全球研发网络投资的空间组织核心位置。

$\operatorname{Ln} R\&D_{it}$ 为中国 i 省 t 年的每万人跨国公司全球研发网络投资的空间组织。鉴于现有统计资料中没有直接针对跨国公司全球研发网络投资空间组织的口径数据，本研究用地区研发经费支出中来自国外的资金进行度量。尽管本研究跨国公司全球研发网络投资空间组织概念特指执行主体是企业，但由于中国来自国外的研发资金绝大部分是由跨国公

司而不是政府或高校作为投资主体完成的,因此这一替代度量是合理
的。虽然抢占国际研发分工高位与促使中国的创新自主发展在某种意
义上是有机统一的,但与反映位置变化影响不同,作为解释变量,跨国公
司全球研发网络投资空间组织在反映影响中国自主创新发展水平因素
方程中的系数作用,主要用来反映流入跨国公司全球研发网络投资的空
间组织对中国的创新自主促进效应。这由向跨国公司学习与竞争的门
槛条件直接决定。

$\operatorname{Ln} PEOP_{it}$、$\operatorname{Ln} EXP_{it}$ 分别为中国 i 省 t 年的每万人研发人员投入全
时当量及每万人研发资金支出总额。为考察主要投入要素对中国区域创
新自主发展的影响,鉴于区域创新发展的投入-产出实质,本研究拟将研发
人员投入及研发资金支出引入到中国区域创新自主发展方程中。作为影
响中国区域创新自主发展的两个重要控制变量,这两个变量的系数估计值
理应为正。

$\operatorname{Ln} FDI_{it}$ 为中国 i 省 t 年流入的跨国公司一般的产业投资总额(主要
指跨国公司在中国的一般的制造业投资),用地区每万人外商投资企业投
资总额衡量。在跨国公司全球研发网络投资的空间组织分工时期,支持地
方生产可能仍是跨国公司进行对外研发投资的一个动机。若在跨国公司
全球研发网络投资的空间组织方程中,该变量的估计系数显著为正,则与
打造全球研发网络据点的目的一样,这说明跨国公司在中国的研发投资部
分是出于支撑跨国公司本地技术改造目的的。

$\operatorname{Ln} GDP_{it}$ 为中国 i 省 t 年的市场规模,用地区人均国内生产总值度量。
与跨国公司在中国的一般制造业投资一样,市场规模对跨国公司全球研发
网络投资空间组织在中国的影响主要体现在支持跨国公司在中国的地方
生产上,但出于做好技术储备目的,市场规模较大区域往往还是跨国公司
前期战略性研发投资进入较多区域,为此,在跨国公司全球研发网络投资
的空间组织方程中加入该项的原因,既有出于使联立方程可以被辨别的考
虑,也有看重市场规模对跨国公司全球研发网络投资空间组织布局战略影
响的考虑。

本研究为进一步提高实证的准确性,打算放弃一般的联立方程模型,
采用同时包含截面数据(各省域)和时序数据的面板联立方程模型进行估
计。至于其中原因,除了有增加样本自由度的传统考虑外,更为重要的是,
正如一些研究所显示的,跨国公司全球研发网络投资的空间组织与东道国
创新自主发展间的关系特性不仅具有截面特征,同时也具有时序维度特
征。即东道国创新自主发展与跨国公司全球研发网络投资空间组织间的

关系不仅存在国别差异,而且在单个国家,东道国的创新自主发展与跨国公司全球研发网络投资空间组织的联动关系也将产生时间变化差异。比如在时序维度,随着中国创新自主的快速发展及企业对外研发投资空间网络组织发展,就有可能出现跨国公司全球研发网络投资空间组织与中国发展影响逐步加深的时间变化特征。本研究为了在时空两个维度,交叉提炼出跨国公司全球研发网络投资空间组织对中国的综合影响信息,拟选用结合时序和截面两维信息的面板数据进行分析。

在变量指标的总量与相对问题确定上,尽管跨国公司全球研发网络投资空间组织对中国发展的理论影响可能主要体现在总量层面上,但在无法完全控制空间样本规模差异因素的情况下,变量指标衡量均选用了相对指标数据。如反映省区市场规模的国内生产总值变量使用的就是人均国内生产总值数据。同时,为了消除异方差影响,所有变量数据进入模型之前均已作对数化处理。

变量原始数据均来源于历年的《中国科技统计年鉴》或《中国统计年鉴》。在中国,对跨国公司全球研发网络投资空间组织的统计是逐步完善的。2009年以前中国各类年鉴均没有直接以跨国公司全球研发网络投资空间组织为统计口径的分省数据,此前跨国公司在华研发投资均以三资企业研发投资形式统计。由于未与国内合作企业的研发投入区分,使用此指标数据,有夸大跨国公司全球研发网络投资空间组织对中国贡献作用的可能。与跨国公司全球研发网络投资空间组织区位因素的研究不同,为保证实证研究的客观性,本项研究最终选择包含2009年至2012年共4年时序样本作为本研究的模型数据基础。由于西藏的数据缺失严重,最后进入模型截面样本的为中国大陆除西藏之外的30个省市自治区。

二、实证结果与分析

针对跨国公司全球研发网络投资空间组织与东道国创新自主发展间的复杂联立关系,在利用前面设立的联立方程进行实证回归之前,根据通行做法,利用联立Hausman设定误差检验法,首先检验证明了采用联立方程消除内生性问题的可行性及必要性。当然,为了缓解解释变量之间可能存在的多重共线性问题,最后用于估计的联立方程除了有包含所有外生控制变量的创新自主发展方程及跨国公司全球研发网络投资空间组织方程之外,还有由外生控制变量逐个配对进入而组成的各联立方程组。

表 6-11　样本联立系统估计结果

	创新自主发展方程			跨国研发投资方程		
	同时进入	PEOP 与 FDI 配对进入	EXP 与 GDP 配对进入	同时进入	FDI 与 PEOP 配对进入	GDP 与 EXP 配对进入
常数	−6.715 8*	−3.309 1***	−0.062 9	5.882 2*	2.594 1	1.512 5
Ln PAT				1.655 8***	1.456 7***	1.558 6***
Ln $R\&D$	0.316 3**	0.250 4***	−0.062 9			
Ln $PEOP$	0.234 2	0.735 6**				
Ln EXP	0.274 3		1.167 6			
Ln GDP				−0.191 1		0.593 6
Ln FDI				0.227 3	0.319 9	
调整后 R^2	67%	74%	80%	52%	54%	53%
样本数	120	120	120	120	120	120

说明：＊＊＊、＊＊、＊分别表示在 1%、5%、10%水平上显著

　　另一方面,从学者主要关注的创新自主促进角度,跨国公司全球研发网络投资空间组织在中国建网投资显著为正的系数估计值(个别为负的不显著估计除外)显示跨国公司全球研发网络投资空间组织对中国的创新自主发展也具有较为明显的带动作用,表明依托目前的创新自主发展基础,中国已达到向跨国公司学习与竞争的门槛条件,跨国公司全球研发网络投资在中国的空间组织发展至少从整体角度已对中国产生较为明显的知识溢出及技术扩散效应。这一实证结果符合中国创新自主专利产出近年来与跨国公司全球研发网络投资空间组织在中国同步增长的客观事实。据统计,2005—2011 年间,与跨国公司全球研发网络投资空间组织在中国年均 31.2%的增长对应,中国创新自主专利产出也保持了年均 31.4%的快速增长速度。按照朱迪塔、丹尼尔等人利用高科技企业国际研发结构分布数据的研究,及本书前述的调查研究,目前中国的确已构成跨国公司全球研发网络投资空间组织建网的重要节点之一。

　　但相比而言,跨国公司全球研发网络投资空间组织对中国更加明显的国际分工调整作用,显示目前进入中国的跨国公司全球研发网络投资空间组织可能仍以跨国公司全球外围性的技术研发内容为主。这可从跨国公司全球研发网络投资空间组织与中国创新自主发展的内生联立关系特点看出。如表 6-11 所示,在国际分工调整作用层面,反映中国创新自主发展

的专利产出每增加 1%,跨国公司全球研发网络投资的空间组织在中国的增加将达到 1.655 8 个百分点,而从创新自主促进效应角度,跨国公司全球研发网络投资的空间组织每提高 1 个百分点,中国创新自主专利产出却只提高 0.316 3 个百分点(外生控制变量全部进入估计结果)。甚至在稳定性方面,跨国公司全球研发网络投资的空间组织还在个别联立方程模型中,表现出对中国创新自主发展不显著的负向作用(-0.062 9)。从产生原因角度出发考虑,这一方面可能说明受中国创新自主发展基础影响,当前中国同跨国公司学习与竞争的门槛基础仍有待夯实;但另一方面也说明跨国公司目前在中国的对外研发投资,可能仍以从事外围技术研发投资(peripheral R&D)内容为主,结果导致跨国公司全球研发网络投资空间组织本身的学习示范效应不够,竞争倒逼机制难以形成。这应该与中国目前的创新自主发展难以达到跨国公司在中国从事核心技术研发投资(core R&D)的环境条件有关。全晓红(Xiao hong Quan,2005)借助对跨国公司全球研发网络投资空间组织在北京设立的外资研发机构的调查发现,跨国公司全球研发网络投资的空间组织具有严格的等级结构,为降低技术外泄风险,目前流入中国的跨国公司全球研发网络投资空间组织仍以外围性技术研发投资为主。结合本研究前述的实证调查结果,这再次说明,在中国创新自主发展基础足以引入跨国公司一般性技术研发投资的情况下,中国对跨国公司全球研发网络投资空间组织的关注,应从避免被跨国公司全球研发网络投资空间组织边缘的问题方面,过渡到不被跨国公司全球研发网络投资空间组织低端锁定的问题方面。这不仅涉及如何利用跨国公司全球研发网络投资空间组织更好地提高中国的国际分工位置,同时也涉及如何利用跨国公司全球研发网络投资空间组织更快地促进中国的创新自主发展。

尽管基于全样本联立回归,对跨国公司全球研发网络投资空间组织与中国自主创新发展的总体关系特点已做出实证判断,但鉴于中国创新自主发展因素的决定作用,仅仅从全国总体角度来进行跨国公司全球研发投资与中国自主创新发展之间关系的研究,可能还存在以下问题:一是没有考虑到由于中国内部各省市创新自主发展基础的不同会对跨国公司全球研发网络投资空间组织与中国自主创新发展之间关系造成的复杂影响,全样本联立回归对跨国公司全球研发网络投资空间组织对中国自主创新发展的作用研究是不全面和不系统的;二是在全样本联立回归中,由于中国的创新自主发展基础是总体静态的,这就使得无法通过横向(或纵向)比较,说明创新自主发展基础对跨国公司全球研发网络投资空间组织作用的动态影响。为直接证明跨国公司全球研发网络投资空间组织影响随中国创新自主发展基础(包括东道国内部投资省市)变化而变化的特点,本研究依据传统的三大地带划分法,拟继续深入到中国具有不同创新自主发展基础的分组省市进行实证分析。表 6-12、表 6-13 及表 6-14 给出了相应分组的联立方程回归结果。

表 6-12　东部分组省区联立系统估计结果

	创新自主发展方程			跨国研发投资方程		
	同时进入	PEOP 与 FDI 配对进入	EXP 与 GDP 配对进入	同时进入	FDI 与 PEOP 配对进入	GDP 与 EXP 配对进入
常数	−2.129 6	−3.226 8***	−0.062 9	0.225 1*	4.709 9	34.562
$\operatorname{Ln}PAT$				1.731 1***	1.907 7***	3.062 7***
$\operatorname{Ln}R\&D$	0.235 9	0.347 0*	5.502 1			
$\operatorname{Ln}PEOP$	0.789 2*	0.398 9				
$\operatorname{Ln}EXP$	−0.075 4		−0.016 2			
$\operatorname{Ln}GDP$				0.275 3		−2.732 0
$\operatorname{Ln}FDI$				0.243 2	0.148 4	
调整后 R^2	81%	77%	66%	74%	72%	46%
样本数	52	52	52	52	120	120

说明:***、**、*分别表示在 1%、5%、10%水平上显著

　　分组联立估计表明,尽管跨国公司全球研发网络投资空间组织对中国自主创新发展的影响总体上是积极的,但深入中国内部各分组省区,结果发现跨国公司全球研发网络投资空间组织与其所在省区创新自主发展之间的关系在中国自主创新发展基础不同的各分组省市间具有很大的差异性。如表 6-12、表 6-13、表 6-14 所示,作为依发展梯度划分的三大地带,跨国公司全球研发网络投资空间组织对中国东部分组省区的作用最明显。在与跨国公司全球研发网络投资空间组织的互动关系上,尽管与总体回归一样,跨国公司全球研发网络投资空间组织对东部分组省区自主创新发展的促进作用还不稳定,但变量 $\operatorname{Ln}PAT$ 显著为正的系数估计(且相对较大)则显示东部分组省区已完全置于跨国公司全球研发网络投资空间组织体系中,表明以目前的创新自主基础,东部分组省区已具备跨国公司全球研发网络投资空间组织的区位据点条件,说明中国可以东部分组省区为空间

节点,率先实现从世界制造中心到世界创造中心的转变。

表 6-13　中部分组省区联立系统估计结果

	创新自主发展方程			跨国研发投资方程		
	同时进入	PEOP 与 FDI 配对进入	EXP 与 GDP 配对进入	同时进入	FDI 与 PEOP 配对进入	GDP 与 EXP 配对进入
常数	-23.905^{***}	-1.3794	-18.634^{***}	-26.561^{***}	0.6137	28.222
$\mathrm{Ln}\, PAT$				1.8426^{***}	0.6573^{*}	1.5879^{***}
$\mathrm{Ln}\, R\&D$	0.0538	-0.2593	0.0912			
$\mathrm{Ln}\, PEOP$	-0.6378	1.7238^{**}				
$\mathrm{Ln}\, EXP$	1.7246^{***}		1.2425^{***}			
$\mathrm{Ln}\, GDP$				0.6243		-2.3027^{*}
$\mathrm{Ln}\, FDI$				-2.8500^{***}	0.4848	
调整后 R^2	69%	23%	69%	16%	27%	10%
样本数	24	24	24	24	24	24

说明:***、**、*分别表示在 1%、5%、10%水平上显著

　　而与之相比,处于第二、第三梯队的中、西部分组省区,则受薄弱的创新自主发展基础制约,这些省区目前还很难与东部分组省区一样,通过与跨国公司全球研发网络投资空间组织的良性互动,达到提高在跨国公司全球研发网络投资空间组织分工位置及加快自身创新自主发展的目的。如表 6-13 所示,在以中部分组省区为空间截面样本的企业对外研发投资方程中,尽管变量 $\mathrm{Ln}\, PAT$ 也出现了显著为正的系数估计,但方程过低的决定系数(R^2)说明该估计结果的实际意义不大。从总体角度出发考虑,这表明在一国内部,跨国公司全球研发网络投资空间组织的实际影响,也将随着投资地自主创新发展基础的变化而变化,说明要实现对跨国公司全球研发网络投资空间组织影响的辩证认识,就必须结合考虑东道国的创新自主发展基础。据统计,2012 年中国吸引的跨国公司全球研发网络投资只有 10% 流入中西部分组省区,东部分组省区(城市)的北京和上海已构成跨国公司全球研发网络投资空间组织在中国集聚的绝对中心。在研究启示上,这佐证了本研究有关跨国公司全球研发网络投资的空间组织对中西部分组省区很难产生正向促进作用的实证判断。

表6-14　西部分组省区联立系统估计结果

	创新自主发展方程			跨国研发投资方程		
	同时进入	PEOP与FDI配对进入	EXP与GDP配对进入	同时进入	FDI与PEOP配对进入	GDP与EXP配对进入
常数	−25.711 1	−3.242 3	−16.152**	6.158 7	−9.678 1	−4.747 4
Ln PAT				1.687 7**	−0.594 5	0.580 0
Ln $R\&D$	−0.040 7	0.183 0	0.091 2			
Ln $PEOP$	−1.769 8	0.948 9***				
Ln EXP	2.075 3		1.422 5*			
Ln GDP				0.611 8		1.239 7
Ln FDI				−0.317 6	1.158 8	
调整后 R^2	62%	18%	−18%	−10%	2%	7%
样本数	44	44	44	44	44	44

说明：***、**、*分别表示在1%、5%、10%水平上显著

第四节　小　　结

　　跨国公司全球研发投资的空间组织,进一步拉长了跨国公司投资主导的全球价值等级分工链条。面对跨国公司全球研发网络投资的空间组织,世界很多国家特别是发展中国家出台了鼓励和支持本国企业嵌入跨国公司全球研发网络投资空间组织的政策。但是,跨国公司全球研发网络投资的空间组织内部也是有等级分工的。一国跨国公司全球研发网络投资空间组织的等级嵌入位置决定了该国对跨国公司全球研发网络投资空间组织内的优质资源吸收及控制程度,关乎东道国能否通过嵌入跨国公司全球研发网络投资的空间组织,顺利实现提升自身在国际分工中位置的目的。本章在前几章研究跨国公司全球研发网络投资空间组织总体动力、内部结构及区位的基础上,选择跳出传统研究跨国公司全球研发网络投资空间组织的微观企业视角,转而开始关注影响一国跨国公司全球研发网络投资空间组织嵌入的位置因素。

　　本书对跨国公司全球研发网络投资空间组织国家嵌入位置及因素的研究,是综合的和系统的。这主要体现在两个方面,一是对一国跨国公司

全球研发网络投资空间组织国家嵌入位置的刻画,本研究既关注一国跨国公司全球研发网络投资空间组织嵌入的中心位置差异,还关注一国跨国公司全球研发网络投资空间组织嵌入的研发等级分工内容的差异。二是对影响一国跨国公司全球研发网络投资空间组织国家嵌入的位置因素分析,本研究也建立了多维度的宽领域视角,既站在东道国视角,将影响一国跨国公司全球研发网络投资空间组织国家嵌入的位置因素分成了东道国内部的主观意念因素、客观基础因素,及外部的环境因素等两方面,同时站在跨国公司视角,从跨国公司在东道国面对的科技竞争压力角度,构建了影响东道国跨国公司全球研发网络投资空间组织嵌入位置的因素体系。

利用 OECD 专利国际合作数据库,欧洲专利局提交的申请与外国合作者共为发明人的专利数据,首先对世界各国嵌入的跨国公司全球研发网络投资空间组织的中心位置差异进行实证。结果显示,一方面,受开放式创新时代背景因素的驱动,世界各国的研发创新合作由近及远,越来越多的国家已嵌入跨国公司全球研发网络投资的空间组织中。跨国公司全球研发网络投资空间组织嵌入的国家数(空间范围)及连接数(网络联系强度及密度)不断增多。另一方面,在跨国公司全球研发网络投资空间组织国家嵌入的整体规模及连接强度增加的同时,跨国公司全球研发网络投资空间组织国家嵌入的位置结构等级森严。

其次,利用问卷调查数据,进一步从中国嵌入的跨国公司全球研发网络投资的空间组织分工内容角度,判断中国跨国公司全球研发网络投资空间组织国家嵌入位置。本书对跨国公司全球研发网络投资空间组织在中国的调查研究发现,目前跨国公司全球研发网络投资空间组织在中国的发展,仍以在中国开展外围部件、试验生产等非核心研发环节的研发内容为主。尽管随着中国自主创新发展水平的不断提高,中国在少数产业技术领域占据的全球领先位置已推动跨国公司全球研发网络投资在中国的空间组织位置逐步走高,但跨国公司出于继续维持自身在国际产业核心技术研发领域的竞争力考虑,及出于对中国知识产权保护不力的考虑,仍主要在中国安排一些外围部件、试验生产等一些非核心研发环节的研发。据调查,中国目前在信息技术领域取得技术成就,已经吸引很多世界知名的跨国公司在中国设立亚太甚至全球意义上的研发总部。

至于影响跨国公司全球研发网络投资空间组织国家嵌入的位置因素,经济开放水平、知识产权保护、综合研发实力、技术专业化、基础通信设施、地理临近、语言临近等对跨国公司全球研发网络投资空间组织国家嵌入的位置有正向促进作用。跨国公司在东道国面对的科技竞争压力,对该国跨国公司全球研发网络投资空间组织国家嵌入位置也有重要影响。跨国公司全球研发网络投资空间组织国家嵌入的位置提高,除了需要注意经济开放度、综合研发实力等因素的单影响之外,还要注意这些因素的交叉影响。

由于东道国的自主创新发展基础对跨国公司全球研发网络投资空间组织的反向促进作用,本研究运用联立方程模型对跨国公司全球研发网络投资空间组织对中国的知识溢出及技术扩散效应重新做了检验。结果显示,跨国公司全球研发网络投资空间组织对中国的作用,是随着中国的自主创新发展基础变化而变化的。发展中国家唯有通过不断改善自身的国际研发投资环境条件比如不断提高自身的自主创新发展水平条件,才能不断提高自身在跨国公司全球研发网络投资空间组织中的嵌入位置。东道国在跨国公司全球研发网络投资空间组织等级分工中的位置提高,是东道国借以不断提高自身的自主创新发展水平的前提及基础。

第七章 结论与展望

第一节 主要结论和政策建议

虽然有关国际分工的研究最早可以追溯到亚当·斯密时代,但对于跨国公司对外投资空间网络组织分工问题的探索却不过几十年光景。跨国公司对外投资的空间网络组织分工的研究肇始于波特(1985)的价值链分析。亨德森(Henderson,2002)将波特的价值链理论植入了空间观念,首次提出了因跨国公司对外投资的价值增值环节分离而可能出现的跨国公司对外投资的空间网络组织问题。自这一观点问世以来,西方大批学者相继加入跨国公司对外投资空间网络组织问题研究队伍中来,在理论及实证研究方面均已取得长足进展,尤其关于跨国公司传统全球生产网络投资的空间组织问题研究更是硕果累累。与此相比,比跨国公司传统全球生产网络投资更高级、对投资地科技进步及经济转型升级更为重要的跨国公司新兴全球研发网络投资的空间组织研究则明显滞后,相关研究尚未建立一个相对统一的理论框架指导。跨国公司新兴全球研发网络投资的空间组织及嵌入研究基本是一片学术处女地,至今涉足者寥寥。

目前,国内外学者大多借鉴开放式创新理论,从知识更新周期缩短及知识存在形式发生剧烈变化的角度,对跨国公司全球研发网络投资的空间组织及嵌入问题展开研究,认为跨国公司全球研发网络投资的空间组织,就是企业开放式创新需求在全球范围内拓展的结果,与企业跨组织、地区等边界范围展开的开放式创新一脉相承。

由于缺乏与跨国公司传统全球生产网络投资空间组织研究的结合,国内外学界对跨国公司新兴全球研发网络投资空间组织的研究存在以下几个问题:一是在跨国公司全球研发网络投资的空间组织动力方面,学者大多运用开放式创新理论,指出跨国公司全球研发网络投资的空间组织是受了知识更新周期缩短及知识存在形式发生变化挑战的结果,但是按照跨国公司传统全球生产网络投资的空间组织理论,设计研发又一直是跨国公司特别是发达国家跨国公司得以控制其他国家企业的基础。为维持对其他国家企业的控制,发达国家跨国公司通常将研发活动放在母国完成。为此,面对知识更新周期缩短及知识存在形式发生变化的挑战,发达国家跨国公司甚至选择在发展中国家布局新的研发分工功能,这是不是意味着发达国家跨国公司对发展中国家企业的全球生产控制已被放弃,还是意味着对跨国公司全球研发网络投资的空间组织动力研究,必须建立一个新的发达国家跨国公司对发展中国家企业控制转移视角?现有研究恰恰缺乏这方面的探索。二是对于跨国公司全球研发网络投资的空间组织过程及系统构成等方面的分析,跨国公司全球研发网络投资空间组织与跨国公司传统全球生产网络投资空间组织存在进一步深化和发展的关系。跨国公司迫于及时收回研发投资成本的目的,跨国公司全球研发网络投资空间组织在全球整合到的优势研发创新要素,需要在跨国公司组织的全球生产中及时得到反哺应用的目的属性,要求对跨国公司全球研发网络投资空间组织过程的研究,务必将同跨国公司传统全球生产网络投资空间组织存在的反哺对接关系纳入研究关注的范畴,但是现有对跨国公司全球研发网络投资空间组织过程及系统构成的研究,往往仅借鉴开放式创新理论,限于跨国公司全球研发网络投资空间组织在创新等某单一过程领域内的空间组织协同治理关系分析。对跨国公司全球研发网络投资空间组织与跨国公司传统全球生产网络投资的空间组织存在的空间协同对接关系,国内外学者关注并不多。现有对跨国公司全球研发网络投资空间组织系统构成及过程的研究,缺乏一个跨国公司全球研发网络投资空间组织搜寻、整合和利用世界各国优势研发创新要素的完整系统框架。三是从关注跨国公司新兴全球研发网络投资空间组织影响的角度,由于缺乏跨国公司组建的新的全球研发价值等级分工的考虑,国内外学者也主要从整体角度,关注跨国公司全球研发网络投资对东道国的知识溢出、技术扩散等的影响。既然跨国公司在单个研发价值增值环节也可能形成从外围技术研发到核心技术研发的价值等级分工,那么和跨国公司传统的全球生产网络投资的空间组织一样,跨国公司新兴的全球研发网络投资的空间组织是否也会给参与分工的国家或企业带来新的研发价值等级分工低端锁定的问题?这无疑值得学者的关注。继跨国公司传统全球生产网络投资的空间组织问题研究之后,国内外学者应深入跨国公司新兴全球研发网络投资的空间组织内部,建立单独研究跨国公司全球研发网络投资空间组织国家等级嵌入问题的框架。本研究跳出了传统研究跨国公司全球研发网络投资空间组织的微观企业视角,转而开始重点关注宏观国家层次上的跨国公司全球研发网络投资空间组织的等级嵌入问题,目的就在于打破过往主要从整体角度关注跨国公司全球研发网络投资空间组织影响的传统,开始聚焦跨国公司全球研发网络投资空间组织对东道国研发低端锁定等问题的分析。

基于此,本研究突破了过往主要从开放式创新角度展开对跨国公司全球研发网络投资空间组织研究的传统,将跨国公司全球研发网络投资的空间组织与跨国公司传统全球生产网络投资空间组织的进一步深化结合起来,重新构建了研究跨国公司新兴全球研发网络投资空间组织问题的逻辑框架体系。本研究的主要结论及政策含义可概括为以下几个方面:

(1)立足跨国公司新兴全球研发价值等级分工的发展,首先探讨跨国公司全球研发网络投资的空间组织动力。为建立研究跨国公司全球研发网络投资空间组织动力,发达国家企业进一步提升自身在国际分工中的位置视角,本研究对发达国家企业在跨国公司新兴全球研发价值等级分工中继续获得的超额垄断利润证据及继续维持的控制力证据进行了分析。本研究认为,相对于早先更粗层面上的跨国公司对外投资的空间组织分工发展,跨国公司新兴全球研发网络投资的空间组织分工发展反映了跨国公司在世界各主要国家打造跨区域研发空间网络分工合作的战略意图。跨国公司之所以会在传统国际分工的基础上进一步深化发展出新的国际研发分工,首先是因为信息技术的发展使得跨国公司即使在研发生产领域也已具备跨国界开展合作的条件。因为缄默知识及知识黏性的存在,传统跨越国界的研发合作是很难开展的,知识本地性特征明显。其次则寄托了发达国家企业国际竞争战略转型因素的考虑。本研究认为,在新的企业国际竞争格局中,对一国或一国企业竞争力的判断,已不能仅仅依据一国或一国企业已掌握的存量知识判断,同时还要依据一国或一国企业能整合到的增量知识判断,依据一国或一国企业在全球研发创新要素整合体系中所维持的控制力判断。发达国家跨国公司之所以愿意对外转移那些原本主要局限在母国开展的研发投资活动,这与它们在全球研发整合体系中仍然具备的系统整合能力、产品计划能力、市场进入能力及影响全球技术进步方向的能力等有关。面对知识更新周期不断缩短的挑战,发达国家跨国公司之所以会一改以往以母国为研发中心的传统布局格局,根据不同东道国在人才、科技实力以及科研基础设施上的比较优势,在全球范围内有组织地安排对外研发投资,这主要是因为科技的迅猛发展改变了知识存在形式、缩短了知识更新周期,使得企业开展跨国研发合作的紧迫性不断提高。发达国家跨国公司新兴全球研发网络投资的空间组织发展,实际上是企业因应比较优势动态变化的一种顺势行为。

本研究还立足发达国家跨国公司对全球生产的控制正从一般产业技术研发领域过渡到核心产业技术研发领域的视角,对跨国公司新兴全球研发网络投资的空间组织动力进行了研究。本研究认为,面对知识更新周期不断缩短及科技新兴国家不断崛起的挑战,发达国家跨国公司全球研发网络投资的空间组织目的是以退为进,通过推动自身在国际分工中的位置进一步上移,最终达到对科技新兴国家企业研发创新要素加以利用与降低科技新兴国家企业研发创新挑战的结合。本研究基于 IT 产业的跨国公司全球研发网络投资空间组织等级结构的分析,及 IT 产业中参与跨国公司全球研发价值等级分工的公司利润分配结构的分析,均表明跨国公司全球研发网络投资的空间组织并没有侵蚀发达国家跨国公司在全球价值等级分工中的控制位置,发达国家跨国公司全球研发网络投资的空间组织可达到发达国家跨国公司整合竞争国家企业研发创新要素及继续维持对竞争国家企业研发控制目的的结合。发达国家跨国公司掌握的核心技术研发能力,使得其可以退为进,在新的国际分工体系中,构建从产业核心技术研发到产业外围技术研发,最后才到产业实际生产环节的价值控制体系。

分析发达国家跨国公司对全球生产控制的转移,可以说发达国家跨国公司对外组建的全球价值等级分工体系从来都不是静态和单维的。面对发达国家在单个研发价值增值环节组建的新的全球价值等级分工体系,中国企业不应再过于纠结跨国公司传统全球价值等级分工可能给中国带来的国际分工低端锁定问题。效仿西方发达国家经验,中国企业也应转变国际竞争战略,不断提高在国际分工中的位置,将对全球生产的控制转移到研发内部的核心技术研发环节,组建由中国企业控制的全球研发分工体系,加大对竞争国家优势研发创新要素的整合力度。

(2) 有什么样的跨国公司全球研发网络投资的空间组织动力,就有怎样的跨国公司全球研发网络投资空间组织过程及系统构成。与跨国公司传统全球生产网络投资的空间组织结合,跨国公司全球研发网络投资空间组织进一步提升自身在国际分工中位置目的的考虑,说明跨国公司全球研发网络投资的空间组织组成的是一个复杂的空间巨系统。跨国公司全球研发网络投资空间组织要达到对竞争国家优势研发创新要素整合及继续维持对竞争国家企业研发控制目的的结合,关键在于维持自身在国际研发分工中控制力的基础上,推动其整合后的知识及时在其全球生产中获得反哺应用。面对获取跨国公司全球研发网络投资空间组织反哺资金的压力,跨国公司一方面要加大对竞争国家研发创新要素的整合,突破创新的部门、组织、国界等边界的限制,推动跨国公司全球研发网络投资空间组织嵌入的东道国地方创新系统与其组建的全球创新系统的对接,建立跨国公司整合世界各国优势研发创新要素的基本的空间组织骨架;另一方面,跨国公司需要加快推动跨国公司全球研发网络投资空间组织与跨国公司传统全球生产网络投资空间组织的对接。对跨国公司全球研发网络投资空间组织解构及过程的研究,因此应树立全过程的多系统视角。

本研究突破过往视研究需要,主要关注跨国公司全球研发网络投资空间组织在少数过程领域的协同治理关系展开研究的传统,重在展开对跨国公司全球研发网络投资空间组织在全过程领域的空间组织关系研究,旨在为跨国公司全球研发网络投资空间组织研究提供一个相对统一的结构及过程框架。

基于多系统的全过程分析,本研究发现:第一,跨国公司全球研发网络投资的空间组织组成的是一个复杂的空间巨系统。由于跨国公司全球研发网络投资的空间组织涉及对东道国优势研发创新要素整合与应用两个方面,跨国公司全球研发网络投资的空间组织既涉及如何有效完成对东道国优势研发创新要素整合对接问题,推动跨国公司全球研发网络投资空间组织嵌入的东道国地方创新系统与其组建的全球创新系统的对接,还涉及如何实现与跨国公司传统全球生产网络的空间组织反哺对接的问题。完整的跨国公司全球研发网络投资空间组织过程可以分成多个阶段;第二,跨国公司全球研发网络投资的空间组织尽管可分成多个阶段,但是跨国公司全球研发网络投资空间组织在多阶段形成的多系统协同对接关系不是相互割裂的,它们前后交叉,交替演进,共同构成跨国公司搜寻、整合和利用世界各国优势研发创新要素的全过程;第三,在不同阶段影响跨国公司全球研发网络投资空间组织对接的因素有所不同,根据整合与反哺两个阶段,本研究根据影响跨国公司全球研发网络投资空间组织对接因素的组合不同,最后将跨国公司全球研发网络投资的空间组织过程分成了四种不同类型,即"干中学＋标准化型""干中学＋定制型""科技推动＋定制型""科技推动＋标准化型"。

（3）跨国公司全球研发网络投资的空间组织最终都要落实到跨国公司在东道国的一个个对外研发投资节点的建立上。跨国公司全球研发网络投资的空间组织在东道国的区位决定有没有特殊的区位偏好,主要受哪些因素影响? 有什么样的跨国公司全球研发网络投资的空间组织动力及过程,就有怎样的跨国公司全球研发网络投资的空间组织区位。在对跨国公司全球研发网络投资空间组织动力及系统结构分析之后,本书第四章旨在补充跨国公司全球研发网络投资空间组织区位分析。

传统上对跨国公司全球研发网络投资的空间组织区位研究,大多基于单一区域思维视角,主要从目的区位内部的供给要素或需求要素角度展开跨国公司全球研发网络投资的空间组织区位因素分析,但是据跨国公司全球研发网络投资空间组织整合竞争国家优势研发创新要素及推动整合获得的优势研发创新要素及时在其全球生产中获得反哺应用的目的分析,跨国公司全球研发网络投资的空间组织是主要受目的区位内部的研发创新要素影响,还是主要受目的区位提供的对外的研发投资合作环境影响? 跨国公司出于便利其内部多系统空间对接目的,跨国公司全球研发网络投资空间组织是不是将更加重视目的区位提供的对外研发投资合作环境因素的区位决定影响? 本研究基于中国省级空间层面的区域面板数据及城市网络数据,主要从投资地为跨国公司提供的对外研发投资合作环境因素角度,对跨国公司全球研发网络投资的空间组织区位决定因素分析作了重新审视和分析。

首先运用区位基尼系数、空间关联系数等方法对跨国公司全球研发网络投资空间组织在中国区位分布的总体情况进行检测。结果显示,跨国公司全球研发网络投资空间组织在中国的分布具有以下两个明显特征:一是跨国公司全球研发网络投资空间组织在中国具有比 FDI、研发经费投入及研发人员投入更高的地理集聚倾向;二是与中国其他省市相比,跨国公司全球研发网络投资空间组织尤其偏好在中国少数度中心城市空间集聚分布,或偏好在少数相邻省市扎堆分布。在研究的启示意义上,跨国公司全球研发网络投资空间组织在中国具有比 FDI 等更高的地理集聚倾向,一方面说明跨国公司全球研发网络投资空间组织在中国大陆各省市自治区的区位分布已不能由中国大陆各省市自治区内部某些地理集中度相对较小的变量比如 FDI、研发经费内部支出、研发人员全时当量等来解释,另一方面,跨国公司全球研发网络投资空间组织尤其偏好在中国少数度中心性或介中心性较高的省市扎堆或集聚布局的区位选择倾向,说明跨国公司可能更加关注中国大陆各省市自治区为其提供的对外研发投资合作环境因素的影响。

为提供跨国公司全球研发网络投资空间组织主要受投资地提供的对外研发投资合作因素影响的直接证据,本章利用中国 31 个省市自治区(不含西藏,实际是 30 个省市自治区,下同)的区域截面数据及城市网络数据类型,通过建立空间计量经济模型及多元回归模型,直接给出了跨国公司全球研发网络投资空间组织在中国大陆各省市自治区的空间组织分布主要受中国大陆各省市自治区对外研发投资合作环境因素影响的实证证据。

　　基于空间计量模型的实证研究,本研究首先证明了投资地为跨国公司提供的对外研发投资合作环境因素对跨国公司全球研发网络投资空间组织内生发展的区位决定影响。本研究的实证结果显示,除了传统供求及政策类因素之外,投资地为跨国公司提供的与在中国的外资企业开展跨区域合作的国际研发投资合作环境因素,也展示了对跨国公司全球研发网络投资空间组织在中国大陆各省市自治区空间集聚分布的重要作用。具体来说,跨国公司全球研发网络投资空间组织在中国大陆各省市自治区的非均衡分布与中国大陆各省市自治区研发人员供给及政府的财税优惠政策支持情况等关系密切。在人力资本及政策供给上的差异可引起跨国公司全球研发网络投资空间组织在中国大陆各省市自治区的非均衡分布,而且随着跨国公司全球研发网络投资空间组织在中国空间组织层级的提高,跨国公司全球研发网络投资的空间组织在中国大陆各省市自治区的非均衡分布还呈现了更加受中国大陆各省市自治区研发人员供给因素影响的倾向。此外,由中国各区域市场规模、市场竞争程度等构成的对跨国公司全球研发网络投资空间组织的需求因素,也对跨国公司全球研发网络投资空间组织在中国少数省市的地理集聚产生了显著的正面促进作用。所有这些均启示中国地方政府需要制定改善中国区域研发引资环境的计划,不断提高人力资本供给水平,出台对外资研发的优惠倾斜政策,并适当增加中国大陆各省市自治区的市场竞争水平,大力吸纳针对中国市场的改造性研发投资,这对于改善中国大陆各省市自治区的外资引资结构,提高中国大陆各省市自治区的对外开放水平,最终借以推动中国大陆各省市自治区经济发展的创新转型具有非同寻常的理论意义及实践指导意义。

　　但总体上,如果只强调这些传统因素,则在解释跨国公司全球研发网络投资空间组织在中国大陆各省市自治区非均衡分布的形成原因上难免有失偏颇。本研究实证发现,在所有影响跨国公司全球研发网络投资空间组织在中国大陆各省市自治区非均衡分布的形成因素上,中国大陆各省市自治区为跨国公司提供的与在中国的外资企业开展跨区域合作的国际研发投资合作环境因素,也与跨国公司全球研发网络投资在中国的非均衡分布表现出较大的相关性。实证结果显示,随着跨国公司全球研发网络投资在中国的空间组织发展,跨国公司将日益重视中国大陆各省市自治区为其提供的与在中国的外资企业开展跨区域的研发合作环境因素的影响,跨国公司非常注重其在东道国的对外研发投资的空间组织节点的协同。总体上,实证结果启示,中国大陆各省市自治区在制定区域研发引资环境改善政策时,既要摒弃传统的一味"争政策、给优惠、拼规模"的引资理念,又要摆脱过去主要局限本区域的单一区域的思维束缚，通过加强同周边区域的协调联动，创造跨国公司全球研发网络投资空间组织在中国周边区域扎堆分布的国际研发引资环境，推动中国跨国公司全球研发网络投资环境的整体改善。尤其是对于那些远离中国东部发达省份、历史上又少有跨国公司全球研发网络投资空间组织进入的中西部省区，为降低地理距离对其改善研发引资外在集聚环境的制约作用，必须加快培育一些具有区域带动性和区域关联性的研发引资增长极。

其次，对更加综合的跨国公司全球研发网络投资空间组织外生发展的区位决定影响进行检测。投资地提供的对外研发投资合作环境因素，对跨国公司全球研发网络投资空间组织区位决定的影响可分成两种，一种是为便利跨国公司全球研发网络投资各空间组织物理节点系统的协同对接而产生的，本研究称作对跨国公司全球研发网络投资空间组织内生发展的区位决定影响；另一种是为便利跨国公司全球研发网络投资空间组织嵌入的东道国地方创新系统与其组建的全球创新系统的协同，及跨国公司全球研发网络投资空间组织与跨国公司传统全球生产网络投资的空间组织系统协同对接而产生的，本研究称作对更加综合的跨国公司全球研发网络投资空间组织外生发展的区位决定影响。本研究将主要通过证明跨国公司全球研发网络投资空间组织具有在中国少数度中心性或介中心性较高城市（实证检验时，用中国大陆各省市自治区已进城市的总和度中心及总和介中心衡量）密集布局的倾向，检验中国大陆各省市自治区为跨国公司提供的对外研发投资合作环境因素，对更加综合的跨国公司全球研发网络投资空间组织外生发展的区位决定影响。本研究预期，跨国公司即使出于便利其在东道国的研发投资节点系统对接目的，也将出现主要集中在东道国度中心性、介中心性等相对较高城市的趋势。

总体上，跨国公司全球研发网络投资空间组织主要布局在中国度中心性及介中心性较高城市的政策启示意义在于，这再次警示中国中央和地方政府在制定中国大陆各省市自治区的外资优化战略时，不要再将中国大陆各省市自治区研发人才供给水平及政策供给水平的简单提高作为中国中央或地方政府政策决策的唯一着重点。由于投资地对外的研发投资合作环境因素对跨国公司全球研发网络投资空间组织在中国大陆各省市自治区空间组织区位决定具有重要的作用，中国中央或地方政府在制定区域引资战略时，不仅要将加强中国大陆各省市自治区同周边省市的研发引资互动、改善中国大陆各省市自治区跨国公司全球研发网络投资空间组织引入的外在关联环境纳入中国中央或地方政府的政策安排，重在创造跨国公司全球研发网络投资空间组织在中国大陆各省市自治区周边区域扎堆分布的跨国公司全球研发空间组织环境。同时还要以北京、上海、广州、深圳等处于中国研发创新网络中心的节点城市为主抓手,整体提高跨国公司在中国大陆各省市自治区构建跨区域的研发空间网络合作的环境水平。中国以北京、上海、广州、深圳等为主要节点所构成的城市网络,呈现的整体加强与个体位置差异并存格局,表明中国已基本具备吸引跨国公司全球研发网络投资空间组织引入的对外研发投资合作环境基础。中国应以北京、上海、广州、深圳、武汉、成都、杭州、南京等城市为主要的中心节点城市,强弱互动,强强联动,最终以点带面,不断提高跨国公司在中国大陆各省市自治区构建跨区域研发空间网络合作的环境基础。

(4)至于跨国公司全球研发网络投资空间组织的国家等级嵌入分析,与传统主要从总体角度关注跨国公司全球研发网络投资空间组织对东道国影响的研究不同,本研究将跨国公司全球研发网络投资的空间组织作为一个相对独立的空间网络投资组织形式,利用 OECD 专利国际合作数据库欧洲专利局提交的申请与外国合作者共为发明人的专利数据,及跨国公司全球研发网络投资空间组织在中国的空间组织调研数据,重在分析跨国公司全球研发网络投资空间组织给东道国带来的等级嵌入影响,判断中国在其中的位置。结果显示,一方面,受开放式创新时代背景因素的驱动,世界各国的研发创新合作由近及远,越来越多的国家已嵌入跨国公司全球研发网络投资的空间组织中;另一方面,在国家跨国公司全球研发网络投资空间组织等级嵌入的整体规模及连接强度整体增加的同时,国家跨国公司全球研发网络投资空间组织等级嵌入的位置结构差异悬殊,等级结构森严。跨国公司全球研发网络投资的空间组织并没有改变发达国家企业与发展中国家企业间依附与被依附的关系。跨国公司全球研发网络投资空间组织目前在中国的发展,仍以在中国开展外围部件、试验生产等非核心研发环节的研发内容为主。

由于忽视了跨国公司全球研发网络投资的空间组织等级分工作用,过往研究仅仅从整体角度关注跨国公司全球研发网络投资空间组织对东道国的作用,这些研究在理论与实证分析上具有先天缺陷。要完整透析跨国公司全球研发网络投资空间组织对东道国的作用,必须打破以往以研发、组装及营销等为国际分工边界环节的传统,高度重视跨国公司全球研发网络投资的空间组织可能在单个的研发价值增值环节领域给东道国带来新的研发低端锁定的问题。

由于东道国的自主创新发展基础对跨国公司全球研发网络投资空间

组织的反向促进作用,本研究还运用联立方程模型对跨国公司全球研发网络投资空间组织对中国的知识溢出及技术扩散效应重新做了检验。结果显示,跨国公司全球研发网络投资空间组织对中国的作用,是随着中国的自主创新发展基础变化而变化的。首先,从中国东部省份来看,跨国公司全球研发网络投资的空间组织对中国东部省份自主创新发展的促进作用明显。中国东部省份的自主创新发展基础,已让它们具备了吸引高层级的跨国公司全球研发网络投资空间组织的环境基础,这种层级的跨国公司全球研发网络投资的空间组织,易于对东道国的自主创新产生溢出作用。但从中西部省份看,跨国公司全球研发网络投资的空间组织对中国自主创新发展的促进作用不明显。跨国公司全球研发网络投资的空间组织对中国中西部省份不明显的自主创新促进作用,一方面可能是由于中国中西部省份相对薄弱的自主创新发展基础影响。当前中国同跨国公司学习与竞争的门槛基础仍有待夯实,结果导致跨国公司全球研发网络投资的空间组织很难对中国中西部省份的自主创新发展产生作用;但另一方面也可能是由于中国中西部省份的自主创新水平对跨国公司的吸引力不够,跨国公司目前在中国中西部省份的对外研发投资仍以从事外围技术研发投资(peripheral R&D)内容为主,结果导致跨国公司全球研发网络投资空间组织本身的学习示范效应不够,竞争倒逼机制难以形成。从总体上,这说明跨国公司全球研发网络投资对东道国的作用的确与东道国的自主创新发展基础有关。东道国在跨国公司全球研发网络投资空间组织等级分工中的位置提高,是以东道国不断提高的自主创新发展水平为前提的。

跨国公司全球研发网络投资空间组织国家嵌入及中国在其中位置分析的政策启示意义在于,中国各区域政府在确定区域引资结构优化发展的政策安排时,不仅应将加大对跨国公司新兴全球研发网络投资的空间组织引入作为政策考核的重点,同时还应该从战略高度认识到跨国公司新兴全球研发网络投资空间组织内部也可能存在一个空间网络组织等级分工的问题。即对跨国公司新兴全球研发网络投资的空间组织不能"一视同仁"、等而视之,而应按照跨国公司全球研发网络投资空间组织承担的国际研发分工职能区别对待。具体而言,鉴于创新自主发展水平因素对东道国吸引高层级跨国公司全球研发网络投资空间组织的决定性作用,中央政府应制定分区域的外资研发政策,精准发力;侧重利用中国东部省区创新自主发展水平普遍较高的优势,主动推动中国东部省份扩大对跨国公司全球研发网络投资空间组织的对外开放水平,并因势利导,分时段放开中国中西部省份对跨国公司全球研发网络投资的空间组织引入。

第二节　创新之处与学术贡献

　　跨国公司全球研发网络投资的空间组织是近些年出现的一个极为重要的国际经济现象。跨国公司全球研发网络投资的空间组织及嵌入问题不仅成为众多学者探讨的焦点，也是东道国政府和企业关注的热点。遗憾的是，迄今为止，国内外学者仍主要借鉴开放式创新理论，从知识更新周期缩短及知识存在形式发生变化角度对跨国公司全球研发网络投资的空间组织动力等问题展开研究。从借鉴跨国公司传统全球生产网络投资的空间组织理论角度看，学者大多将研发作为跨国公司组织其全球生产分工的依附环节，对跨国公司新兴全球研发网络投资的空间组织动力等问题展开研究。学者缺乏一个从发达国家跨国公司进一步提升自身在国际分工中的位置角度，展开跨国公司全球研发网络投资空间组织动力分析等的思考。本研究的重要贡献在于同时综合了开放式创新理论与跨国公司传统的全球生产网络投资的空间组织理论，重新构建了研究跨国公司全球研发网络投资空间组织的理论框架。

　　本研究认为，站在跨国公司全球价值等级分工进一步深化发展的角度，不仅跨国公司全球研发网络投资的空间组织动力、结构等的研究需要重塑，对跨国公司研发网络投资空间组织内部多系统对接的特性分析，对跨国公司全球研发网络投资的空间组织区位分析，也需要摆脱传统上主要基于单一区域的供求区位理论的束缚，构建起跨区域的概念框架，主要从投资地为跨国公司提供对外的研发投资合作环境角度，对跨国公司全球研发网络投资的空间组织区位因素展开研究。本书确定的研究跨国公司全球研发网络投资空间组织区位的对外研发投资环境视角，弥补了现有文献仅仅关注目的区位内部某些供求区位条件对跨国公司全球研发网络投资区位选择影响的不足，为今后的研究提供了全新的视角和思路。根据笔者掌握的国内外文献资料，尚无人站在跨国公司全球价值等级分工进一步深化发展的角度，探讨跨国公司全球研发网络投资的空间组织动力、区位等问题。对于跨国公司全球研发网络投资空间组织影响的分析，目前研究限于从总体角度分析跨国公司全球研发网络投资空间组织对东道国的研发溢出效应分析。很少有文献站在国际价值等级分工进一步深化发展的角度，深入跨国公司全球研发网络投资的空间组织内部，分析跨国公司全球研发网络投资空间组织国家等级嵌入问题。

本研究对跨国公司全球研发网络投资空间组织区位问题的分析，做到了理论与实证的结合。不仅在理论上首次建立了跨国公司全球研发网络投资空间组织区位对外研发投资环境的视角，利用当前国内外的前沿计量手段和分析工具，同时对区位因素进行了实证。本研究综合运用了区位基尼系数、空间计量经济学模型、社会网络分析法等方法实证研究跨国公司全球研发网络投资空间组织在中国的区位决定机制及区位决定机理。结果显示，跨国公司全球研发网络投资的空间组织发展，打破了跨国公司过往主要关注目的区位内部的某些供求因素对其区位决定影响的传统，跨国公司全球研发网络投资空间组织的发展，让跨国公司更加关注目的区位提供的对外研发投资合作环境因素对其区位决定的影响。传统上立足单一区域思维，主要秉承供给逻辑或需求逻辑的区位理论已无法充分解释跨国公司全球研发网络投资空间组织在东道国的空间集聚行为。此外，通过省级层面的面板联立方程模型，本研究揭示了跨国公司全球研发网络投资空间组织与东道国自主创新发展作用的双向性。估计结果显示，辩证地看待跨国公司全球研发网络投资空间组织对东道国的作用，更契合跨国公司全球研发网络投资空间组织对东道国作用将随着东道国自身自主创新基础变化而变化的本质。

本研究对一国跨国公司全球研发网络投资空间组织的等级位置刻画是多元的，既包括所处的中心位置差异，也包括安排的研发等级分工内容差异。本研究创新了衡量一国跨国公司全球研发网络投资空间组织等级嵌入位置的方法。在首次系统提出影响一国跨国公司全球研发网络投资空间组织等级嵌入位置因素的基础上，利用专利合作数据及问卷调查数据，对影响一国跨国公司全球研发网络投资空间组织等级嵌入的位置因素进行了实证。本研究构建的影响一国跨国公司全球研发网络投资空间组织等级嵌入的位置因素体系，既包括东道国内部的主观意念因素、客观基础因素，也包括外部的环境因素。根据问卷数据的可获得性，还突破了对象国视角，增加了考量跨国公司本身面对的压力环境因素，认为跨国公司在东道国面对的越来越大的科技竞争压力，也将推动一国跨国公司全球研发投资空间组织等级嵌入位置的提高。

第三节　本研究的局限及未来研究方向

跨国公司全球研发网络投资空间组织协同对接影响因素关注的不足，

是本研究的一个主要缺陷。跨国公司新兴全球研发价值等级分工的空间协同对接,既包括跨国公司传统全球价值等级分工与跨国公司新兴全球研发价值等级分工的协同对接,也包括跨国公司新兴全球研发价值等级分工内部各研发价值增值环节的协同对接。跨国公司全球研发投资空间组织内部多系统对接特性明显。虽然本研究根据跨国公司搜寻、整合及利用世界各国优势研发创新要素的特性,将跨国公司全球研发网络投资的空间组织分成了前后几个相互联系的过程,并按照影响跨国公司全球研发网络投资空间组织因素的不同,将跨国公司全球研发网络投资的空间组织分成了多个不同的类型,但由于对发轫阶段影响跨国公司全球研发网络投资的空间组织因素关注的不足,本研究对影响跨国公司全球研发投资空间组织协同对接因素的考察是不完整的。

至于跨国公司全球研发网络投资空间组织区位决定因素的研究,本研究重在从省级层面,检验目的区位提供的对外研发投资合作环境因素对跨国公司全球研发网络投资空间组织在中国大陆各省市自治区区位决定的影响。考虑到数据的可获得性及完整性特点,这样的样本空间尺度选择具有一定的科学性和合理性,但是由于目的区位提供的对外研发投资合作环境因素,对跨国公司全球研发网络投资空间组织在东道国的区位决定影响具有随空间距离增长逐渐衰减的特性,这使得研究跨国公司全球研发网络投资空间组织内生发展或空间组织外生发展的区位决定影响,最佳的空间尺度是一省内部的各城市之间或更次一级县级区域之间。当然,由于中国相关统计资料的缺乏,为此,本项研究样本空间尺度选择上的局限只能寄希望于直接针对中国城市跨国公司全球研发网络投资空间组织统计的完善,这也是本研究下一步需要逐步完善之处。

没有构建综合反映城市在中国国家创新网络系统位置的指标,是本研究的又一缺陷。本研究主要通过证明跨国公司全球研发网络投资具有在中国创新中心城市密集布局的区位选择倾向,来达到证明跨国公司全球研发网络投资空间组织在中国的分布,主要受目的区位提供的对外研发投资合作环境影响的目的。并主要基于航空客运流数据对城市在中国国家创新网络系统中的位置进行刻画。虽然航空网及相关的基础设施是跨国公司对外研发投资城市互动的可见证明,基于航空客运流数据能够直接反映跨国公司对外研发投资目的城市之间的交易流和连通流,但本质上基于航空客运流数据只是对创新中心城市作为东道国客运流、人员流等方面中心性质的衡量,可能会影响城市作为东道国跨国公司全球研发网络投资空间组织据点中心性质的衡量。对城市度中心性及介中心性的衡量,应使用直接基于企业创新关联关系的数据,判断一个城市在一国国家创新网络系统中的位置。由于受到相关数据不易获取的制约,一些基于企业实际关联关系的方法比如企业组织法,本研究无法作出尝试,但值得进一步研究。

本研究考虑到数据的可获得性问题,不管是对跨国公司全球研发网络投资空间组织内生发展区位决定影响的研究,还是对跨国公司全球研发网络投资空间组织外生发展区位决定影响的研究,使用的都是未加区分的跨国公司在中国大陆各省市全球研发网络投资总和数据。鉴于中国生产支撑型跨国公司全球研发网络投资空间组织越多的地区,往往也是中国知识获取型跨国公司全球研发网络投资空间组织较多的地区,选用中国各省区跨国公司全球研发网络投资空间组织的总和作为本研究的对象数据具有一定的合理性。但是,由于生产支撑型跨国公司全球研发网络投资的空间组织与知识获取型跨国公司全球研发网络投资的空间组织在中国大陆各省市自治区的区位分布并不完全同步,比如生产支撑型跨国公司全球研发网络投资空间组织越多的省市,可能恰好是中国知识获取型跨国公司全球研发网络投资空间组织较少的省市。为此,本研究对跨国公司全球研发网络投资空间组织不加细分的数据处理方法,可能混淆生产支撑型跨国公司全球研发网络投资空间组织与知识获取型跨国公司全球研发网络投资空间组织的区位决定因素,并稀释目的区位提供的对外研发投资合作环境因素对以获取知识为主要目的跨国公司全球研发网络投资空间组织的区位决定影响。跨国公司全球研发网络投资空间组织统计数据的局限,只能寄希望于中国外资研发统计标准的不断完善。鉴于跨国公司生产支撑型的研发投资在不断减少,目前对跨国公司全球研发网络投资空间组织在中国区位决定的研究,总体仍可以本研究这种对跨国公司全球研发网络投资目标类型不加区分的方法为主。

至于未来进一步的研究方向,除了可在上述已经指出的研究局限的基础上对指标设置、变量数据及样本空间尺度作进一步完善外,还可以对研究模型、具体企业案例分析作更进一步的突破。首先,在研究中国跨国公司全球研发网络投资空间组织等级嵌入位置及其影响因素时,虽然将中国在跨国公司全球研发网络投资空间组织等级嵌入的位置作为被解释变量,将影响中国跨国公司全球研发网络投资空间组织等级嵌入位置的各情景因素变量为解释变量,孤立地研究各情景因素变量对中国在跨国公司全球研发价值等级分工中的位置影响,研究的变量关系具有相对更易处理的特点,但由于变量作用的交互性,对跨国公司全球研发价值等级分工位置因素的研究,最好的研究方法不是将影响东道国在跨国公司全球研发价值等级分工位置的因素关系做简单的线性化处理。由于变量作用的交互性和综合性，后续研究可尝试将影响东道国跨国公司全球研发价值等级分工的位置变量分成内生变量和外生变量、基础变量和中介变量，首先对影响东道国在跨国公司全球研发价值等级分工位置的因素关系作出判断，构建分析影响东道国在跨国公司全球研发价值等级分工位置的结构方程模型。受数据可获得性及篇幅限制，本研究仅考虑了语言临近与其他因素交合对一国跨国公司全球研发网络投资空间组织等级嵌入位置的综合影响。

另一个研究方向是结合对跨国公司异质性因素的考虑，加大对跨国公司全球研发网络投资的空间组织案例分析，讲好中国故事。以跨国公司全球研发网络投资空间组织发展对其区位决定的影响分析为例，总体上，本研究主要从理论和实证层面探讨了跨国公司全球研发网络投资空间组织发展的区位决定表现。考虑到本研究主要立足于较为宏观的尺度开展总结性的理论与实证分析，这样的研究安排具有一定的合理性。但若从实际的跨国公司企业案例层面研究这些问题，可以使我们更清晰地认识跨国公司全球研发网络投资的空间组织发展是如何引起跨国公司全球研发网络投资的空间组织区位调整的。此外，对于跨国公司全球研发网络投资空间组织解构及过程的分析，本研究目的是为跨国公司全球研发网络投资的空间组织提供一个相对统一的系统框架及过程框架，但因为跨国公司自身异质性因素的影响，所得结论也需要通过分案例的对比加以检验。因此，未来有必要从实际的跨国公司企业案例角度进一步完善跨国公司全球研发网络投资空间组织解构、过程及区位决定等问题的研究，这样将有助于获得一个更加具体的研究结论。

参考文献

［1］Alcacer J. "Location choices across the value chain: How activity and capability influence collocation", *Management Science*, 2006, 52: 1457-1471.

［2］Allan Kearns, Frances Ruane. "The tangible contribution of R & D-spending foreign-owned plants to a host region: a plant level study of the Irish manufacturing sector(1980—1996)", *Research Policy* 2004, 30(2001): 227-244.

［3］Amiti M, Javorcik B S. "Trade costs and location of foreign firms in China", *Journal of Development Economics*, 2003, 85: 129-149.

［4］Audretch D B, Feldman M P. "R & D spillovers and the geography of innovation and production", *American Economic Review*, 1996, 86: 630-640.

［5］Achcaoucaou F, Miravitlles P, Leon-Darder F. "Knowledge sharing and subsidiary R & D mandate development: A matter of dual embeddedness", *International Business Review*, 2014, 23(1): 76-90.

［6］Balland, P. A. "Proximity and the evolution of collaboration networks: evidence from research and development projects within the global navigation satellite system(GNSS) industry", *Regional Studies*, 2012, 46(6): 741-756.

［7］Buchmann Tobias, Pyka Andreas. "The evolution of innovation networks: the case of a publicly funded German automotive network", *Economics of Innovation and New Technology*, 2015, 24: 114-139.

［8］Belderbos R, Carree M. "The location of Japanese investments in China: Agglomeration effects, keiretsuand firm heterogeneity", *Journal of the Japanese and International Economies*, 2002, 16: 194-211.

［9］Belleflamme P, Picard P, Thisse J F. 2000. "An economic theory of regional clusters", *Journal of Urban Economics*, 48: 158-184.

［10］Binz C, Truffer B. "Global Innovation Systems—A conceptual framework for innovation dynamics in transnational contexts", *Research Policy*, 2017, 46(7): 1284-1298.

［11］Cantwel 1, J. "Historical Trends of International Pattern s of Technological Innovation, New Perspectives on Late Victorian Economy", *Cambridge*

University Press,1991.23-34.

[12] CantwelJ. "The Globalization of Technology: What Remains of Product Cycle Modle", *Cambridge Journal of Economics*,1995,11-19.

[13] Caves, R. E. "Multinational Enterprise and Economic Analysis", *Cambridge Surveys of Economic Literature*,1996,23-36.

[14] Chang S, Park S. "Types of firms generating network externalities and MNCc's co-location decisions", *Strategic Management Journal*,2005,26:595-615.

[15] Chang S. "International Expansion Strategy of Japanese Firms: Capability Building through Sequential Entry", *The Academy of Management Journal*, 1995,38(2): 383-407.

[16] Chen Y. "Agglomeration and location of foreign direct investment: The case of China", *China Economic Review*,2009,20:549-557.

[17] Cheng L, Kwan Y K. "What are the determinants of the location of foreign direct investment? The Chinese experience", *Journal of International Economics*, 2000,251:379-400.

[18] Cheng L.K, Y. K. Kwan. "What are the Direct Investments of the Location of Foreign Direct Investment? The Chinese Experience", *Journal of International Economics*,2000,51:379-400.

[19] Cheng S, Stough R. " Location decisions of Japanese new manufacturing plants in China: a discrete-choice analysis", *The Annals of Regional Science*, 2006, 40 (2): 369-387.

[20] Cheng J, Bolon D. "The Management of Multinational R&D: a Neglected Topic in International Business Research", *Journal of International Business Studies*, 1993,24:1-18.

[21] Christian Le Bas & Christophe Sierra. "' Location versus home country advantages' in R&D activities: some further results on multinationals locational strategies", *Research Policy*,2002,31(4):589-609.

[22] Chung W, Song J. "Sequential investment, firm motives and agglomeration of Japanese electronics firms in the United States", *Journal of Economics and Management Strategy*,2004,13:539-560.

[23] Cui G. "The evolutionary process of global market expansion: Experiences of MNCs in China", *Journal of World Business*,1998,33:87-110.

[24] D. C. Mowery, N.Rosenberg. "Technology and the Pursuit of Economy Growth", *Cambridge,UK: Cambridge University Press*, 1989, 12-19.

[25] D. Coe and EHelpman. "International R&D spillovers", *European Economic Review*,2001, 39:859-887.

[26] D. H. Donald, Serapio.M. G. "Globalizing Industrial Research and Development",

Department of Commerce Technology Administration Office of Technology Policy,1999,23:234-245.

[27] Dalton D. H, Serapio, M. G. "Globalizing industrial research and development", *US department of Commerence, Technology Adminstration Office of Technology Policy*,1999,24:35-45.

[28] Defever F. "Functional fragmentation and the location of multinational firms in the enlarged Europe", *Regional Science and Urban Economics*,2006,36:658-677.

[29] Deok Soon Yim, Ki Kook Kim. "Foreign R&D Centers in Korea and Government Policy", *PICMET Proceedings*,2006,(7): 9-13.

[30] Du J, Lu Y, Tao Z. "FDI location choice: Agglomeration vs institutions", *International Journal of Finance and Economics*,2008,13: 92-107.

[31] Dunning J. "The geographical sources of competitiveness of firms: Some results of a new survey", *Transnational Corporations*,1996,(5):1-29.

[32] Dunning J. H. "Multinational Enterprises and the Globalization of Innovatory Capacity", *Research Policy*,1994,(23):54-66.

[33] Duranton G, Puga D. "From sectoral to functionalurban specialization", *Journal of Urban Economics*,2005,57:343-370.

[34] Enright M J. "The location of activities of manufacturing multinationals in the Asia-Pacific", *Journal of International Business Studies*,2009,40:818-839.

[35] Enright M. J. "Regional clusters and firm strategy", *Paper presented at the prince Berlil Symposium on the dynamic firm: the role of regions, technology, strategy and organization, Stockholm*,1994,12-15.

[36] Fang S C, Lin J L. "The relationship of foreign R&D units in taiwan and the taiwanese knowledge flow system", *Technovation*,2002,22:371-383.

[37] Feenstra, R. C., Inklaar, R., and Timmer, M. P. "The next generation of the penn world table. "*American Economic Review*,2015,105(5): 3150-3182.

[38] Ferrantino, Michael J. "The Effect of Intellectual Property Rights on International Trade and Investment", *Technovation*,1993,43:651-665.

[39] Fors, Gunnar and Zejan Mario. "Overseas R&D by Multinationals in Foreign Centers of Excellence", *Working Paper Series in Economics and Finance, Stockholm School of Economics*,1996,678-689.

[40] Foss, N. J., Pedersen, T. "Transferring knowledge in MNCs: The role of sources of subsidiary Knowledge and organizational context", *Journal of International Management*,2002, 8(1): 49-67.

[41] Frischtak, Claudio R. "The Protection of In tellectual Property Rights and Industrial Technology Development in Brazil", *Industry and Energy Working*,1989,15:34-42.

［42］Fujita M，Thisse J. F. "Economics of Agglomeration，*Journal of the Japanese and International Economics*"，1996，10：339-376.

［43］Gary Madden，Scott J. "Savage R & D spillovers，information technology and telecommunications and productivity in Asia"，*Information Economics and Policy*，2000，12：367-392.

［44］Gassmann，O.，Zedtwitz，M. "New Concepts and Trends in International R & D Organization"，*Research Policy*，1999，28：231-250.

［45］Giacomo Bonanno，Barry Haworth. "Intensity of Competition and the Choice between product and process innovation"，*International Journal of Industrial Organization*，2004，16(1998)：495-510.

［46］Giuditta De Prato，Daniel Nepelski. "Global R & D network：Network analysis of international R & D centres"，*European Commission. JRC Institute for Prospective Technological Studies*，2011.

［47］Giuditta D P.，Daniel N. "Global technological collaboration network：Network analysis of international coinventions"，*The Journal of Technology Transfer*，2014，39(3)：358-375.

［48］Graf H，Kalthaus M. "International Research Networks：Determinants of Country Embeddedness"，*Jena Economic Research Papers*，2016.

［49］Grevesen C W，Damanpour F. "Performance implications of organizational structure and knowledge sharing in multinational R & D networks"，*International Journal of Technology Management*，2007，38(12)：113-136.

［50］Guillen M F. "Experience，imitation and the sequence of foreign entry：Wholly owned and joint-venture manufacturing by South Korean firms and business group in China，1987—1995"，*Journal of International Business Studies*，2003，34：185-198.

［51］Hakanson，L，R. Nobel. "Foreign Research and Development in Swedish Multinationals"，*Res. Policy*，1993，22：373-396.

［52］Hakanson，Lars. "Locational Determinant s of Foreign R & D in Swedish Multinationals"，*Journal of International Business Studies*，1992，35：186-199.

［53］Hansen，M. T.，Løvas，B. "How do multinational companies leverage technological competencies? Moving from single to interdependent explanations"，*Strategic Management Journal*，2004，25(8)：801-822.

［54］Hanson G. H. "Market Potential，Increasing Returns，and Geographic Concentration"，*Journal of International Economics*，2005，67(1)：1-24.

［55］He C，Fu R. "Foreign banking in China：A study of 279 branch units in 32 cities"，*Eurasian Geography and Economics*，2008，49：457-480.

［56］He C，Yeung G. "Locational distribution of foreign banking in China：A disaggregated analysis", *Regional Studies*, 2010, 34: 456-467.

[57] He C, Zhu Y. "Real estate FDI in Chinese cities: Local market conditions and regional institutions", *Eurasian Geography and Economics*, 2010, 51: 360-384.

[58] He C. "Information costs, agglomeration economies and the location of foreign direct investment in China", *Regional Studies*, 2002, 36: 1029-1036.

[59] He C. "Location of foreign manufacturers in China: Agglomeration economies and country of origin effects", *Papers in Regional Sciences*, 2003, 82: 351-372.

[60] He C. "Regional decentralization and location of foreign direct investment in China", *Post-Communist Economies*, 2006, 18: 33-50.

[61] Head C Keith, John C, Swenson Deborah L. "Attracting Foreign Manufacturing Investment Promotion and Agglomeration", *Regional Science and Urban Economics*, 1999, 29: 197-218.

[62] Head K, JRies. "Inter-City Competition for Foreign Investment: Static and Dynamic Effects of China's Incentive Areas", *Journal of Urban Economics*, 1996, 40: 38-60.

[63] HeadK, JReis, Swenson. "Agglomeration Benefits and Location Choice: Evidence from Japanese Manufacturing Investments in the United States", *Journal of International Economics*, 1995, 38(3): 223-247.

[64] Henderson J . "Where do manufacturing firms locate their headquarters", *Journal of Urban Economics*, 2008, 63: 431-450.

[65] Henderson JV. "The Sizes and Types of Cities", *American Economic Review*, 1974, 64(4): 640-656.

[66] Henisz W J, Delios A. "Uncertainty, imitation, and plant location: Japanese multinational corporations, 1990-1996", *Administrative Science Quarterly*, 2001, 46: 443-475.

[67] Herstad, S.J., Aslesen, H.W., Ebersberger, B. "On industrial knowledge bases, commercial opportunities and global innovation network linkages", *Research Policy*, 2014, 43: 495-504.

[68] Hewit L, Gary. "Research and Development Per formed A broad by US Manufacturing, Multinationals", *Kyklos*, 1980, 33: 308-327.

[69] Hidalgo, C. A. "Disconnected! the parallel streams of network literature in the natural and social sciences", *ArXiv e-prints*, 2015.

[70] Hirschey, R. C. and Caves R. E. "Internationalisation of Research and development by Multinational Enterprises", *Oxford Bulletin of ECONOMICS AND STATISTICS*, 2004(42): 115-130.

[71] Hirschey, Robert C, Richard E. "Research and Transfer of Technology By Multinational Enterprise", *Journal of Urban Economics*, 1981(63): 431-450.

[72] Hong J.,"Firm specific effect on location decisions of foreign direct investment in China's logistics industry", *Regional Studies*,2007(41):673-683.

[73] Hsu C W, Lien Y C, Chen H. "R & D internationalization and innovation performance", *International Business Review*,2015,24(2): 187-195.

[74] Hohberger J, Almeida P, Parada P. "The direction of firm innovation: The contrasting roles of strategic alliances and individual scientific collaborations", *Research Policy*, 2015, 44(8): 1473-1487.

[75] Jasjit Singh., "Distributed R & D, cross-regional knowledge integration and quality of innovative output", *Research Policy*, 2008(37): 77-96.

[76] Johanson J, Vahlne J E.,"The internationalization process of the firm: A model of knowledge development and increasing foreign market communication", *Journal of International Business Studies*,1977(8):23-32.

[77] Jun Fu., "Institutions and investments: Foreign direct investment in China during an era of reforms", *The University of Michigan Press*,2000(9):23-32.

[78] Kathleen Walsh., "Foreign R & D in China: Drivers, Dynamics, and new directions,presentation at the international forum Global R & D in China", *Held in Nanjing China*,2005:29-30.

[79] Kinoshita Y, Mody A., "Private information for foreign investment in emerging economies", *Canadian Journal of Economics*,2001(34):448-464.

[80] Klaus W., "Innovation and Knowledge Spillover with Geographical and Technological Distance in an Agent-based Simulation model", *Discussion Paper*, *University of Bielefeld*,2005.42(2):115-130.

[81] Krugman P., "History and Industry Location: the Case of the US Manufacturing Belt", *American Economics Review*,1998(81): 80-83.

[82] Kuemmerle., "The Drivers of Foreign Direct Investment into R&D: an Empirical Investigation", *Journal of International Business Studies*,1999(30):11-24.

[83] Kuemmerle W., "Foreign direct investment in industrial research in the pharmaceutical and electronics industries—Results from a survey of multinational firms", *Research Policy*,1999(28):179-193.

[84] Kumar N., "Intellectual protection orientation and location of overseas R & D activities by multinational enterprise", *World Development*,1996(24):673-688.

[85] L. Greg, L. Kenneth, Kraemer, D. Jason.,"Who Captures Value in a Global Innovation network? The Case of Apple's iPod", *Communications of the Acm*, 2009,52(3): 140-144.

[86] LallS., "The International Allocation of Research Activity by US Multinationals", *Oxford Bulletin of Economics and Statistics*,1980(4):313-331.

[87] Leiponen, Helfat., "Geographic location and decentralization of innovative

activity", *Mimeo*,2006.

[88] Lewin, A. Y., Massini, S. Peeters, C., "Why are companies offshoring innovation? The emerging global race for talent", *Journal of International Business Studies*, 2009(40): 901-925.

[89] Liu J, et al., "The geogra phy and structure of global innovation networks: A knowledge base perspective", *European Planning Studies*, 2013, 21 (9): 1456-1473.

[90] Luo Y, Connor N., "Structural changes to foreign direct investment in China: An evolutionary perspective", *Journal of Applied Management Studies*, 1998(7): 95-110.

[91] Luo Y., "Time based experience and international expansion: The case of an emerge economy", *Journal of Management Studies*, 1999(36):505-534.

[92] Chengliang Liu, Jiaqi Xu, & Hong Zhang., "Competitiveness or complementarity? A dynamic network analysis of international agri-trade along the Belt and Road", *Applied Spatial Analysis and Policy*, 2020,13(2):349-374.

[93] Qinchang Gui, Chengliang Liu, Debin Du. "The structure and dynamic of scientific collaboration network among countries along the Belt and Road", *Sustainability*,2019,11(19):51-87.

[94] Chengliang Liu, Tao Wang, & Qingbin Guo., "Does environmental regulation repress the international R & D spillover effect? Evidence from China", *Sustainability*, 2019, 11(16),4353.

[95] Qinchang Gui, Chengliang Liu, & Debin Du., "Globalization of science and international scientific collaboration: A network perspective", *Geoforum*, 2019 (105):1-12.

[96] Qinchang Gui, Chengliang Liu, Debin Du, & Dezhong Duan., "The changing geography of global science", *Environment and Planning A*, 2019, 51 (8): 1615-1617.

[97] M. Gulbrandsen & J. C. Smeby., "Industry funding and university professors research performance", *Research Policy*,2005,34(6):932-950.

[98] Chengliang Liu, Caicheng Niu, & Ji Han., "Spatial dynamics of intercity technology transfer networks in China's three urban agglomerations: A patent transaction perspective", *Sustainability*,2019,11(6), 1647.

[99] Ma X, Delios A., "Host-country headquarters and an MNE's subsequent within-country diversifications", *Journal of International Business Studies*,2010(41): 517-525.

[100] Mansfield E. D. Teece, A Romeo., "Overseas R & D by US Based Firms", *Economica*,2001(46):187-196.

[101] Mansfield, Edwin. "Intellectual Property Protection, Foreign Direct Investment, and Technology Transfer, Discussion",1994,19-24.

[102] Margherita Balconi, Andrea Laboranti. "University industry interactions in applied research: The case of microelectronics", *Research Policy*, 2006, 10: 1616-1630.

[103] Mariotti S, Piscitello L, Elia S. "Spatial agglomeration of multinational enterprise: The role of information externalities and knowledge spillovers", *Journal of Economic Geography*,2010,10:1-20.

[104] Michael Porter. "The competitive advantage of nations, New York: The Free Press",1990,678-689.

[105] Iris Wanzenböck, Heller-Schuh B. "The Embeddedness of Regions in R & D Collaboration Networks of the EU Framework Programmes [M]"// "The Geography of Networks and R & D Collaborations". *Springer International Publishing*, 2013.

[106] Kafouros M, Wang C, "Piperopoulos P. Academic collaborations and firm innovation performance in China: The role of region-specific institutions". *Research Policy*, 2015,44(3): 803-817.

[107] Odagiri H, Yasuda H. "The determinants of overseas R & D by Japanese firms: an empirical study at the industry and company levels", *Research Policy*,1996, 25:1059-1079.

[108] Ove Granstrand. "Internationalization of corporate R & D: A study of Japanese and Swedish corporations", *Research policy*,1999,28:275-302.

[109] Patel, Vega. "Patterns of internationalization of corporate technology: location versus home country advantages", *Research Policy*,1999,28(3):145-155.

[110] Pearc E, Robert D,S Singh. "Globalizing research and development", *London: MacMillan*",1993,98-123.

[111] Pearce R. D. "The Internationalization of R & D by Multinational Enterprises", *London: McMillan*,1989,28: 275-302.

[112] Penner-Hahn, J., Shaver, J.M. "Does international research and development increase patent output? An analysis of Japanese pharmaceutical firms". *Strategic Management Journal*, 2005,26(2):121-140.

[113] Popp, D. "Economic analysis of scientifific publications and implications for energy research and development". *Nature Energy*, https://doi.org/10.1038/ nenergy.2016:20.

[114] Prasada Reddy. "New Trends in Globalization of Corporate R & D and Implications for Innovation Capability in Host Countries: A Survey from India", *World Development*,1997,(25):1821-1837.

[115] Qinchang G，Chengliang L，Debin D. "Does network position foster knowledge production? Evidence from international scientific collaboration network". *Growth and Change*，2018.

[116] Raja M.，Mitra. "India's Emergence as a Global R & D Center". *Swedish Institute for Growth Policy Studies*，2007.

[117] Rapp，Richard T，R. P. Rozek. "Benefits and Costs of Intellectual Property Protect ion in Developing Countries"，*Working Paper* 3.1990.

[118] Rogge，K. S. and Reichardt，K. "Policy mixes for sustainability transitions：An extended concept and framework for analysis". *Research Policy*，2016，45(8)：1620-1635.

[119] S. Ponte and T. J. Sturgeon，"Explaining Governance in Global Value Chains：A Modular Theory—building Effort".*Review of International Political Economy*，Vol. 21，No. 1，2014，p. 214.

[120] Scitovsky T. "Two Concepts of External Economies"，*Journal of Political Economy*，1954，62(2)：143-151.

[121] Shin-Hong Chen. "Taiwanese IT firms' offshore R & D in China and the connection with the global innovation network. Research policy"，2004，33：337-349.

[122] Stefano Ponte，"Governing Through Quality：Conventions and Supply Relations in the Value Chain for South African Wine". *Sociologia Ruralis*，2009，Vol.49，No.3，pp.236-257.

[123] Sun Y，Wen K. "Uncertainties，imitating behaviors and foreign R&D locations：Explaining the over-concentration of foreign R&D in Beijing and Shanghai within Chin"，*Asia Pacific Business Review*，2007，13：405-424.

[124] Sun Y. "Location of foreign research and development in China"，*GeoJournal*，2009，25：1059-1079.

[125] Seamus Grimes，Debin Du. "China's emerging role in the global semiconductor value chain"，*Telecommunications Policy*. 2020.

[126] Shi Wentian，Yang Wenlong，Du Debin，"The Scientific Cooperation Network of Chinese Scientists and Its Proximity Mechanism"，*Sustainability*. 2020.

[127] UNCTD."World Investment Report 2005"，New York and Geneva：United Nations，187.2005.

[128] Venables A. "Equilibrium Locations of Vertically Linked Industrie"，*International Economic Review*，1996，37：341-359.

[129] Wang C H，Hsu L C，Fang S R. "The determinants of internationalization：Evidence from the Taiwan high technology industry".*Technological Forecasting & Social Change*，2008，75(9)：1388-1395.

[130] Wanzenböck, I., Scherngell, T., and Lata, R. "Embeddedness of european regions in european union-funded research and development (R & D) networks: A spatial econometric perspective". *Regional Studies*, 2015, 49(10): 1685-1705.

[131] Wang C L, Rodan S, Fruin M. "Knowledge networks, collaborationnetworks, and exploratory innovation". *Academy of Management Journal*. 2014, 57(2): 454-514.

[132] Washington D C. "International Finance Corporation", UNCTAD. *World Development Report 1999*. 2000.

[133] Wei Y, Liu X, Parker D etal. "The regional distribution of foreign direct investment in China", *Regional Studies*, 1999, 33: 857-867.

[134] Wheeler D, A. Mody. "International Investment Location Decisions: The Case of US Firms", *Journal of International Economomics*, 1992, 33: 57-76.

[135] Yoo, Y. "Issues for the establishment of Northeast R & D Hub". *Korea Trade Promotion Corporation(KOTRA)*, 2003.

[136] Zejan, Mario C. "R & D Activities in Affiliates of Swedish Multinational Enterpris", *Scandinavian Journal of Economics*, 1990, 92(3): 487-500.

[137] Zeschky M, Daiber M, Widenmayer B, et al. "Coordination in global R & D organizations: An examination of the role of subsidiary mandate and modular product architectures in dispersed R & D organizations". *Technovation*, 2014, 34(10): 594-604.

[138] Zhang Y, Zhang Z, Liu Z. "7Choice of entry modes in sequential FDI in an emerging economy", *Management Decision*, 2000, 45: 749-772.

[139] Zhao B, Cai J, Zhang L. "Asymmetric information as a key determinant for locational choice of MNC headquarters and the development of financial centers: A case for China", *China Economic Review*, 2005, 16: 308-331.

[140] Zivine R. "Stock Markets, Banks and Economic Growth", *American Economic Review*, 1998, 88: 537-558.

[141] Zondvall B. A.. "National Systems of Innovation: Towards a Theory of Innovation and Interactive Learning", *London: Pinter*, 1992, 45: 79-88.

[142] Zoofa H, AHeshmatib. "Knowledge Capitaland Performance Heterogeneity: A Firm level Innovation Study", *International Journal of Production Economics*, 2002, 76: 61-85.

[143] Zratin R, P Sunley. "Paul Krugman's Geographical Economics and Its Implications for Regional Critical Assessment", *Economic Geography*, 1996, 72: 259-292.

[144] Zresse J, M. Sassenou. "R & D and Productivity: A survey of Econometric Studies at the Firm Level, in Science-Technology", *Industry Review*, 1991, 8:

317-348.

[145] Zrozet M. "Do Migrants Follow Market Potentials? An Estimation of a New Economic Geography Model", *Journal of Economic Geography*, 2004, 4: 439-458.

[146] 保罗·克鲁格曼著, 黄胜强译:《克鲁格曼国际贸易新理论》, 北京:中国社会科学出版社, 2001 年。

[147] 常红锦, 仵永恒:《网络异质性, 网络密度与企业创新绩效——基于知识资源视角》,《财经丛论》2013 年第 6 期, 第 83-88 页。

[148] 陈德铭, 鲁明泓:《国际直接投资区位理论的发展及其启示》,《世界经济与政治论坛》2000 年第 2 期, 第 27-30+38 页。

[149] 陈德宁, 沈玉芳:《广州外商投资研发中心建设的现状与对策研究》,《国际经贸探索》2004 年第 1 期, 第 78-82 页。

[150] 陈关聚, 安立仁:《外资企业在华研发机构创新效率研究》,《中国软科学》2015 年第 3 期, 第 117-126 页。

[151] 陈继勇, 黄蔚:《外商直接投资区位选择行为及影响因素研究》,《世界经济研究》2009 年第 6 期, 第 49-54+88 页。

[152] 陈健, 徐康宁:《跨国公司研发全球化动因, 地域分布及其影响因素分析》,《经济学》2009 年第 3 期, 第 871-890 页。

[153] 陈劲, 景劲松, 周笑磊:《我国企业 R&D 国际化的影响因素分析》,《科学学研究》2003 年第 2 期, 第 51-57 页。

[154] 陈凯华, 寇明婷等:《中国区域创新系统的功能状态检验》,《中国软科学》2013 年第 4 期, 第 79-98 页。

[155] 陈衍泰, 李新剑, 范彦成:《企业海外研发网络边界拓展的非线性演化研究》,《科学学研究》2020 年第 2 期, 第 266-275 页。

[156] 陈衍泰, 朱传果等:《中国区域创新系统国际化评价——基于中国 24 个城市的实证分析》,《技术经济》, 2019 年第 2 期, 第 22-31 页。

[157] 陈衍泰, 吴哲, 范彦成等:《研发国际化研究:内涵, 框架与中国情境》,《科学学研究》, 2017 年第 3 期, 第 387-395+418 页。

[158] 陈志明:《全球创新网络的特征, 类型与启示》,《技术经济与管理研究》, 2018 年第 6 期, 第 49-53 页。

[159] 程开明, 王亚丽:《城市网络激发技术创新的机理及证据》,《科学学研究》2013 年第 9 期, 第 1399-1411+1440 页。

[160] 仇保兴:《小企业集聚研究》, 上海:复旦大学出版社, 1999 年。

[161] 楚天娇:《跨国公司研发全球化与我国区域创新体系建设》,《软科学》2008 年第 5 期, 第 111-113+124 页。

[162] 楚天娇, 杜德斌:《跨国公司 R&D 全球化研究的热点与展望》,《软科学》2004 年第 4 期, 第 25-29 页。

[163] 春艳:全球创新网络节点城市建设——东京案例,《科学管理研究》2019 年第 6 期,第 156-165 页。

[164] 崔新建,吉生宝:《跨国公司在华研发投资的区位决定因素——基于中国规模以上工业企业面板数据的实证研究》,《经济地理》2009 年第 1 期,第 54-58＋79 页。

[165] 崔争艳:《网络能力对企业空间行为的影响研究》,学位论文,河南大学,2014 年,第 69 页。

[166] 戴勇:《外生型集群企业升级的影响因素与策略研究——全球价值链的视角》,《中山大学学报》2009 年第 1 期,第 194-203 页。

[167] 邓峰,张永安:《跨国公司全球内部 R&D 网络组织模式与环境适配性研究》,《科技进步与对策》2014 年第 4 期,第 61-64 页。

[168] 董书礼:《跨国公司在华设立 R&D 机构与我国产业技术进步》,《中国科技论坛》2004 年第 2 期,第 62-66 页。

[169] 杜德斌,孙一非,盛垒:《跨国公司在华 R&D 机构的空间集聚研究》,《世界地理研究》2010 年第 3 期,第 1-13 页。

[170] 杜德斌,周天瑜,王勇:《世界 R&D 产业的发展现状及趋势》,《世界地理研究》2007 年第 3 期,第 1-7 页。

[171] 杜德斌,段德忠,夏启繁:《中美科技竞争力比较研究》,《世界地理研究》2019 年第 4 期,第 1-11 页。

[172] 段德忠,杜德斌等:《产业技术变迁与全球技术创新体系空间演化》,《地理科学》2019 年第 9 期,第 1378-1387 页。

[173] 段德忠,谌颖,杜德斌:《"一带一路"技术贸易格局演化研究》,《地理科学进展》2019 年第 7 期,第 998-1008 页。

[174] 杜群阳,朱勤:《中国企业技术获取型海外直接投资理论与实践》,《国际贸易问题》2004 年第 11 期,第 66-69 页。

[175] 范爱军,徐晓慧:《新经济地理学视角下的国际投资区位理论评述》,《经济动态》2007 年第 4 期,第 91-96 页。

[176] 范兆斌,苏晓艳:《全球研发网络,吸收能力与创新价值链动态升级》,《经济管理》2008 年第 11 期,第 12-17 页。

[177] 范斐,连欢等:《区域协同创新对创新绩效的影响机制研究》,《地理科学》2020 年第 2 期,第 165-172 页。

[178] 方刚:《网络能力结构及对企业创新绩效作用机制研究》,《科学学研究》2011 年第 3 期,第 461-470 页。

[179] 费洪平:《我国企业组织空间联系模式研究》,《地理科学》1996 年第 1 期,第 18-25 页。

[180] 费潇:《环杭州湾地区空间网络化发展特征分析》,《地域研究与开发》2010 年第 8 期,第 42-46 页。

[181] 甘志霞,娜孜木.叶鲁拜,唐文慧:《全球创新网络环境下我国低碳技术创新的模式研究》,《国际视野》2015 年第 5 期,第 107-114 页。

[182] 高菠阳,刘卫东,杜超:《国际贸易壁垒对全球生产网络的影响——以中加自行车贸易为例》,《地理学报》2011 年第 4 期,第 477-486 页。

[183] 高汝熹,张国安,谢曙光:《上海 R&D 产业发展前景》,《上海经济研究》2001 年第 9 期,第 22-28 页。

[184] 高培勇,袁富华,胡怀国等:《高质量发展的动力,机制与治理》,《经济研究》,2020 年第 4 期,第 85-100 页。

[185] 耿凯平,易文,徐渝:《高新技术企业研发组织的模块化设计研究》,《中国人力资源开发》2009 年第 5 期,第 6-9+14 页。

[186] 苟昂,廖飞:《基于组织模块化的价值网研究》,《中国工业经济》2005 年第 2 期,第 66-72 页。

[187] 桂黄宝:《我国高技术产业创新效率及其影响因素空间计量分析》,《经济地理》2016 年第 6 期,第 100-107 页。

[188] 郭建万,袁丽,陶锋:《新经济地理学视角下的外商直接投资区位选择》,《金融与经济》2009 年第 3 期,第 14-16 页。

[189] 郭克莎:《我国制造业的技术优势行业与跨越战略研究》,《产业经济研究》2004 年第 3 期,第 1-16 页。

[190] 顾伟男,刘慧,王亮:《国外创新网络演化机制研究》,《地理科学进展》2019 年 12 期,第 1977-1990 页。

[191] 侯纯光,杜德斌,刘承良等:《全球留学生留学网络时空演化及其影响因素》,《地理学报》2020 年第 4 期,第 681-694 页。

[192] 侯纯光,杜德斌,段德忠等:《"一带一路"沿线国家或地区人才流动网络结构演化》,《地理科学》2019 年第 11 期,第 1711-1718 页。

[193] 侯纯光,杜德斌,刘承良等:《全球人才流动网络复杂性的时空演化——基于全球高校留学生流动数据》,《地理研究》2019 年第 8 期,第 1862-1876 页。

[194] 韩剑:《知识溢出的空间有限性与企业 R&D 集聚》,《研究与发展管理》2009 第 3 期,第 22-27 页。

[195] 韩增林,李晓娜:《第三方物流企业的区位影响因素研究》,《地域研究与开发》2007 年第 2 期,第 16-19+25 页。

[196] 何灿飞,陈颖:《港澳地区对中国内地直接投资的区位选择及其空间扩散》,《地理科学》1997 年第 3 期,第 193-200 页。

[197] 何琼,王铮:《跨国公司 R&D 投资在中国的区位影响分析》,《中国软科学》2006 年第 7 期,第 41-44+72 页。

[198] 何兴强,王利霞:《中国 FDI 区位分布的空间效应研究》,《经济研究》2008 年第 11 期,第 137-150 页。

[199] 贺灿飞,梁进社,张华:《北京市外资制造企业的区位分析》,《地理学报》2005 年

第 1 期,第 122-130 页。

[200] 贺灿飞,梁进社:《中国外商直接投资的区域分异及其变化》,《地理学报》1999 年第 5 期,第 97-105 页。

[201] 贺灿飞,肖晓俊:《跨国公司功能区位实证研究》,《地理学报》2011 年第 12 期,第 1669-1681 页。

[202] 贺团涛,曾德明:《跨国公司 R&D 国际化理论述评》,《中国科技论坛》2008 年第 8 期,第 75-79 页。

[203] 亨利·切萨布鲁夫著,金马译:《开放式创新:进行技术创新并从中赢利的新规则》,北京:清华大学出版社,2005 年。

[204] 侯志杰,苏塑:《中国外商直接投资区位选择的影响因素分析》,《经济研究导刊》2015 年第 19 期,第 274-275 页。

[205] 胡彬:《长江三角洲区域的城市网络化发展内涵研究》,《中国工业经济》2003 年第 10 期,第 35-42 页。

[206] 胡明铭,徐姝:《产业创新系统研究综述》,《科技管理研究》,2019 年第 7 期,第 31-33页。

[207] 胡曙虹,杜德斌,范蓓蕾:《中国企业 R&D 国际化:时空格局与区位选择影响因素》,《地理研究》2019 年第 7 期,第 1733-1748 页。

[208] 黄慧雅,刘林奇:《跨国公司 FDI 在中国的区位选择现状和原因的实证分析》,《湖南社会科学》2014 年第 3 期,第 128-131 页。

[209] 黄苹:《跨国公司在华 R&D 区位选择的空间计量分析》,《科技管理研究》2008 年第 5 期,第 90-92 页。

[210] 黄庆波,范厚明,韩震,石丽红:《跨国公司研发方式的演变与中国企业的承接对策研究》,《科学政策与管理》2008 年第 12 期,第 29-32+43 页。

[211] 黄肖琦,柴敏:《新经济地理学视角下的 FDI 区位选择——基于中国省际面板数据的实证分析》,《管理世界》2006 年第 10 期,第 7-13+26+171 页。

[212] 江小涓,储士家:《我国外商投资梯度转移问题研究》,《中国工业经济》2004 年第 4 期,第 5-12 页。

[213] 江小涓:《中国外资经济对增长,结构升级和竞争力的贡献》,《中国社会科学》2002 年第 6 期,第 4-14+204 页。

[214] 蒋殿春:《跨国公司对我国企业研发能力的影响:一个模型分析》,《南开经济研究》2004 年第 4 期,第 62-66 页。

[215] 金煜,陈钊,陆铭:《中国的地区工业集聚:经济地理,新经济地理与经济政策》,《经济研究》2006 年第 4 期,第 79-89 页。

[216] 景秀艳:《网络权利及其影响下的企业空间行为研究》,学位论文,华东师范大学,2007 年。

[217] 景秀艳:《网络权利与企业投资空间决策——以台资网络为例》,《人文地理》2009 年第 4 期,第 50-55+56 页。

[218] 孔翔,曾刚:《全球技术空间体系及我国的对策研究》,《经济地理》2000 年第 5 期,第 42-45+21 页。

[219] 孔晓丹,张丹.创新网络知识流动对企业创新绩效的影响研究——基于网络嵌入性视角,《预测》,2019 年第 2 期,第 45-51 页。

[220] 李丹丹:《动态模块化的开发模式的研究与实现》,学位论文,大连海事大学,2010 年。

[221] 李非,李继翔:《台商投资中国大陆区位选择的实证研究》,《厦门大学学报(哲学社会科学版)》2004 年第 6 期,第 70-77 页。

[222] 李国平,杨开忠:《外商对华直接投资的产业与空间转移特征及其机制研究》,《地理科学》2002 年第 2 期,第 102-109 页。

[223] 李国平,孙铁山:《网络化大都市:城市空间发展新模式》,《城市发展模式》2013 年第 5 期,第 83-89 页。

[224] 李国平,王志宝:《中国区域空间结构演化态势研究》,《北京大学学报》2013 年第 3 期,第 148-157 页。

[225] 李国平,杨开忠:《外商对华直接投资的产业与空间转移特征及其机制研究》,《地理科学》2002 年第 2 期,第 102-109 页。

[226] 李健:《从全球生产网络到大都市区生产空间组织》,学位论文,华东师范大学 2008 年。

[227] 李健,余悦:《合作网络结构洞,知识网络凝聚性与探索式创新绩效:基于我国汽车产业的实证研究》,《南开管理评论》2018 年第 6 期,第 121-130 页。

[228] 李洁:《跨国公司在华 R&D 区位选择的实证分析》,《商业研究》2005 年第 8 期,第 41-44+72 页。

[229] 李具恒:《FDI 的区位选择与中国区域经济发展——兼论中国西部地区的对策选择》,《中国软科学》2004 年第 6 期,第 112-117 页。

[230] 李军:《我国新药合同研究组织(CRO)发展战略研究》,学位论文,天津大学,2006 年。

[231] 李蕊:《跨国公司在华研发投资与中国技术跨越式发展》,经济科学出版社,2004 年。

[232] 李邃,万秉烛:《长江经济带区域创新系统投入与产出效率研究》,《统计与决策》,2017 年 23 期,141-144 页。

[233] 李王鸣,翁莉,朱珊:《温州民营企业组织创新与空间布局演变研究》《经济地理》,2004 年第 3 期,403-406+411 页。

[234] 李王鸣,潘蓉,魏也华:《中国城市外商投资区位选择因素的鉴定与分析——以杭州城市为例》,《浙江大学学报》2006 年第 1 期,110-114+120 页。

[235] 李习保:《区域创新环境对创新活动效率影响的实证研究》,《数量经济技术经济研究》2007 年第 8 期,13-24 页。

[236] 李仙德:《基于企业网络的城市网络研究》,学位论文,华东师范大学,2012 年。

[237] 李仙德:《基于上市公司网络的长三角城市网络空间结构研究》,《地理科学进展》2014 年第 12 期,1587-1600 页。

[238] 李向东,李南等:《高技术产业创新效率影响因素分析》,《统计与决策》,2015 年第 6 期,109-113 页。

[239] 李小建. 公司地理论[M]. 北京:科学出版社,2002 年。

[240] 李小建:《外商直接投资对中国沿海地区经济发展的影响》,《地理学报》1999 年第 5 期,420-430 页。

[241] 李晓娣,张小燕:《区域创新生态系统对区域创新绩效的影响机制研究》,《预测》,2018 年第 5 期,22-28+55 页。

[242] 李晓娣,田也壮,刘强:《跨国公司 R&D 机构与我国区域创新系统互动路径研究——基于强迫进入法的分析》,《科研管理》2012 年第 9 期,1-9 页。

[243] 李郇,丁行政:《空间集聚与外商直接投资的区位选择——基于珠江三角洲地区的实证分析》,《地理科学》2007 年第 5 期,636-641 页。

[244] 林钰:《国际技术贸易》,上海:上海财经大学出版社,2006 年。

[245] 刘凤朝,马逸群:《华为,三星研发国际化模式演化比较研究——基于 USPTO 专利数据的分析》,《科研管理》,2015 年第 10 期,11-18 页。

[246] 刘凤朝,徐茜,韩姝颖,孙玉涛:《全球创新资源的分布特征与空间差异——基于 OECD 数据的分析》,《研究与发展管理》2011 年第 1 期,11-16+30 页。

[247] 刘鹤,金凤君,刘毅:《中国石化产业空间组织的评价与优化》,《地理学报》2011 年第 10 期,1332-1342 页。

[248] 刘华军,张耀,孙亚男:《中国区域发展的空间网络结构及其时滞变化——基于 DLI 指数的分析》,《中国人口科学》2015 年第 4 期,60-71+127 页。

[249] 刘丽琴,刘秀文:《跨国公司在中国研发本地化的地域分异》,《经济地理》2007 年第 2 期,231-234+225 页。

[250] 刘强,李晓娣,杨威,王艳杰:《跨国公司 R&D 机构与区域创新系统 RIS 耦合机制研究》,《科研管理》2015 年第 1 期,42-46+75 页。

[251] 刘荣添,林峰:《我国东,中,西部外商直接投资(FDI)区位差异因素的 Panel Data 分析》,《数量经济技术经济研究》2005 年第 7 期,25-34 页。

[252] 刘卫东,Peter Dicken,杨伟聪:《信息技术对企业空间组织的影响——以诺基亚北京星网工业园为例》,《地理研究》2004 年第 6 期,833-844 页。

[253] 刘卫东,罗昌榕,陈武斌,吴宇哲:《城市土地价格调查,评价及动态监测》,北京:科学出版社,2002 年。

[254] 刘翼,冼国明:《跨国公司区位决定因素的变化——兼论作为东道国的发展中国家的政策思考》,《南开学报》2003 年第 3 期,108-113 页。

[255] 刘友金,周健:《"换道超车":新时代经济高质量发展路径创新》,《湖南科技大学学报(社会科学版)》,2018 年第 1 期,49-57 页。

[256] 刘玉青:《跨国公司与本土企业创新互动过程实现条件研究》,学位论文,杭州电

子科技大学,2012 年。

[257] 刘志彪,张杰:《全球代工体系下发展中国家俘获型网络的形成,突破与对策——基于 GVC 与 NVC 的比较视角》,《中国工业经济》2007 年第 5 期,39-47 页。

[258] 刘志彪:《从全球价值链转向全球创新链:新常态下中国产业发展新动力》,《学术月刊》2015,年第 2 期。

[259] 刘作丽,贺灿飞:《在华外商直接投资区位研究述评》,《地理科学进展》2009 年第 6 期,952-961 页。

[260] 刘京星,黄健柏,刘天琦:《中国与"一带一路"国家钢铁产能合作影响因素研究——基于多维动态距离的新视角》,《经济地理》2018 年第 10 期,99-110 页。

[261] 刘承良,牛彩澄:《东北三省城际技术转移网络的空间演化及影响因素》,《地理学报》2019 年第 10 期,2092-2107 页。

[262] 刘承良,管明明,段德忠:《中国城际技术转移网络的空间格局及影响因素》,《地理学报》2018 年第 8 期,1462-1477 页。

[263] 柳卸林,高雨辰,丁雪辰:《找创新驱动发展的新理论思维——基于新熊彼特增长理论的思考》,《管理世界》,2017 年 12 期,8-19 页。

[264] 柳卸林,葛爽:《探究 20 年来中国经济增长创新驱动的内在机制——基于新熊彼特增长理论的视角》,《科学学与科学技术管理》,2018 第 11 期,3-18 页。

[265] 柳卸林,周聪,葛爽:《客户异质性与稳定性对核心企业创新绩效的影响研究》,《科学学与科学技术管理》,2018 第 8 期,53-68 页。

[266] 柳卸林:《21 世纪的中国技术创新系统》,北京:北京大学出版社,2000 年。

[267] 卢锋:《产品内分工》,《经济学(季刊)》,2004 年第 4 期,55-82 页。

[268] 鲁明泓:《外国直接投资区域分布与中国投资环境评估》,《经济研究》1997 年第 12 期,38-45 页。

[269] 鲁明泓:《制度因素与国际直接投资区位分布:一项实证研究》,《经济研究》1999 年第 7 期,57-66 页。

[270] 鲁明泓:《中国不同地区投资环境的评估与比较》,《经济研究》1994 年第 2 期,64-70 页。

[271] 陆铭,陈钊:《分割市场的经济增长——为什么经济开放可能加剧地方保护?》,《经济研究》2009 年第 3 期,42-52 页。

[272] 马琳,吴金希:《全球创新网络相关理论回顾及研究前瞻》,《自然辩证法研究》2011 年第 1 期,109-114 页。

[273] 马琳:《全球创新网络中知识产权管理的影响因素及策略》,《商业时代》2011 年第 3 期,79-80 页。

[274] 迈克尔·波特:《竞争优势》,北京:华夏出版社,2001 年。

[275] 马仁锋,李加林,赵建吉,庄佩君:《中国海洋产业的结构与布局研究展望》,《地理研究》2013 年第 5 期,902-914 页。

[276] 马晓晋:《中国企业技术获取型跨国并购的影响因素研究》,学位论文,浙江工业

大学,2008 年。

[277] 孟凡臣,李子:《外商在华投资不同进入模式的区位选择研究》,《西南交通大学学报》2006 年第 3 期,120-125 页。

[278] 潘文卿:《中国的区域关联与经济增长的空间溢出效应》,《经济研究》2012 年第 1 期,54-65 页。

[279] 潘镇:《外商直接投资的区位选择:一般性,异质性和有效性——对江苏省 3570 家外资企业的实证研究》,《中国软科学》2005 年第 7 期,100-108 页。

[280] 彭丹丹:《信息经济时代企业垄断形式的虚拟化研究从实体经营到实在经营》,学位论文,湖南师范大学,2006 年。

[281] 彭纪生,孙文祥:《跨国公司对华技术转移的理论思考——基于本土企业技术创新能力提升的分析框架》,《中国软科学》2005 年第 4 期,112-119 页。

[282] 彭绍仲,李海舰,曾繁华:《全球商品链的内部化优势与价格均衡机制》,《中国工业经济》2005 年第 9 期,50-59 页。

[283] 蒲英霞,马荣华,马晓东:《长江三角洲地区城市规模分布的时空演变特征》,《地理研究》2009 年第 1 期,161-172 页。

[284] 乔治·泰奇:《研究与开发政策的经济学》,北京:清华大学出版社,2002 年。

[285] 秦升:《全球价值链治理理论:回顾与展望》,《国外理论动态》,2014 年 12 期,14-21 页。

[286] 任伟宏,黄鲁成:《研发产业发展水平评价研究》,《科学管理研究》2008 年第 3 期,43-46 页。

[287] 沈坤荣,田源:《人力资本与外商直接投资的区位选择》,《管理世界》2002 年第 11 期,26-31 页。

[288] 盛垒:《跨国公司在华 R&D 的空间格局及成因》,《经济地理》2010 年第 9 期,1484-1491 页。

[289] 盛垒:《跨国公司在华 R&D 空间集聚机制研究——基于新经济地理学视角的实证分析》,《国际贸易问题》2010 年第 4 期,88-97 页。

[290] 盛垒:《外资在华研发空间集聚及知识溢出的研究》,学位论文,华东师范大学,2009 年。

[291] 施振荣:《宏基的世纪变革》,北京:中信出版社,2005 年。

[292] 石峰:《基于省级面板数据及 DEA 的区域创新效率研究》,《技术经济》,2010 年第 5 期,42-47 页。

[293] 宋周莺,丁疆辉,刘卫东,刘毅:《信息技术对中国服装企业空间组织的影响》,《地理学报》2009 年第 4 期,435-444 页。

[294] 苏方林:《中国省域 R&D 溢出的空间模式研究》,《科学学研究》2006 年 11 期,696-701 页。

[295] 苏科五:《国际贸易》,北京:人民教育出版社,2015 年。

[296] 苏桔芳,胡日东:《中国 FDI 区域分布决定因素的动态演变与地理溢出程度——

基于空间面板数据的实证研究》,《经济地理》2008 年第 1 期,16-20 页。

[297] 孙国强,吉迎东,张宝建,徐俪凤:《网络结构,网络权力与合作行为——基于世界旅游小姐大赛支持网络的微观证据》,《南开管理评论》2016 年第 1 期,43-53 页。

[298] 孙永磊,党兴华:《基于知识权力的网络惯例形成研究》,《科学学研究》2013 年第 9 期,1372-1380 页。

[299] 孙中伟:信息化对海尔空间组织变革的驱动作用,经济地理,2009 年第 6 期:955-959 页。

[300] 汤庆园:《土地开发与产业升级关系的研究——以上海为例》,学位论文,华东师范大学,2014 年。

[301] 唐礼智,戴贵芬:《跨国公司在华研究与开发投资区位选择的实证研究》,《国际贸易问题》2007 年第 6 期,100-104 页。

[302] 汪明峰,卢珊:《网上零售企业的空间组织研究——以"当当网"为例》,《地理研究》2011 年第 6 期,965-976 页。

[303] 汪旭晖:《外商对华直接投资的区位变迁及影响因素分析——兼论我国引资政策的调整》,《国际贸易问题》2006 年第 4 期,95-101 页。

[304] 王成金:《中国物流企业的空间组织网络》,《地理学报》2008 年第 2 期,135-146 页。

[305] 王承云,孔维强,李娜娜:《日本,韩国在华研发投资的比较分析》,《地理研究》2009 年第 1 期,225-234 页。

[306] 王春法:《科技全球化浪潮中的发展中国家》,《世界经济与政治》2001 年第 9 期,40-45 页。

[307] 王凤彬,李东红,张婷婷,杨阳:《模块化产品研发系统的组织形态及其对产品创新的影响——对丰田汽车研发组织结构演变的再分析》,《中国工业经济》2011 年第 2 期,131-141 页。

[308] 王海燕.《国家创新系统的内涵及其运行绩效的评估》,《中国科技论坛》,2000 年第 6 期,31-33 页。

[309] 王海燕:《国家创新系统运行绩效评价的基本原则和方法》,《科学管理研究》,2001 年第 2 期,1-3 页。

[310] 王海云,王建华:《跨国公司技术溢出溢出问题研究》,《中国科技论坛》2004 年第 6 期,23-27 页。

[311] 王缉慈:《创新的空间:企业集群与区域发展》,北京:北京大学出版社,2005 年。

[312] 王缉慈:《关于企业地理学研究价值的探讨》,《经济地理》1992 年第 4 期,11-14 页。

[313] 王金波:《全球价值链的发展趋势与中国的应对》,《国外理论动态》,2014 年 12 期,34-39 页。

[314] 王立平,彭继年,任志安:《我国 FDI 区域分布的区位条件及其地理溢出程度的经验研究》,《经济地理》2006 年第 2 期,265-269 页。

[315] 王庆喜,徐维祥,朱恒福:《外商群集投资的区位决定因素:基于验证性因子分析的研究》,《地理科学》2012 年第 12 期,1439-1443 页。

[316] 王泉泉,李晶:《跨国公司在华研发投资:溢出效应及制约因素》,《前沿》2006 年第 2 期,46-48 页。

[317] 王恕立,张吉鹏,罗勇:《国际直接投资技术溢出效应分析与中国的对策》,《科技进步与对策》2002 年第 3 期,117-118 页。

[318] 王毅,郭斌,许庆瑞,徐笑君:《研究开发组织管理新趋势:全球网络化》,《科研管理》1999 年第 2 期,75-81 页。

[319] 王远桂,杜德斌:《上海外商投资 R&D 中心发展趋势分析》,《上海经济》2003 年第 2 期,17-19 页。

[320] 王展硕,谢伟:《中国企业研发国际化研究的综述与展望》,《研究与发展管理》,2017 年第 6 期,121-132 页。

[321] 王永进、盛丹、李坤望:《中国企业成长中的规模分布——基于大企业的研究》,《中国社会科学》2017 年第 3 期,第 26-47+204-205 页。

[322] 魏后凯,贺灿飞,王新:《外商在华直接投资动机与区位因素分析——对秦皇岛市外商直接投资的实证研究》,《经济研究》2001 年第 2 期,第 67-76+94 页。

[323] 魏江、王丁、刘洋:《来源国劣势与合法化战略——新兴经济企业跨国并购的案例研究》,《管理世界》2020 年第 3 期,第 101-120 页。

[324] 魏江、杨洋:《跨越身份的鸿沟:组织身份不对称与整合战略选择》,《管理世界》2018 年 6 期,第 140-156+188 页。

[325] 魏江、刘洋:《中国企业的非对称创新战略》,《清华管理评论》2017 年 10 期,第 20-26页。

[326] 魏江、王诗翔、杨洋:《向谁同构? 中国跨国企业海外子公司对制度双元的响应》,《管理世界》2016 年 10 期,第 134-149+188 页。

[327] 魏守华、吴贵生、吕新雷:《区域创新能力的影响因素——兼评我国创新能力的地区差距》,《中国软科学》2010 年第 9 期,第 76-85 页。

[328] 魏冶、修春亮、庞瑞秋、姚雪松:《沈阳市百强企业空间集聚与空间组织关联》,《经济地理》2014 年第 8 期,第 89-95+110 页。

[329] 吴康、方创琳、赵渺希:《中国城市网络的空间组织及其复杂性结构特征》,《地理研究》2015 年第 4 期,第 711-728 页。

[330] 吴玉鸣、何建坤:《研发溢出,区域创新集群的空间计量经济分析》,《管理科学学报》2008 年第 4 期,第 59-66 页。

[331] 吴玉鸣、李建霞:《中国区域工业全要素生产率的空间计量经济学分析》,《地理科学》2006 年第 4 期,第 4385-4391 页。

[332] 吴玉鸣:《中国区域研发,知识溢出与创新的空间计量经济研究》,北京:人民出版社,2007 年。

[333] 武前波. 企业空间组织和城市与区域空间重塑[D]. 上海:华东师范大学,2009。

[334] 冼国明、文东伟:《FDI,地区专业化与产业集聚》,《管理世界》2006 年第 12 期,第 18-31 页。

[335] 肖光恩:《国际直接投资区位选择理论发展的新趋势》,《亚太经济》2009 年第 2 期,第 10-14 页。

[336] 肖仁桥、钱丽:《中国高技术产业创新效率及其影响因素研究》,《管理科学》2012 第 5 期,第 85-98 页。

[337] 熊志根:《关于跨国 R&D 投资战略若干问题》,《投资研究》2003 年第 12 期,第 7-10 页。

[338] 徐佳、魏玖长等:《开放式创新视角下区域创新系统演化路径分析》,《科技进步与对策》2017 年第 5 期,第 25-34 页。

[339] 徐建国:《我国科技资源空间分布的实证研究》,学位论文,清华大学,2005 年。

[340] 徐建华、鲁凤、苏方林、卢艳:《中国区域经济差异的时空尺度分析》,《地理研究》2005 年第 1 期,第 57-68 页。

[341] 徐康宁、陈健:《跨国公司价值链的区位选择及其决定因素》,《经济研究》2008 年第 3 期,第 138-149 页。

[342] 徐康宁、王剑:《美国对华直接投资决定性因素分析(1983-2000)》,《中国社会科学》2002 年第 2 期,第 66-77＋204-205 页。

[343] 徐康宁、王剑:《要素禀赋,地理因素与新国际分工》,《中国社会科学》2006 年第 6 期,第 65-77＋204-205 页。

[344] 徐瑞华、杜德斌:《上海外资 R&D 中心区位研究》,《经济地理》2004 年第 5 期,第 625-628 页。

[345] 许树辉. 基于供应链嵌入视角的企业空间组织研究[D]. 上海:华东师范大学,2009。

[346] 许庆瑞、李杨、刘景江:《结合制造与服务逻辑发展企业创新能力——基于海尔集团的纵向案例研究》,《科研管理》2020 年第 1 期,第 35-47 页。

[347] 许庆瑞、李杨、吴画斌:《全面创新如何驱动组织平台化转型——基于海尔集团三大平台的案例分析》,《浙江大学学报(人文社会科学版)》2019 年第 6 期,第 78-91 页。

[348] 许庆瑞、李杨、吴画斌:《企业创新能力提升的路径——基于海尔集团 1984—2017 年的纵向案例研究》,《科学学与科学技术管理》2018 年 10 月,第 68-81 页。

[349] 薛澜、沈群红、王书贵:《全球化战略下跨国公司在华研发投资布局——基于跨国公司在华独立研发机构行业分布差异的实证分析》,《管理世界》2002 年第 3 期,第 33-42 页。

[350] 薛澜、王书贵、沈群红:《跨国公司在中国设立研发机构影响因素分析》,《科研管理》2001 年第 4 期,第 132-143 页。

[351] 向鹏飞、符大海:《企业跨国研发能否提高创新效率——基于中国高科技企业的实证分析》,《国际贸易问题》2019 年第 5 期,第 101-116 页。

[352] 亚当·斯密著,郭大力,王亚楠译:《国富论(下)》,北京:商务印书馆,1979 年。

[353] 杨莎莉:《外商直接投资影响因素的计量模型与分析》,《统计与决策》2004 年第 5 期,第 25-27 页。

[354] 杨晓东:《外商在华直接投资的区位因素分析》,《财贸研究》2004 年第 4 期,第 36-41页。

[355] 杨友仁、夏铸九:《跨界生产网络的组织治理模式——以苏州地区信息电子业台商为例》,《地理研究》2005 年第 2 期,第 253-264 页。

[356] 姚书杰:《台商投资大陆区位选择,产业布局与政策实施机制实证研究》,《安徽行政学院学报》2013 年第 4 期,第 34-40 页。

[357] 叶建亮:《知识溢出与企业集群》,《经济科学》2001 年第 3 期,第 23-30 页。

[358] 余珮、陈继勇:《新经济地理学框架下跨国公司在中国分层区位选择研究》,《世界经济》2012 年第 11 期,第 31-58 页。

[359] 余泳泽、刘大勇:《我国区域创新效率的空间外溢效应与价值链外溢效应——创新价值链视角下的多维空间面板模型研究》,《管理世界》2013 年第 7 期,第 6-20＋70＋187 页。

[360] 余泳泽:《中国区域创新活动的"协同效应"与"挤占效应"——基于创新价值链视角的研究》,《中国工业经济》2015 年第 10 期,第 37-52 页。

[361] 俞毅:《跨国公司在华研发投资的经济绩效》,《国际经济合作》2005 年第 3 期,第 31-34 页。

[362] 喻世友、万欣荣、史卫:《论跨国公司 R＆D 投资的国别选择》,《管理世界》2004 年第 1 期,第 46-54＋61 页。

[363] 岳鹄、张宗益:《R＆D 投入,创新环境与区域创新能力关系研究:1997-2006》,《当代经济科学》2008 年第 6 期,第 110-116＋126 页。

[364] 湛柏明:《跨国公司在华研发投资的效应分析》,《世界经济研究》2003 年第 10 期,第 48-53 页。

[365] 王思语、郑乐凯:《全球价值链嵌入特征对出口技术复杂度差异化的影响》,《数量经济技术经济研究》2019 年第 5 期,第 65-82 页。

[366] 王永贵、刘菲:《网络中心性对企业绩效的影响研究——创新关联,政治关联和技术不确定性的调节效应》,《经济与管理研究》2019 年第 5 期,第 113-127 页。

[367] 张继红、吴玉鸣、何建坤:《专利创新与区域经济增长关联机制的空间计量经济分析》,《科学学与科学技术管理》2007 年第 1 期,第 83-89 页。

[368] 张建伟:《技术创新的经济转型效应——基于中国数据的实证研究》,学位论文,华东师范大学,2012 年。

[369] 张珺、刘德学:《基于全球生产网络的开放式产业创新体系构建》,《科技管理研究》2007 年第 2 期,第 169-171 页。

[370] 张利群:《技术创新与区域经济增长》,学位论文,吉林大学,2010 年。

[371] 张少军、刘志彪:《全球价值链模式的产业转移——动力,影响与对中国产业升级

和区域协调发展的启示》,《中国工业经济》2009 年第 11 期,第 5-15 页。

[372] 张松林、武鹏:《全球价值链的"空间逻辑"及其区域政策含义——基于制造组装环节与品牌营销环节空间分离的视角》,《中国工业经济》2012 年第 7 期,第 109-121 页。

[373] 张威:《跨国公司 R＆D 机构与区域创新系统互动机制研究》,学位论文,哈尔滨工程大学,2010 年。

[374] 张文忠、庞效民、杨荫凯:《跨国企业投资的区位行为与企业空间组织联系特征——以在华投资的日资和韩资企业为例》,《地理科学》2000 年第 1 期,第 7-13 页。

[375] 张晓华:《跨国公司 R＆D 中心与大学科技园合作模式探讨》,《北京工业大学学报》2011 年第 4 期,第 19-24 页。

[376] 张晓平、刘卫东:《全球化,跨国公司投资与地区发展关系研究进展》,《地理科学进展》2003 年第 6 期,第 627-638 页。

[377] 张绪英:《基于全球创新网络的张江生物医药产业发展研究》,学位论文,华东师范大学,2013 年。

[378] 张玉明:《中国创新产出的空间分布及空间相关性研究——基于 1996-2005 年省际专利数据的空间计量分析》,《中国软科学》2007 年第 11 期,第 97-103 页。

[379] 张治河、胡树华等:《产业创新系统模型的构建与分析》,《科研管理》2006 年第 2 期,第 36-39 页。

[380] 张战仁、杜德斌:《在华跨国公司研发投资集聚的空间溢出效应及区位决定因素——基于中国省市数据的空间计量经济研究》,《地理科学》2010 年第 1 期,第 15-21 页。

[381] 张战仁、罗雅雯:《城市网络与跨国公司在华研发投资布局——基于流入与集聚因素分析的实证研究》,《软科学》2015 年第 8 期,第 82-87 页。

[382] 张战仁、杜德斌:《分散与整合:跨国公司全球研发网络投资的空间协同治理研究》,《科技进步与对策》2017 年第 21 期,第 24-29 页。

[383] 张战仁、李一莉:《国际研发投资政策框架体系辨认——兼论欧洲国家经验及对我国的启示》,《科技进步与对策》2015 年第 13 期,第 118-122 页。

[384] 张战仁、张润强、余智慧:《跨国公司在中国研发投资的区位因素重构——决定目的城市以点带面能力的网络位置视角》,《地理科学》2022 年第 1 期,第 65-73 页。

[385] 张战仁、杜德斌:《跨国公司研发投资与中国发展影响研究——基于中国创新自主发展基础的面板联立方程分析》,《地理科学》2015 年第 8 期,第 976-983 页。

[386] 张战仁、张润强、杨晓雪:《全球研发网络的中心嵌入结构及因素研究》,《中国科技论坛》2021 年第 3 期,第 53-63 页。

[387] 张战仁、杨晓雪、占正云:《全球研发网络分工的动力研究评述——基于发达国家对全球生产控制转移视角》,《世界地理研究》2019 年第 6 期,第 59-67 页。

[388] 张战仁、占正云：《全球研发网络等级分工的形成——基于发达国家对全球生产的控制转移视角》，《科学学研究》2016 年第 4 期，第 512-519 页。

[389] 张战仁、杜德斌：《全球研发网络嵌入障碍及升级困境问题研究述评》，《经济地理》2016 年第 8 期，第 1-7＋46 页。

[390] 张战仁、李一莉：《全球创新价值链模式的国际研发投资转移研究》，《科学学研究》2015 年第 10 期，第 1487-1495 页。

[391] 张战仁、刘卫东、杜德斌：《跨国公司全球研发网络投资的空间组织解构及过程研究》，《地理科学》2021 年第 8 期，第 1345-1353 页。

[392] 章文光、王晨：《外资研发与区域创新系统互动——机制分析和实证检验》，《北京师范大学学报》2014 年第 2 期，第 147-156 页。

[393] 赵民杰、姜飞：《跨国公司组织结构演化研究》，《经济经纬》2005 年第 2 期，第 30-32 页。

[394] 赵楠：《国际直接投资的产业选择趋势与中国对策》，《中国社会科学院研究生院学报》2006 年第 5 期，第 73-77 页。

[395] 赵伟、张萃：《FDI 与中国制造业区域集聚：基于 20 个行业的实证分析》，《经济研究》2007 年第 11 期，第 82-90 页。

[396] 赵新正、宁越敏、魏也华：《上海外资生产空间演变及影响因素》，《地理学报》2011 年第 10 期，第 1390-1402 页。

[397] 郑波红：《现代世界城市网络化模式研究》，学位论文，华东师范大学，2003 年。

[398] 曾刚：《跨国公司技术溢出与溢出地技术区位研究——以上海浦东新区为例》，《世界地理研究》2007 年第 4 期，第 98-105 页。

[399] 文嫮、曾刚：《全球价值链治理与地方产业网络升级研究——以上海浦东集成电路产业网络为例》，《中国工业经济》2005 年第 7 期，第 20-27 页。

[400] 朱华晟：《基于 FDI 的产业集群发展模式与动力机制——以浙江嘉善木业集群为例》，《中国工业经济》2004 年第 3 期，第 106-112 页。

[401] 朱亚丽、徐青、吴旭辉：《网络密度对企业间知识转移效果的影响——以转移双方企业转移意愿为中介变量的实证研究》，《科学学研究》2011 年第 3 期，第 427-431 页。

[402] 朱玉杰、周楠：《不同因素对吸收 FDI 的影响研究》，《国际经济合作》2003 年第 11 期，第 17-19 页。

[403] 祝影：《跨国公司研发全球化的空间组织研究》，《经济地理》2005 年第 5 期，第 620-623 页。

[404] 卓素燕、孙明贵：《产业转移背景下的企业空间组织问题及形成》，《财经科学》2014 年第 6 期，第 97-106 页。

[405] 诸竹君、黄先海、王毅：《外资进入与中国式创新双低困境破解》，《经济研究》2020 年第 5 期，第 99-115 页。